■ 中学生物教师怎样引导学生开展科学探究活动

生物探究

教学导论

王孟富 著

华南理工大学出版社
SOUTH CHINA UNIVERSITY OF TECHNOLOGY PRESS
·广州·

图书在版编目（CIP）数据

生物探究教学导论/王孟富著. —广州：华南理工大学出版社，2017.8
ISBN 978-7-5623-5419-2

Ⅰ.①生… Ⅱ.①王… Ⅲ.①生物课-教学研究-中学 Ⅳ.①G633.912

中国版本图书馆 CIP 数据核字（2017）第 238253 号

生物探究教学导论
王孟富　著

出 版 人：卢家明
出版发行：华南理工大学出版社
　　　　　（广州五山华南理工大学 17 号楼，邮编 510640）
　　　　　http：//www.scutpress.com.cn　　E-mail：scutc13@scut.edu.cn
　　　　　营销部电话：020-87113487　87111048（传真）
责任编辑：张　颖
印 刷 者：佛山市浩文彩色印刷有限公司
开　　本：889mm×1294mm　1/16　印张：18.25　字数：380 千
版　　次：2017 年 8 月第 1 版　2017 年 8 月第 1 次印刷
印　　数：1～3 000 册
定　　价：58.00 元

版权所有　盗版必究　　印装差错　负责调换

序

　　二十多年的探索、二十多年的坚持。既做过中学生物教师，又做过生物教研员的王孟富老师就是这样一个探索者与坚持者。他的这种探索与坚持最终孕育出了《生物探究教学导论》这部著作，它对当代中学生物教师组织探究性教学，与学生开展探究性学习与活动具有重要的指导意义。

　　爱因斯坦有一著名观点："什么是教育？教育就是那些离开学校之后还记得住的东西。"在这部著作中，既可以读到先贤俊杰的教育理念，也可以沐浴到当代先进的教育理论，还可以接触到开展探究性教学的科学原理和方法，从而让你读完著作后仍然沉醉于探究性教学之中而欲罢不能。

　　苏格拉底说："教育不是灌输，而是点燃火焰。"教师作为学生学习的"点火者"与"助燃者"需要讲究技巧。教师既要把握好点火时机，又要把握好燃烧的程度。期望中学生物教师都能读到这部著作，你可以从中品味教师如何充满智慧地点火，从而助燃学生智慧之火，并从最初的星星之火，在不断地添加"理性和感悟"的燃料之后，使其形成燎原之势，从而燃烧出当代中学生看似稚嫩却不简单，但求委实却不单调的探究性学习成果。

　　俗语说得好，授人以鱼不如授之以渔。"渔"即捕鱼之法，人一旦掌握了它，就再也不愁没有鱼。同样，师生一旦掌握了开展探究性学习的原理和方法，就一定可以成功地开展具体的探究性活动。期望有关读者都能认真地研读这部书。研读也好像"点火"与"助燃"，读者一旦参透了探究性学习的基本原理和方法，就会禁不住尝试着去使用；你一旦发现它既方便又实用，而且非常有效，那么你自然而然就会喜欢上它。我喜欢读这本书，也喜欢使用这部书里所倡导的探究性学习的原理和方法。深信此书的出版，势必会成为烙在师生脑际的铭刻。

夏献平

2017年7月

目 录

第一章 教学的本质 ······ 1
　　第一节 教学的概念 ······ 1
　　第二节 教学的方法 ······ 8
　　第三节 教学的过程 ······ 17

第二章 探究性教学 ······ 26
　　第一节 探究性教学途径 ······ 26
　　第二节 探究性教学方法 ······ 30
　　第三节 探究性教学模式 ······ 44

第三章 探究性课堂——研学的课堂 ······ 64
　　第一节 研学课型 ······ 64
　　第二节 教学组织策略 ······ 69
　　第三节 研学课堂 ······ 84

第四章 探究性实验 ······ 103
　　第一节 探究性实验课型 ······ 103
　　第二节 教学组织策略 ······ 108
　　第三节 探究性实验课堂 ······ 118

第五章 探究性资料分析 ······ 131
　　第一节 探究性资料分析课型 ······ 131
　　第二节 教学组织策略 ······ 135
　　第三节 探究性资料分析课堂 ······ 140

目 录

第六章　探究性教学评价 ·· 154
  第一节　发展性教学评价 ··· 154
  第二节　探究性技能训练与评价 ·· 169
  第三节　纸笔测试评价实验探究能力 ·································· 185
  第四节　开放性学生作品评价 ··· 188

第七章　探究性课程资源利用与开发 ·· 200

第八章　探究性学生作品制作及选录 ·· 219

参考文献 ·· 280
后记 ·· 282

第一章

 教学的本质

教学包括教师的教和学生的学两个方面。应该坚持以教师为主导、学生为主体的教学思想。教师是教学过程的组织者，是学生学习的引导者；而学生是接受教育的对象，是学习的主人。教师的组织、引导，只有通过学生的学习、内化，才能反映出教学的效果。教师教的方法得当，可以激发学生学习兴趣，引导学生好学、乐学；学生学习主动，学习方法得当，可以学得轻松、学得牢固，提高学习效率，促进教师较快达成教学目标。因此，教学过程是一种师生的双边活动，正所谓教学相长。

第一节　教学的概念

早在商朝，甲骨文中已经出现了"教"字，如"丁酉卜，其呼以多方小子小臣其教戒"。甲骨文中也有了"学"字，如"壬子卜，弗酒小求，学。"从甲骨文中"斅"（其左边"學"是"学"字的繁体写法，"斅"字后来逐渐演变成简化汉字"教"字。）字的字形来看，"教"字是从"学"字派生出来的。而且，"教"和"学"最初都是独立的单字。

《说文解字》中记载："教，上所施，下所效也。""施"就是操作、演示，即传授蓍占和龟卜；"效"就是模仿、仿效，即学习蓍占和龟卜。在这里，"教""学"是被单独解释的。

一、对教与学的理解

毋庸讳言，"教"和"学"这两个字自然是要分开来解释的了。

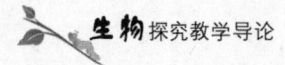

（一）什么是教？

"教"通常是指教师的教学。根据中国古代文献的记载，"教"有"教授、教诲、教化、告诫、令使等含义"。

我国古代就出现了关于教学艺术的思想和实践，如孔子提倡的启发式教学，就充分体现了"教"的技巧。唐代韩愈《师说》："师者，所以传道、授业、解惑也"，完整地道出了为师之道中"教"的基本内涵及其教学艺术含义。

从古代一直到文艺复兴时期，教学基本上被看作是一种艺术。17世纪捷克教育家夸美纽斯针对学校教育出版了《大教学论》，该书副标题为"把一切事物教给一切人的普遍的艺术"。他在《致意读者》中说，"教学论是教学的艺术"，"大教学论"就是"把一切事物教给一切人的普遍的艺术。"

近代，赫尔巴特、裴斯泰洛齐等人把教学当作一门科学来进行研究。特别是19世纪末、20世纪初的心理学研究成果，为教学的科学化研究提供了基础，实验教育学、行动教育学等科学主义的教育流派盛行。

现代教学思想的发展使人们越来越重视教学对人发展的促进作用。教学的对象是活生生的人，教学不仅涉及人类历史长河中积累的知识、经验与技能的传承与发展，还包括人的情感体验和价值取向。必须借助教学的艺术，才能把教育科学研究的成果转化为自身内在的教学实践。

教学一词，至少可从以下三层意思去理解。

（1）指教育。《礼记·学记》："玉不琢，不成器；人不学，不知义。是故，古之王者，建国君民，教学为先。"《后汉书·章帝纪》："十一月壬戌，诏曰：'盖三代导人，教学为本。'"《南史·崔祖思传》："自古开物成务，必以教学为先。"

（2）教师把知识、技能传授给学生的过程。《孔子家语·七十二弟子解》："颜由，颜回父，字季路。孔子始教学於阙里而受学，少孔子六岁。"《东观汉记·邓禹传》："〔邓禹〕笃於经书，教学子孙。"清·李斗《扬州画舫录·城西录》："室三楹，庭三楹，曰'一字斋'，即徐学庵教学处。"李广田《序》："二十年来，我一直从事教学工作，也一直以写作为副业。"

（3）教书。《初刻拍案惊奇》卷十二："此间有一个教学的先生，姓阮，叫阮太始。"赵树理《金字》："在乡村集镇上教小学，教学以外的杂事很多：赛神唱戏写通知，写神庙对联，村里人有了红白大事写请柬、谢帖、庚帖（婚约）、灵牌。"

教学的上位概念是教育。教育是指一切培养人的活动，除了学校属性外，教育还有家庭的、社会的属性，如家庭教育、社会教育、职业教育、民办教育、成人教育等。广义的教学与教育的概念相近，是指教的人指导学的人进行的学习活动；狭义的教学是指学校教育的基本形式，是专指各级各类学校中的教师和学生之间的教学活动，既有课堂的，也有课外的。教学除了使学生掌握知识、方法和技能外，还要发展学生的智力、体力，进行道德、审美、情感和其他方面的教育。所以，教学与教育两个概念既有联系又有区别。

（二）什么是学？

"学"即学习。我国古代，学与习也总是分开来讲的。《辞源》指出，"学"乃"仿效"也，即是获得知识；"习"乃"复习""练习"也，即是复习巩固。最早把学与习联系起来的是孔子。《论语》曰：学而时习之，不亦说乎！后来《礼记》又曰："鹰乃学习"。这是学习一词的由来。

"学"就是闻、见，是指获得知识、领悟方法和获取技能，主要指获得感性知识、书本知识和基本的学习方法与技能。"学"还包括思的含义在内，孔子说："学而不思则罔，思而不学则殆"，意思是只学习而不思考就会迷惑不解，只思考而不学习就会在学业上陷入困境。"学"是"思"的基础，"思"要在"学"中进行，两者相辅而成，缺一不可。一味地读书而不思考，只能被书本牵着鼻子走，就会被书本所累，从而受到书本表象的迷惑而不得其解，所谓尽信书则不如无书；只是一味地埋头苦思而不进行一定的书本知识的积累，进而对知识进行研究推敲，那也只能是流于空想，问题仍然不会得到解决，只会产生更多的疑惑而更加危险。只有把学习和思考结合起来，才能学到有用的真知。

"习"是对知识进行温习、实习、练习的意思，即巩固所学知识与技术技能。"习"还包括行的含义在内，明代著名思想家王阳明认为"知行合一"，知是指科学知识，行是指人的实践。知与行的合一，既不是以知来吞并行，认为知便是行，也不是以行来吞并知，认为行便是知。王阳明还认为，学习要立志、勤学、改过、责善。"志不立，天下无可成之事。"而且立志可以促进勤学，"凡学之不勤，必其志之尚未笃也"。"改过"是指读书人要善于改正自己的过错。"责善"是指读书人不单自己要"改过"，还要尽力去奉劝别人"改过"，其中还包括"谏师之道"，即向老师进谏，指出其错误。此外，他还提出学习要有独立的治学精神和能力，要遵循循序渐进的原则等。著名教育家陶行知先生继承和发扬了王阳明"知行合一"的教育观念，认为行是知之始，知是行之成，他认为"重知必先重行"。

归纳孔子和中国古代其他教育家对"学习"一词的看法，即"学"偏重于思想意识领域，"习"则侧重于行动实践方面。"学习"就是获取知识、灵活运用知识、领悟方法并形成技能，培养聪明才智的过程，实质上就是学、思、习、行的总称。

学习是一个不断自我改变、自我更新的过程。如果你是一个有心人，可以在夏天观察一下蝉怎样蜕壳。蝉是怎样蜕壳的，学习就是怎样完成的。它们的共同点是，不断将束缚自我的"旧东西"去掉，从而获得新生。

学习是痛苦的，不付出努力和汗水，学习是不可能成功的。虽然冥思苦想意味着伤脑筋，但相对学习者的心灵而言，它只不过是肉体上的疲惫。这种疲惫伴随着人们发掘和表现自己，不断地激发着学习者心底的满足、成功感和求知欲望，实际上这种疲惫只是快乐的附属品。所以，在本质上学习是令人快乐的。

那么，在怎样的情况下，学生能体会到学习的快乐呢？

1. 感觉所学的知识有用的时候

通过自己的努力，掌握了一些新的知识，而这些知识可以用来解决生活中的实际问题，并且以此作为帮助别人、得到别人认可的资本。这时，学习再艰苦，也可以做到"以苦为乐"。

2. 取得进步（或成绩）后，能得到及时肯定的时候

当学生取得进步，及时获得了老师、父母或者同伴的重视和赞赏，这时，学生就能感觉到自己的付出和努力得到了精神上的回报，使得他的心理达到一种平衡，从而体会到一种真正的快乐。

3. 当找到了具体目标，并自认完全可以通过努力去实现的时候

当学生确定一个目标然后设法去实现它，这个目标就会激发他的亿万个活跃的脑神经细胞，在现实与理想之间架起桥梁，使得他为之奋斗而觉得充满着愉悦感，并且充满激情甚至达到乐此不疲、痴迷追求的忘我境界。在这种情况下，身心的快乐将压制一切身体上的疲惫感。

无论是对于父母，还是对于孩子，学习都是一件大事，只有当孩子学会了学习才能以不变应万变，从这个意义上讲，学习是成功和应变的不二法门。如果我们的学生掌握了学习的窍门，养成了良好的学习习惯，并逐渐形成了自己的学习风格或者方法，能解决的绝不仅仅是紧迫的升学问题，还将为孩子未来的学习和发展植下成功的密码。

（三）什么是教学？

从上面的论述我们可以归纳出"教学"的基本概念。一般含义上，本书中提到的"教学"，就是指教师的"教"与学生的"学"。"教"取狭义教学的意思，是指各级各类学校中的教师和学生之间的教学活动，既有课堂的，也有课外的；"学"专指学生的学习活动，就是学生学习和运用知识，领悟方法，形成技能，培养聪明才智的过程，实质上就是学、思、习、行的总称。

这是对教学这个词做的一般性的解释，以利于加深对第二章探究性教学一词的理解。也就是在一般情况下，都把"教学"一词，理解成为教师的"教学"与学生的"学习"。

那么,"教"与"学"是什么关系呢?我们依然可以从阅读历史文献的角度来找到答案。

《尚书·商书·说命下》:"惟学,逊志务时敏,厥修乃来。允怀于兹,道积于厥躬。惟教学半,念终始典于学,厥德修罔觉。"这可能是最早将"教""学"二字连为一词的记载。但这个词在这里并没有对"教"字做专有解释,只是一种教者先学才能后教,教中有学的单向活动,即强调"学"的重要性。

《礼学·学记》:"是故学然后知不足,教然后知困。知不足,然后能自反也;知困,然后能自强也。故曰:教学相长也。"在这里,首先是强调了"学"的地位。"教学相长"的意思是教与学之间能互相促进,教别人,也能增长自己的学问和见识。实际上还是强调了"学"的重要性。

所以,我们用上面这样的方式来解释"教学"这个词,是具有深厚的历史文化传承意义的。其用意也十分明确,古人是十分重视"学"的重要性的。今天,在我们的教学活动中,必定会重视教师的"教",但坦率地说,这是不够的。教学活动中比"教"更重要的是要突出学生的"学"。做到以学定教,以学情决定教学的内容、方式和方法。在教学过程中,教师要学会让路,教师要尽量多地让出学生学习的配置时间、思维空间,让学生拥有自己的学习之路;教师要学会指路,教师要尽量多地指明学生学习的思维方法、学习习惯,让学生学会走自己的学习之路。只有教师会让路、指路,才能使得自己的学生享受其学习过程、觉悟其学习方法。学生的学习将不再是负担,而是幸福和快乐。越学越有味、越学越想学,最终使得学生的学习之路越走越轻松、越走越宽广。

至此,我们已经完全理解了教与学的含义。在后面的阅读中,无论是提到"教学"还是讲到"教与学",都没有必要分别注释了。作为一名教师,我们的心中必须时刻装有学生,要特别关注学生的学。老师的一切教的行为,都是为学生的学的行为而服务的。我们要牢记这个基本出发点,将使得后面的阅读变得更为顺利。如果你本身是一位生物学教师,那么,建立了这样一个"教学"的理念,将有助于你理解探究性教学的原理和方法,更为顺利地督促你去组织和开展中学生物学探究性教学活动。

二、教与学的内容

教学论指出,学生是学习的主体。在班级群体教学中,教师首先要考虑学生需要学习什么。所以,教与学总是具有关联性的。

一般将教学的范围分为四类,即知识、技能、创造性思维和评价,每一类均包含内容、方法和组织形式。我们尝试将这些内容归纳在同一个表格里(表1.1.1)。

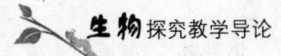

表 1.1.1 教学的范围分类

范围	知识	技能	创造性思维	评价
内容	信息和事实	脑的思考、手的操作、手脑结合	问题解决：模仿性问题，需要探究的问题	情感、态度、价值观、品德等
方法	师生讲解或集体自学	重复练习	分析、思考与讨论	交谈、讨论和价值判断
组织形式	班级学习	单独或结对	个人或小组合作	"个人—小组—班级"的结合

值得一提的是，布鲁姆把他的学习范围划分为六个层次，即识记、理解、应用、分析、综合、判断。其中识记和理解与表1.1.1的知识一栏相对应，而应用、分析综合、判断这三项分别与表1.1.1的技能、创造性思维和评价相对应。这说明学生需要学什么，教师就应该教什么。

布鲁姆对学习范围的分类是有等级层次的。他认为只有达到了前一个层次，才有可能进入下一个层次。比如，知识的综合总是以知识的分析为基础的，而知识的应用是以知识的理解为基础的。这种看法是片面的，事实上，人在应用知识的同时也在加深着对知识的理解。有时，学生在应用所学的知识时并未真正理解，例如，学生不理解公式的来源，但能够套用公式。而在教学的范围分类表（表1.1.1）中，没有等级层次的要求，从左至右是一个发展的过程。此外，通过对教学范围的研究还可以发现，教学的范围不仅划分了表1.1.1中从左至右的发展过程，而且每个过程本身还具有从低到高的三个目标层次水平（表1.1.2）。

表 1.1.2 教学目标的层次性

目标	知识	技能	创造性思维	评价
高层次	完全理解和掌握所学内容，可以随时提取	完全能够独立操作	能找到解决问题的最佳方案	有强烈的情感控制或约束，如决心、追求、戒除等，且情感持续时间长，对事物认识深刻

续上表

目标	知识	技能	创造性思维	评价
中间层次	在一定条件下（如经过提示）重现储存的信息	能动手，不一定成功，有一定的自信心	能找到解决问题的几种方案	处在上下两者之间
低层次	大致了解所学内容	有简单的动手能力，偏重模仿，操作与思考结合不够	还处在感知、观察、逐步理解的阶段	很少受情感的控制或约束，兴趣和注意力不稳定，且控制力弱

但是，这里所说的层次与布鲁姆所说的层次不是一回事。布鲁姆所说的层次是教学目标（表1.1.2）在横向上具有层次，这在上一个段落已经指出，他的这种看法是片面的；这里所说的层次是指表1.1.2中在纵向目标上具有三个不同层次，也就是说，教学目标的层次性是指学生在学习发展的每个过程本身均存在个体之间的差异性。

综上所述，教师在组织教学活动时，必定要将学生学习的范围分类结合教师教学的范围分类来确定自己的教学内容。根据表1.1.1教学的范围分类表和表1.1.2学习目标的层次性划分，我们可以制定出相应的教学内容，主要体现在以下四个方面：

第一类是知识，内容有信息和事实，如生物学事件、日期、主要内容等。采用的方法可以是教师或学生讲解，抑或是组织学生集体自学；可以是直观的，比如通过实物、图片、模型等演示；也可以是阅读、资料分析，让学生掌握要点，提取观点等。组织形式是班级学习。

师生追求的教学目标层次是学生能完全理解和掌握所学内容，可以随时提取知识。

第二类是技能，内容是操作。它可以是动脑的思考，也可以是动手的操作，还可以是手脑结合并用的操作。采用的方法是重复练习，即创造条件尽可能让学生自己操作，使学生有机会进行反复练习，因而需要有足够的时间来保证；学生在课堂内练习得越多，则自我感受越深刻，操作能力的发展也就越快。组织形式是独立工作或小组合作。

师生追求的教学目标层次是学生完全能够独立操作。

第三类是创造性思维，内容是问题解决。问题有两种，一种是模仿性问题，指前人已经解决的问题；另一种是前人尚未解决的问题，指需要探究的问题，采用的方法是分析、思考与讨论。如果问题仅仅由教师（或学生）讲授给学生听，那么学生学到的只是别人传授给他的现成结论，而没有获得独立解决问题的本领。分析、思考和讨论是获取别人思想，修正自己观点，引发灵感的最佳途径之一。所以，教师要经常提供让学生开展问题探究的机会，让他们自己设法解决以前没有遇到过的问题。组织形式是个人和小组合作。

师生追求的教学目标层次是学生能找到解决问题的最佳方案。

第四类是评价，内容有情感、态度、价值观等。一个人在知识、技能、创造性思维等方面达到一定的水平，不等于同时具备了正确的评价能力。学习既然是旨在促进完整人格的发展，就不能忽视评价问题。采用的方法是交谈、讨论和价值判断。比如评价教学内容，评价自己、老师或同学，交谈、讨论和价值判断三者不可偏废。组织形式是"个人—小组—班级"的结合。

师生追求的教学目标层次是学生有强烈的情感控制或制约，且情感持续时间长，对事物认识深刻。

因此，教学必须要具有明确的目标导向性。教师的教，要想方设法地实现高层次的目标定位；学生的学，要想方设法地朝着教师的教学目标迈进，努力实现教师预定的高层次的教学目标。

教师要乐于追求高层次的教学目标，做到会教。教师的教学设计，既要考虑教学范围分类的发展过程，也要考虑每个学习目标本身的层次性差异。只有这样，才能准确定位，较好地组织课堂教学内容，选择合适的教学方法，恰如其分地设计好课堂教学过程。

学生要善于追求高层次的学习目标，做到会学。学生要领会教师的教学设计与目标定位，调动自己的学习积极性，专心听讲、刻苦钻研、开动脑筋、创新学习方法、归纳学科知识系统、领会学科思维方式和方法，强化知识的灵活运用，理论联系实际，全面培养自己的学习能力、交往能力和实验技能，发展自己的个性、兴趣与爱好，创造性地完成学习任务。

教师会教，学生会学，这是成功的教学双边活动，是师生共同追求的高层次教学目标，是对教学的完美诠释。

第二节 教学的方法

教学方法是一种富于创造性的科学，也是一种十分灵活的艺术。不同的教学目标、教材和不同水平层次的学生，需要采用不同的教学方法。研究教学方法的着眼点，应该放在如何启发学生生动活泼地学习方面。教学方法正确，对出色完成教学任务，不断提高教学质量，有着重要的意义。

一、教学中的交往

教学中的交往，就是师生之间、生生之间的信息传递方式。为了使得教学交往更有成效，就必须着力去发展师生之间的双边关系。美国心理学家林格伦（H. C. Linogren）对教学中的交往进行了研究，其结果可以归纳成如下的图解（图1.2.1）。

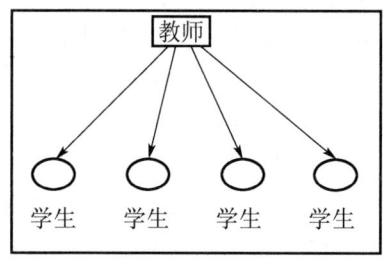

1. 教师跟全班学生仅保持单向交往。效果最差

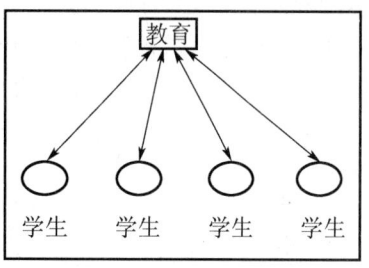

2. 教师跟全班学生发生双向的交往。效果尚好

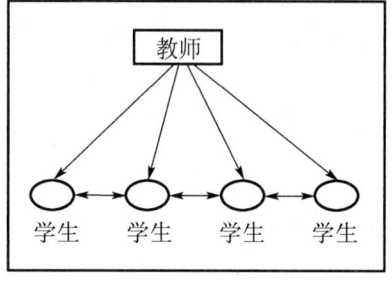

3. 教师跟全班学生仅保持单向的交往，学生之间也有交往。效果较好

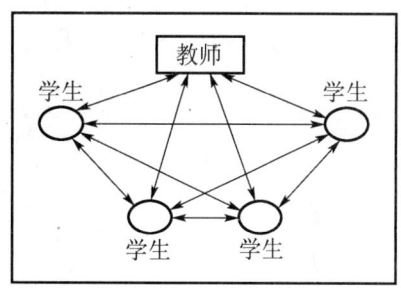

4. 教师在集体中是一个参加者，他鼓励集体中的所有成员（包括自己）都要相互交往。效果最好

图1.2.1 林格伦的师生交往图

图1.2.1中的四个图示，描绘了课堂教学中师生交往的几种类型。第一种类型，是教师传统讲课的特点。教师提出要求，而不期望学生及时反应，这种单向性的交往，教学效果最差，因为教师认为教学是他一个人的事情，他只负责教，至于学生学得怎么样、有什么反应，教师不用去理会。第二种类型，已经有一些改进。教师开始寻求反馈，以弄清学生是否明白其讲授的内容。这样，教师就获得了校正自己

错误输出或学生错误接受知识的机会。这种双边交往，教学效果尚好，因为教师认为教学是需要在师生之间建立双向信息交往的，在教的过程中，还需要建立学生的学习反馈机制。第三种类型，交往有了进一步改进，这种三边交往，教学效果明显好转，因为教师在与学生保持交往的基础上，还让学生之间建立交往。第四种类型，为交往开辟了更多的渠道。这种多边交往的教学效果最好，因为教师在集体中是一个参加者，他鼓励集体的所有成员，包括教师自己，进行相互交往，寻求更多的学习反馈。

　　根据林格伦教学交往的理论，为了使得课堂教学中的交往更为丰富、更为有效，有经验的老师往往会在课堂教学中组织积极有效的小组合作学习。这既要体现学生个体在小组内的价值，也要体现小组在班级里的互动情形，有利于师生双向互动和提高知识传输的效率。于是我们绘制出如下更为复杂的教学交往的图解（图1.2.2）。

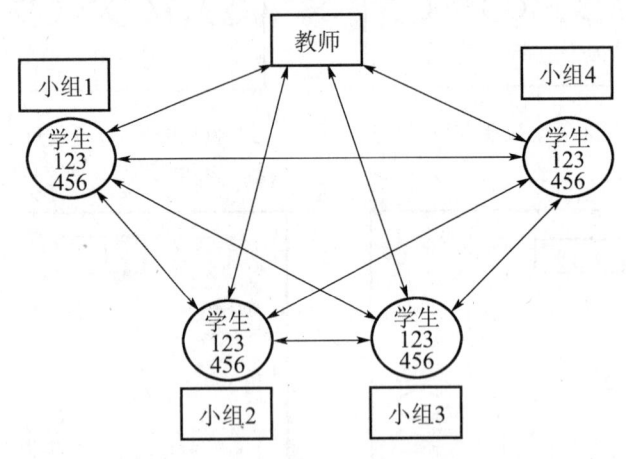

图 1.2.2　课堂教学交往图

　　图1.2.2显示，在每一个学习情景中，双边或多边的交往渠道是很多的，教师和学生都需要充分认识到教学交往渠道的存在和有效地运用这些渠道。教师有责任让学生知道其在课堂上有权利交往，鼓励他们踊跃发言，并对他们的疑问予以适当的解答。显然，绘制一幅理想的课堂交往图并不难，但是真正执行起来却不那么容易。比如说，有些"合作学习"往往只是把学生分成小组而已，追求的是形式上的、表面上的热闹，徒有其形而不具其神，甚至把"合作学习"当成表演的"道具"。这主要归结于教师对"合作学习"教学观念的理解不到位或者是其自身的教学组织能力偏弱，或者是其自身知识结构有缺陷，无法对学生的提问做出正确的解答。

　　真正意义上的合作学习是以课程目标为导向，以异质小组为载体，采取形式多样、主体多元的评价方式，充分调动学生参与课堂学习。教师要明确自己只是充当学生合作学习的引导者，提高自身组织教学的能力非常重要。教师要能够设计好教学内容、恰当地分配学习任务和有序地控制教学进程。因此，教师首先要能够具备完整的知识结构，娴熟地运用这些知识并提出学生将要学习的问题；其次，教师要学会布置恰当的学习任务，让组内成员之间的学习有足够的时间保障，以便他们能够完成学习任务，并及时交流，取得共识；第三，教师要组织好小组之间学习成果的表达交流，把教师的评价、学生的自我评价、组内成员之间的互评、小组之间的互评等评价方式引入到学习中来，把学生个人之间的竞争转化为小组之间的竞争，实现小组成员之间合作互助的教学状态。

示例 1.2.1

人教版七年级下册"通过激素的调节"探究活动的教学反思

这是人教版七年级下册"通过激素的调节"一节。我让学生以小组为单位，围坐在一起，这样方便学生进行小组内的交流，也少了拘束，学生可以放得开来表述。虽然这只是一个很小的改动，却对教学的效果产生了很大的影响。过去，我们总是让学生一排一排端端正正地面向黑板坐着，老师成了权威，一言九鼎；学生被老师灌输知识，被动地接受，体现不了主动、互动。现在，我让学生以小组为单位围坐在一起，同学之间有一种"我们是团结的集体，要共同奋斗"的心态，他们还可以互相监督，达到共同进步的目的。而且，也为我们接下来的小组讨论提供了方便。

要营造积极互动的课堂气氛，让学生积极主动地获取知识。上课时，教师要学会倾听，把注意力主要放在学生身上，要学会及时作出合适的应答（包括评价、追问、启发、判断、组织等），通过多向交互作用，推进教学过程。教师在教学过程中的角色，不仅是知识的"呈现者"、对话的"提问者"、学习的"指导者"、学业的"评价者"、纪律的"管理者"，更重要的是课堂教学过程中信息呈现的"重组者"。学生动起来了，绝对不意味着教师无事可做了，而是意味着教师要在收集处理这些信息的水平上，只有也应该由教师来完成的更高水平的"动"，通过教师这一层面的"动"，形成新的、又具有连续性的兴奋点和教学步骤，使教学过程真正呈现出动态生成的创新性质。要知道绝不是学生的主动活动就能自发推进教学过程，没有教师这个"重组者"角色的重要作用的主动发挥，就不可能有高质量、有效的互动，学生将可能变成散沙一团，教学也失去了它的新意。

（广州市南沙区鱼窝头第二中学　曾苑琼）

二、教学的组织形式

合作学习以课堂中的小组学习为主要组织形式,因此必须建立相对稳定的学习小组。

1. 课堂学习小组建构

社会心理学研究表明,当群体规模适宜时,社会惰化现象会削弱,合作效率会提高。小组规模要考虑班额和教室空间大小。以4~6名成员组成学习小组被认为是比较适宜的。图1.2.3所示为以6人学习小组为例,可布局成马蹄形。

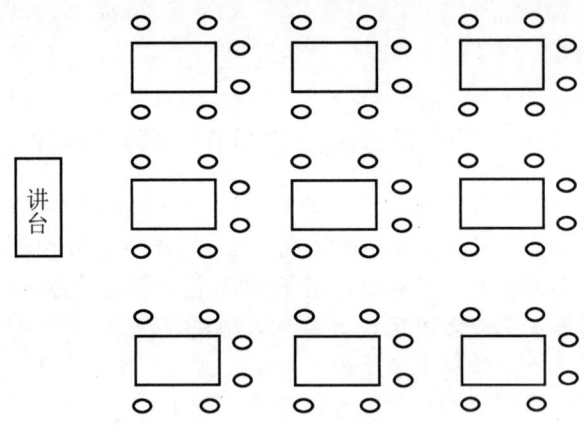

图1.2.3 六人学习小组布局

根据一定的程序和方法,利用合作性人际交往促进学生认知、情感和能力方面的发展。坚持"组内异质,组间同质"策略。所谓"异质"就是把学习水平、学习能力、学习需求等方面不同的学生分配在一个合作小组内;而"同质"则是相对小组间而言,要想方设法使不同小组整体结构基本平衡,小组间学生整体平均学力水平相当。依据"组内异质,组间同质"的策略,使每个小组成为全班的缩影或截面。组内异质为互助合作奠定了基础,而组间同质又为小组间展开公平竞争创造了条件。

2. 学习小组规范

小组由名称、规模、布局三要素组成。响亮的小组名称,合理的规模,科学的布局,能凝聚人心,形成团队精神。制定小组规范,对小组成员形成约束,减少不良行为对小组的影响。小组规范要成员共同讨论决定,其过程越民主,大家对自己所制定的规范的认同度就越高,约束力也就越高。下面是某班级制定的小组合作规范,供读者参考。

示例 1.2.2

小组合作规范

1. 总则

（1）服从组长的合理安排，维护秩序，维护小组荣誉。
（2）组员之间有互相帮助、互相监督的义务和责任。
（3）自觉承担作为独立学习者的个人角色和作为协作学习者的小组角色。

2. 自主学习规则

（1）独自完成任务，不讨论，不询问，不抄袭他人自主学习成果。
（2）不干扰他人自学，不得做与自学无关的事情。
（3）自主钻研，完成不了的问题可暂时搁置。

3. 合作学习规则

（1）每位组员都有权利和义务参与小组讨论，发表自己的观点，为小组作贡献。
（2）协助同组成员或其他小组完成学习任务，有需要时能接受帮助。
（3）互相尊重。当有不同的观点时，只发表自己观点，而不针对他人，攻击他人。

4. 探究学习规则

（1）能掌握重点知识内容，对难点问题有独到的见解。
（2）提出有创意的观点或见解，或许对其他同学解决问题有启发。
（3）学习主动性强，学习能力不断提升。

明晰小组成员的角色，就能明确成员职责，增强责任感，促进沟通，建立互信，促进协作共赢，进而提高合作学习的效能（表1.2.1）。

表1.2.1 小组内各成员角色应履行的职责

序号	角色	职责	备注
1	组长	主持活动，协调进程，鼓励组员积极参与	周期性（如半个学期）角色互换，增强角色体验，提高合作的有效性
2	资料员	学习资料的搜集与整理	
3	记录员	记录学习过程发现的问题与形成的成果	
4	汇报员	代表小组向全班汇报学习成果	
5	联络员	与其他小组交流学习方法和心得	
6	监督员	监督组员的学习情况，防止不利于合作学习的行为发生	

不同小组成员在参与学习过程中发挥不同角色的作用。小组成员的角色有学科属性，是由教师和学生共同确定的。同一学生在不同学科的角色可以不同，也可以约定每半个学期的时间轮换 1 次，以利于学生在合作过程中学习和领会扮演不同角色的功能特点。

3. **学习小组评价**

小组评价方式和评价内容要符合实际，具有较强的可操作性，要能够实现小组内各成员之间的评价、小组之间的评价和教师对学生的评价。评价结果能让学生接受和理解，体现评价的激励作用。小组评价包括过程评价、终结评价、定量评价、定性评价四个方面。

（1）过程评价。课堂中对学生学习的参与度、有效度进行评定，周期性地对各成员落实小组规范和完成学习情况进行评定。

（2）终结评价。根据学业成绩和学习水平的进步情况对学习小组进行评价，包括对小组的整体性评价和对成员的个性评价。可以评出最佳学习小组、进步最快小组和最佳汇报员、最佳联络员等等。

（3）定量评价。课堂上小组之间是合作和竞争的关系，根据学生参与学习的积极性和有效性，结合学科特点，以适当的形式，通过量化的内容来对小组（或成员）进行评价。加分奖励能激发学生的积极性和主动性。

（4）定性评价。使学生能够选择适合自己的学习需求来参与课堂活动，在体验中获得发展。通过对小组及成员的学习水平和效益的评价，增强小组成员的责任感，提升竞争力，激发学习潜能。

要将终结性评价结果和比较重要的过程性评价结果记录到学生学籍档案里。

4. **实践操作**

（1）课堂活动。课堂学习小组依照上述法则开展学习活动，操作起来也很明确。小组合作学习对于问题解决、概念学习、验证原理以及发散思维的获得尤其有效。

验证性活动 验证某一个理论是否正确，是指对研究对象有了一定的了解，并形成了一定的认识或提出了某种假说后，为验证这种认识或假说是否正确而进行的活动。很多观察活动、资料分析或验证性实验都是在课堂上进行的。

模拟性实验 是指在科学研究中，由于受客观条件的限制，不允许或不能对研究对象进行直接实验，为了取得对研究对象的认识，可通过模拟的方法，选定研究对象的替代物的实际情况，对替代物进行实验。这类实验首先要由学生寻找材料来制作模型，然后再做实验，对于培养学生动手动脑的能力以及合作意识尤其有效。

演示性实验 是由教师演示给学生看的实验。这类实验不仅能帮助学生加深对概念的识记和理解，还能培养学生的观察、思考、分析、归纳能力。在实际教学中，对于一些不是太难的演示实验完全可以交给学习小组合作来完成操作与展示。

课堂探究活动 其目的是教会学生学会探究活动的过程、一般技能和方法。严密的逻辑，辩证的思维，科学的表达以及评估和反思，也是要不断地训练，才能达到较好的状态。如设定探究的总课题是"非生物因素对某种动物的影响"，子课题是"水对鼠妇生存的影响""光对面包虫生存的影响""温度对金鱼生存的影响"等，要求各小组设计实验方案并表达交流，比较哪个小组设计的实验方案更合理、更可行。

（2）课外活动。生物实践活动形式多样，内容丰富。开展不同形式的实践活动对发展学生的能力各有侧重，需要对学习内容、学习方式重新进行适当的设计与编制，才能够最大限度地发挥合作学习的功效。课外学习小组可以借鉴课堂学习小组的活动和组织形式。

探究性实践活动 探究性实践活动的特点是对研究对象不了解或不完全了解，全凭实验者去"摸索"和"尝试"。它要求实践者具有严谨的科学态度和良好的操作技能以及一定的分析、归纳和比较能力，这些与初中学生的素质还有一段距离，因而初中生物探究性实践活动必须在教师的精心安排和指导下才能取得良好的效果。在操作时，可以先对小组长进行培训、指导，然后再由小组长来组织开展活动。这有利于培养学生的观察、分析、解决问题以及实验操作能力。如将全班学生分为几个实验小组，各小组按兴趣自由选择探究的子课题，每两个组做一个相同变量的实验，如第1、第2小组探究"水对鼠妇生存的影响"，第3、第4小组探究"光对面包虫生存的影响"等，依此类推，每一个变量都有两个小组同时在做实验，以保证实验具有可重复性，也可以避免某1个小组做错了，该组实验设计与实施就没有办法再进行下去，这样就减少了这个小组实验在表达交流时完全失败的风险。

调查类活动 调查是科学探究常用的方法之一。如"调查校园中的植物种类"可采用"小组活动比赛法"。具体操作如下：第一步学习调查的一般方法，学生认真听讲做好笔记；第二步划分调查区域，每个小组完成一个区域的调查；第三步以小组为单位制定方案，包括调查器具的准备、调查线路的设计、成员的分工等；第四步由小组长带领，认真观察、详细记录、分工合作；第五步各小组完成调查报告，呈现活动过程及结果；第六步以小组为单位进行评价，对优胜的小组进行奖励。在这个调查活动中，各小组的任务、活动的过程是一样的，但成果的呈现却会因"组"而异，因此很适合使用"小组活动比赛法"这一小组合作学习形式。

三、教学的方法选择

在生物教学中常用的教学方法有讲授法、谈话法、演示法、实验法、观察法、讨论法和发现法等。随着科学技术的发展,新的教学理论的产生,教学方法也在不断地变革和发展,不断涌现出新的教学方法,如自学辅导法、资料分析法、实验探究法等等。虽然俗话说:"教无定法",教法多种多样,但规律还是有的,教学是要讲究方法的。如何去选择最优的教学方法呢?

首先要从课程目标和教学内容特点出发。中学生物学课程标准的具体课程目标明确提出了对学生知识、能力和情感态度与价值观的培养。这不仅要求学生掌握生物学的基础知识、基本技能和对学生进行思想教育,还要培养学生观察、调查、实验和资料分析的能力。所以,一定要根据教学内容的不同特点,选择恰当的教学方法才能实现这些教学的任务要求。

生物学教学内容是丰富多样的。如形态解剖知识,应以观察为主,利用各种直观教具配合教学;生理和生化知识,应该以实验分析为主来开展教学;生殖发育知识,应该课内外结合,采用观察、调查、资料分析等方法来开展教学;遗传和变异知识,可运用调查、观察、实验、讨论和讲述等多种方法来进行教学。总之,应该根据不同的教学内容,选择各种不同的教学方法。

其次,要从教与学的特点出发。教师也存在着个人素养、兴趣特长等方面的差异。有的语言表达特别好,有的擅长板书、板画,有的则创制教具的能力很强。所以,在实践中不能强求一致,应该允许教师各有不同的教学风格。不同年龄学生的思维特征不同,知识和能力水平也不同。特别要引起重视的是,初中学生在注意力持续性、自控力保持度等方面相对较弱,他们自尊心强,逻辑思维及抽象分析能力也较弱。所以在教法上,教师的讲述要精练,教学手段要多样,比如运用各种直观教学手段、配合生动有趣的语言和多种教学媒体的组合运用,适当开展讨论法、探究法等教学方法来组织教学活动,以集中他们的有意注意力,提高他们的学习兴趣。

再次,要从学校设备和环境条件出发。学校教学设备和环境条件,会影响教学方法的选择,所以政府对教育的投入不断加大,教学环境正以令人难以置信的速度向教育现代化方向迈进。多媒体计算机和互联网络辅助教学,可以从音频、视频以及学习资源的丰富性、多样性等方面去刺激学生的身体感官,从不同角度、不同方位刺激学生的学习注意力,特别是以动画形式展示的教学内容,可以激发学生大脑里的长时记忆,使得传输的教学信息能在学生大脑里形成深刻的印象,从而提高教学效率。当然,如果处于经济欠发达地区的学校,也许还没有配备计算机和互联网络辅助教学设备,这不应强求,也不必强求。另辟蹊径,组织学生亲身参与更多的社会实践活动,也会收到很好的教学效果,以弥补教学设备不足带来的影响。如学习植物分类知识,地处山区的学校,老师可以带学生到野外观察、采集和制作动植物标本;地处城市的学校,可以在校园、生物园或公园等实地观察植物形态和生态环境。总之,不能用一个标尺去衡量条件不同的学校。教师应因地制宜,合理地、创造性地利用好本地区、本学校现有的教学条件、设备，努力营造出良好的教学环境。

在课程改革与发展中，既要继承和发挥传统教学方式的优势，又要研究和运用新的教学方式和学习方式，以弥补传统教学方式的缺陷。在关注让学生学会学习和培养情感态度价值观时，也要注重知识的传授；在强调使学生获得直接经验和亲身体验时，也要重视学生扎实地掌握学科系统知识；在倡导充分尊重学生的兴趣爱好和心理需求时，也要重视和提高学生的基础知识、基本技能的掌握；在追求学生"个性张扬"和课程的生成性时，也要精心设计好教学过程，充分地预设好学习问题，把学生的学习过程一步步引向深入；在讲究学生的自主学习时，也要有教师示范、讲解、训练和引导，使得学生具备扎实的基础和规范的表达能力。总之，要充分发挥各种方法手段的独特优势，实现功能互补，讲求实效，力求用最恰当的方法或教法组合，来达到最优的教学效果。

第三节　教学的过程

在教学的过程中，正确发挥教师的主导作用十分重要。教师的教要通过学生的学来起作用。被教的是学生，他们是学习的主体，学生的认识活动是他人不可替代的。教师的职责是为学生的学习创造有利条件，引导他们明确学习目的，激发他们的学习兴趣，启发他们积极思维，掌握有关的知识、技能和方法，具备分析和解决问题的能力。

一、教学过程的主要特点

生物学的教学过程也是一种认识活动的过程，除了遵循"实践—理论—实践"的认识规律外，还有其自身的特点。

1. 教师起主导作用

教学过程包括教师的教和学生的学两个方面。学生学习的主体性，需要教师的引导和疏导；教师对教学的主导作用，表现在调动学生学习的积极性和创造性上。教学效果的评判依据，就是看学生接受知识、运用知识的程度和学生学习能力表现的差异。如果在教学过程中，教师会教，学生会学，那么教学就会顺利，就会有良好的教学效果。

教学是在教师的指导下，学生认识事物的活动，这与科学家探索未知世界的活动是不同的。科学家的研究活动完全是自主的、自发的，是不需要别人来引导、指挥和管理的。而学生的学习活动与此不同，必须通过国家课程设置来规范和管理。在学校教育中，教师依据课程标准决定着教学的价值取向、内容和方法。所以，学生的学习活动需要通过教师的教来引导，通过学校来管理，当然也需要学生能认真地去学。在教学过程中，执教的是教师，教师的政治觉悟、工作态度、业务能力和工作方法，直接影响着教学质量的高低。教师要了解学生，严格要求学生，善于发现学生存在的问题并及时纠正，促进他们的发展。教师要负担起调动学生学习积极性的责任。

2. 学生以学习间接知识为主

教学过程中，学生是在教师指导下，以学习间接经验与知识为主，而不是去发现人们未知的世界。学生的学习过程与科学家的工作性质在本质上是不一样的，这是科学和教育史上已经总结出来的经验。如生物学的发展，经历了由描述动植物现象到概括发展规律，揭示生命本质的过程。在初创阶段，即19世纪上半叶，主要描述动植物的形态和分类；到20世纪，特别是20世纪50年代以后，由于细胞学、遗传学和分子生物学的建立，人类揭示了生命本质的奥秘，生物学既有形态结构的描述，更有内在规律的阐述，使得学生获得丰富的生物学知识。如果认为知识来源于实践，把教学过程看成与人们认识世界的过程完全一样，只重视获得直接经验，而不重视读书学习，以获得间接经验与知识，事事都要亲自实践，那是不可能，也是不必要的。再如动植物分类知识，是由许多动植物分类学家、博物学家，先后经历了几百年时间的不断探索和经验积累而获得的。在初中生物学教学中，仅用几个课时就可以把它学完。又如"第四单元生物圈中的人"是介绍人体的基本知识，这些知识也是由无数医学专家和生物科学家经过几个世纪的研究，逐步建立起来的系统知识，在初中生物学教学中仅安排一个学期的时间来学习。总之，学生的学习是以学习间接经验和知识为主，是用最短的时间、最好的方法，以获得最多的知识，避免重走人类认识历史上所经历的漫长道路，重犯前人在探索过程中所犯的错误。通过教学，使得人们获取知识的过程大为缩短、获取知识的效率得到极大提高。

3. 强调理论与实践的结合

生物学是一门实验科学，在教学过程中，学生以学习间接经验和知识为主，但不能忽视学生学习的实践特点。当然，这种实践与一般认识活动的实践是有区别的。科学家探索科学真理的实践，需要进行无数次的反复试验，往往要走许多弯路，并在探索中前进。生物教学过程中的实践，是在教师指导下，有目的、有计划和有组织地进行，使学生获得一定的知识、技能，提高学生提出问题、解决问题的能力，体验科学的发展过程和科学家解决问题的原理和方法，领悟科学家的研究思路和工作性质、方法，培养学生爱科学、用科学的道德情感和思维品质。生物课的实践，有课堂内和课堂外的，实践的方式有观察、调查、实验、实习和参观等。它使学生通过各种感官感知在教材中无法获得的或从未见过的实践知识和生命现象。如运用显微镜、放大镜、解剖器等进行实验和观察，直接感知生物体形态结构和生理功能；组织学生在生物园和大自然中观察动植物的生殖、发育、生长现象，进行各种繁殖方式的实验、作物栽培、动物饲养，或者带学生到自然界观察生态平衡、环境保护等活动。所有这些，不仅能使学生获得真实的、正确的认识，验证所获得的书本知识，还能够掌握一定的生物学技能、技巧和方法，培育热爱自然、体验生活、投身实践、追求真理、勇于探索、保护环境的高尚情操。

二、教学过程的任务要求

一般来看，教学过程的任务要求具体表现在以下几个方面：

1. 明确学习目的

这是学习的内部动力，它能促进学生进行创造性活动。教师应用心组织教学，上好每一节课，要通过具体生动的事例鼓舞学生的学习热情，激发学生探索生物奥秘的兴趣。如有位教师，讲到生物科学的未来前景，谈到仿生学的运用，列举了科学家通过观察毛毛虫蠕动方式而受到启发，设计一种车身窄长，由"环节"组成的"爬行车"，能在松软的泥土上通行无阻，还可节约能源。学生感到很新鲜，认识到科学技术不能没有生物学，生物科学的每一项重要成果都可给社会带来深刻影响。学生明确了学习目的，就会产生刻苦学习的动力。

2. 传授学科知识

中学教育是基础教育，时间有限，只能根据课程目标、学生年龄特征，来传授生物学基础知识。学习比较系统的生物学基础知识，可以使学生初步获得生物形态结构、生理、分类、遗传变异、生物进化和生态学等方面的基础知识，以及这些知识在生产和生活中的应用；学生可以初步获得人体解剖、生理和卫生保健的基础知识；等等。

掌握生物学基础知识固然是十分重要的，但还要进一步了解这些基本概念、规律、原理在实践中的意义，即了解这些知识在农业、工业、国防、医药和卫生上的应用。这样，一方面可以帮助学生理解巩固所学的基础知识，另一方面也可以引导学生运用所学的知识来分析和解决实际问题，引导学生思考"如何利用生物规律为现代化建设服务？"等问题，培养他们的创造性才能。

因此，在生物课程设计上，许多内容的设置只要求"比较系统""初步获得"

这样的目标层次，这是符合生物学科教学基本实际的。

生物学同衣食住行和人类的健康都有密切关系。在教学过程中，经常需要学生能举出一些较有代表性的典型实例，以提醒学生需要具备健康的生活方式，自觉地锻炼身体，养成良好的卫生习惯。

3. 激发学习兴趣

兴趣是最好的老师，是使学生积极探索某种活动的倾向，是推进学生主动学习的一股动力。有位中学生谈到对生物课没有兴趣时说："老师讲课不生动。讲到花草啦，动物啦，人体啦，光是写在黑板上，很难见到实物，所以感到抽象，枯燥无味。""生物课难记，要靠背书，这是头痛的事，也使人泄气。"有位生物教师运用多种多样方法，把生物课组织得井然有序，贴近学生生活，学生踊跃参与，学生反映："我对生物课很有兴趣，因为生物学的内容丰富有趣，特别是实验，例如上星期做糯米酒的实验，虽然自己以前也做过糯米酒，但不懂其道理。通过老师的上课，再加上这样的操作实践，我深刻地理解到原来这是通过酵母菌厌氧呼吸产生酒精的道理。这种知识和原理我永远也不会忘记。"可见学生没兴趣，学习就是一种负担，为应付考试只好死记硬背，背下来又容易遗忘，真是强人所难；如果学生有兴趣，学习的积极性就高，就能知难而进，体会深，记得牢，甚至有所创造、有所创新地去学习，越学越有味，越学越想学。所以生物教师要善于运用多种多样的教学方法和手段，去激发学生学习生物学的兴趣。

4. 提升科学素养

在学校传授给学生的基本知识和技能是有限的，而知识的发展是无限的。教是为了将来运用知识解决问题，因此，提升学生科学素养是一项十分重要的任务。它与传授知识和培养技能是相辅相成的，是统一的，是生物学教学的核心。提升科学素养可以从以下四个方面入手：

（1）培养观察能力。观察能力是智力活动的门户和源泉，不少生物学家都是透过敏锐的观察而有所发现、有所发明、有所创造的。要使学生学会用感官（眼、耳、鼻、舌、身），有目的、有计划和持久地观察生命的现象和运行规律，掌握生物学基本知识和技能，培养观察能力。

（2）发展实验能力。现代生物学已由观察、描述的科学，发展为用分析和实验方法研究生命运动本质的科学。使学生基本学会课程标准所规定的实验技能是十分必要的。教师必须在教学过程中，克服各种困难，想方设法创造条件让学生学会使用实验仪器、学会配置实验药品、参与生物学实验、开展生物学实验设计等基本技能，培养、提升和发展学生实验能力。

（3）拓展思维能力。思维能力是智力活动的方法和核心。在生物学教学中应最大限度地给学生创造积极思维的条件，多联系生活和生产实践中发生的问题，让学生进行分析。学生思考的问题越多，大脑皮层的兴奋点越多，相互联结成知识网络，遇到问题时，大脑贮存的大量信息量能高效率地进行复杂联结，能创造性地去解决。

生理学家认为，现在人的大脑潜在能力只使用了 10% ～ 20%，还有 80% ～ 90% 有待充分发掘、利用。生物学要引导学生初步学会解释一些生命现象，并把其所学到的生物学知识应用于生活和生产实践，启发学生学习思维。思维是人脑对事物概括的反映。启发学生积极思维，是调动学生积极性和创造性的重要因素，教师应善于根据教学目标，组织教学内容，抓住重点和难点，深入了解学生，使他们在教学过程中能最大限度地去积极拓展思维能力。

（4）开发自学能力。自学能力是在已有生物学知识和技能的基础上，运用一定的方法独立获得知识、运用知识、发现问题和解决问题的一种学习能力。自学能力是学生适应升学与就业所需的一种基本能力。前面所讲到的三种能力是自学能力的基础，所以在培养学生实验、观察、思维能力的同时，还要注意开发学生的自学能力，通过课内外的教学指导，培养学生对阅读课本及有关书刊的兴趣。当然，自学能力也是人们实现终身学习的基础。

（5）培育思想情感。每个学科都有其思想教育的任务。中学生物学也不例外。应按照中学生物学的课程特点，着重对学生进行思想、道德、情感、态度和价值观的教育。在生物教学教程中，应以学生容易理解的方法通过生命活动规律的具体事实，使学生确立思想方法。如通过实验证明种子的成分包含有机物和无机物、细胞中含有能量转换器等，建立物质的观点；生物具有遗传和变异的特性，生物的多样性是长期自然选择和人工选择的结果，建立发展的观点；生物体的结构和功能之间，生物体与生活环境之间的关系，是矛盾统一的，建立统一的观点；自然界大多数生物都是由细胞构成的，虽然病毒不是细胞结构，但它也能够表现出生命现象，这并不奇怪，这是生物界的共性和个性特点。

还要注意结合教学内容，介绍祖国丰富的动植物资源，介绍我国古代和现代生物学发展史、生物科学研究和应用方面的伟大成就，介绍我国著名生物学家刻苦攻关，无私奉献的故事。培养学生爱国主义思想和实事求是的科学态度，激发学生为祖国社会主义现代化建设而学科学用科学的高度热情。此外，还要通过教学，培养学生热爱大自然、保护自然资源的感情，树立正确的审美观念和高尚的思想情感。

三、教学过程的基本阶段

中学生物教学中常见课型有新授课、复习课、讲评课、实验课、活动课等。这里仅就新授课的教学过程为例来说明教学过程的基本阶段。

1. **准备和预习阶段**

这是教学过程的开始阶段。要在学习心理上做好思想准备，在学科内容上做好知识储备。从心理上，要引起学生的注意，即组织学生集中注意力。有经验的教师，十分重视这一环节，行见面礼后，稍停片刻，让学生安静下来，才打招呼或检查坐立姿势、人数和工具，集中学生的注意力。在学科内容储备上，可提供材料或提出问题，让学生预习，或让学生预习后提出问题。根据实际情况，这可在课堂内进行或课前布置。如学习"花的结构"，教师可以演示较大的桃花结构模型，并提出问题：这是什么花？它由多少部分构成？各部分的形状、颜色、大小、数目都一样吗？它们各有什么作用？……"现在我发给每人一朵紫荆花，虽然它的颜色、大小和桃花模型不同，但它们的基本结构是相同的，请大家围绕问题，看书和观察紫荆花。"学生们都有好奇心，有了观察材料和目的，就会集中注意力，调动学习积极性，直接感知教材和实物，来对学习问题产生定向注意。教师在学生预习的基础上进行检查，并有针对性地引导他们从已知探求新知。绝不可认为一切知识，只有全靠教师讲解，学生才能获得。而应该根据学生的年龄特征、知识水平、自学能力，在教学过程中，注意充分运用感性认识，形成表象，进行初步认识，以集中学生学习的注意力，培养学生敏锐的观察力，发展学生持久的记忆力。

2. **学习和提高阶段**

这是整个教学过程的主体阶段。要在准备和预习的基础上，进行分析、综合、比较、概括和想象，了解生物现象与本质，透彻理解教学内容，不断扩大和加深新的知识，提高学习能力。布卢姆认为，只有对前面所学知识的正确率达到80% ~ 90%时，才能开始对新知识的学习。所以，在教学中要特别重视怎样从学生已有知识引入到新知识的学习，怎样在学生的头脑中建立新旧知识的联系，有效地理解和掌握新知识，从不知道到知道，使认识不断深化。另外，教学的目的，不是在教学过程中传授了多少知识，而在于有没有培养学生的学习能力。学生通过教学活动，有没有培养好学科思维和学习方法，这是最主要的，是衡量一节课质量高低的重要标准。如以"桃花"为代表，认识花的基本结构后，还应该能够运用这个知识，解决新情景下设置的新问题。如通过解剖紫荆花和大红花，归纳出所有双子叶植物花的基本结构。当然，花的结构这节课的教学，也可以通过动画软件来模拟解剖花，具体设计可能更为精巧，展示的花的种类也可能更多，对归纳双子叶植物花的基本结构更为有利。老师们可以充分发挥想象，合理地去设计教程，更为出色地完成教学任务。

3. **巩固和应用阶段**

在教学过程中，为防止知识的遗忘，必须进行巩固。教师传授生物学知识的最终目的，是为了使学生能够运用所学的生物学概念、原理和规律来解释各种生命现象，能够应用知识来解决生活中遇到的有关实际问题，实现知识的迁移。巩固也起着检查教学效果的作用。所以，它也是提高教学质量的重要一环。如八年级的学生学习了动植物分类知识，就要带领学生去校园或森林公园辨认常见动植物属于哪一科哪一类，它有什么主要特征和经济价值等。通过应用，培养独立思考能力，使所学知识更为牢固。

如果能够调动学生手脑并用，就能使得知识的巩固和应用更为有效。仍以认识花的基本结构这节课为例，教师可以提前设计好一张表格分发到各学习小组，让全班学生分成两大组，分别将紫荆花和大红花解剖后，将花的各部分结构粘贴在表格相应的空格中。这其实也是一种手脑并用的操作性练习。学生动手完成该练习后，再组织各小组就紫荆花和大红花的结构组成来分别表达交流其学习结果。或许学生能够完成这种练习与操作，但能不能运用知识解答问题又是另一回事。所以教师还可以演示几道练习题，让学生练习和巩固所学。比较精巧的设计是，利用前面的学习和认知，请学生分别介绍和回忆刚才所学的几种花的结构的内容，从桃花、紫荆花和大红花的结构以及练习题中提到的花的结构，分别列表显示出来，引导学生去归纳所有双子叶植物花的基本结构。这样的教学，引导得当，设计合理，既培养了学生动手实验能力，又培养了学生分析和归纳问题的能力，这种教学是富有生命力的。

教学过程的各个阶段，各有特点，相对独立但又互相联系，是不可分割的。生物学教师在教学过程中，应该根据各类型学生的学习能力和不同的教学任务，采取不同的组织方式进行教学，使学生的学习能力得到充分发展。在教学过程中，学生学习能力的发展，往往经历着完全依赖教师、基本依赖教师、基本独立和完全独立等几个阶段。教是为了不教，教是为不教而创造条件的。理想化的教学，是教师能充分调动学生的学习积极性，引导学生一点点、一步步地提高独立学习能力，经过几年的磨炼，最终达到无需教师的教，学生照样能学得好而有效的目的。这样的教学才是最完美无缺的，是至高无上的。

示例 1.3.1

人教版七年级下册"人的生殖"课堂教学案例

按照自己的习惯，我提前五分钟进入教室准备上课。有几个学生围上来和我说话，"老师，我们今天学什么？""人的生殖。""嘻嘻……"他们笑起来，表情各异，有害羞的、豪放的、似懂非懂的……我也笑了，心里对能否上好这节课怀有疑虑。

课前我准备了许多资料、课件，也清楚现代中学生对于生殖方面的认知并不陌生，他们已经从电视、网络、父母、书籍等各种渠道了解了一些，但这些认知的科学性还需要在学习中得到确认。加上面临青春期的发育，他们对这节课的学习内容有期待兴奋的心理，课堂会不会成为谈笑嬉闹的一锅粥呢？我在心里给自己打气，在讲解时坚持严肃科学的态度，不敷衍了事，让学生受到感染，用正确的态度学习性知识。

我先引导学生回忆植物的生殖过程，又展示动物的母子照片，讨论得出生殖的普遍存在及重要意义。然后向学生设疑过渡，"人的生殖过程是怎样的呢？"几个平时调皮的学生很夸张地笑了。我控制自己要冷静，不能发脾气。看到他们似乎懂得很多的自得样子，我灵机一动给他们设了一个"陷阱"——"男性生殖系统包括哪些器官？最重要的器官是什么？"果然一个调皮男生冒出"小弟弟"一词，全班哄堂大笑，有些女生低下头。我不慌不忙又问"对吗？是这样吗？"加强语气的问题使学生一下子安静了。我明白这种沉默意味着怀疑、思考。于是我让学生自己在课本上找答案，完成男女生殖系统的侧面图的填空。学生的态度非常认真，包括刚才调皮的男生也埋头看书。在集体讨论中学生们一一列举生殖系统中各器官的功能。我又提出刚才的问题，学生们讨论得出最重要的男性生殖器官是睾丸并明确它是产生精子的器官。我发现一些男生露出恍然大悟的表情。

对女性生殖系统中子宫和卵巢的重要性，学生各执一词，认为胎儿发育的场所和产生卵细胞的功能都是必需的。我简单引申到课外知识，介绍了试管婴儿和代孕母亲的新科技，使学生明确了卵巢的重要性。第一部分内容比较顺利地完成了，我感到学生的态度与刚开始相比有了明显的改变。

接着学生通过直观形象的课件了解受精的过程，学生们都很投入地观看。看完后我在黑板上写了一句话，"You're the winner."学生不明白，我告诉他们每一个人从一个受精卵开始就是胜利者，因为这个受精卵是由游得最快、生命力最强的一个精子和卵细胞结合而成的。这个比喻让学生微笑了，有些平时内向的学生也和同桌交换兴奋的眼神。

接下来学习胚胎发育过程，主要关于胎盘的作用。因为课本和教参要求比较浅显，我的讲解也没有涉及很深的内容。没想到学生边听讲解边冒出许多问题"为什么有的胚胎会从母体流掉？""为什么母亲会呕吐？""胎儿会不会听到声音？""胎儿会不会呼吸？"……教室里完全没有搞笑、害羞的情绪，而充满学术研究的气氛。我对讲不讲这些问题稍有犹豫，这会影响课堂内容的时间安排。望着他们渴望的眼神，我意识到学习什么知识不应由老师和课本决定，这时需要对他们将来会面对的生活有着重要意义的问题进行深入探讨。我有做母亲的经历，这方面的书籍看了不少。我用他们能理解的语言浅显地回答了他们，对有些问题没有详细介绍，而是告诉他们会在之后生物课的一些章节继续学习。

最后我展示了胎儿在母体的照片，用缓慢的语调说："看到这些照片，你有什么感受？是否觉得温暖、安静？你们每一个人都在这样一个地方成长过，每天倾听着母亲的心跳，受到母亲的日夜呵护！"学生们表情柔和，眼神专注，仿佛通过图片回忆曾经有过的体验。看着这些充满活力的学生，我在心里感叹生命的奇迹。

小结生殖系统的功能后，我希望学生课后去了解自己的母亲在怀孕时的感受，去理解母亲的伟大，"一个女性能成为母亲是值得骄傲的事！"男生笑着看女生，我又加上一句"一个男孩只有成为父亲才会成长为一个真正的男子汉！"全班安静了，学生脸上若有所思，下课铃响。

于是我赶紧将课堂练习更改成课外练习布置下去，以巩固课堂所学。待下节课再检查他们的知识运用能力及作业完成情况。

下课后，一个男生拿着课本跑来问问题，"老师，女性的月经出血是在子宫里产生的而不是阴道里产生的吗？"我有点吃惊，但看到他脸上认真的表情，知道他还沉浸在学习的过程中。我很明确地回答了他，他得到答案后，重重地点点头。最后的小插曲使我带着欣慰的微笑离开了教室。

【教师反思】 由于要解答学生关于胚胎发育的课堂提问，本节没有按预定计划完成课堂巩固练习，这是一个小缺陷。但这节课的教学过程让我回味无穷。我和学生们在学习生物知识的同时接受了一堂情感教育课，加深了学生对生命的认识。这种情感体验会使知识更深刻地留在他们的记忆中。他们纠正了以往错误的认知，重要的是对待性问题的态度有所改变。而我从这节课得到的更多，我明确了一个老师不仅仅是知识的传授者，更应该是人类文明精神的传道者。成为好老师不仅要道德高尚、学识渊博，还要能够引导学生树立正确的人生观，促进学生生理和心理的健康发展，这是课程标准的目标要求。我今后应该更多地尝试用情感调动学生的学习积极性，提高课堂效率。但要注意不能情感泛滥，把握时机要适时适度。我还体会到针对中学生的青春期教育不能只局限于性知识的普及，对性心理的健康教育更要关注，恰当的性心理教育能使学生形成正确的思想认识，坦然面对自己的身体发育和生理需求，这将惠及他们的整个人生。

（广州市番禺执信中学　王汀）

第二章

 探究性教学

生物课程标准提出的课程理念是：面向全体学生、提高生物科学素养、倡导探究性学习。因此，在教与学的过程中，要积极落实课程标准倡导的探究性教学理念。教师要面向全体学生，把"全体学生通过努力都应达到的基本要求"作为教学的首要目标；要引导学生掌握今后参加社会生活、经济活动、生产实践和个人决策所需要的生物科学知识、探究能力和科学的态度与世界观；对不同阶段的探究活动需要进行系统的研究、整体的安排，合理设计不同探究内容的侧重点，从可操作的角度出发，分层次、分阶段落实生物课程的探究性教学目标。

第一节 探究性教学途径

探究性教学是学生在教师的指导下，选择和确定某个专题进行探究的学习活动，并在探究过程中，以类似科学研究的方式主动地获取知识、应用知识与解决问题的方法。探究性学习作为课程标准倡导的一种学习方式，要求教师要不断地引导和指导学生去主动探究，更期待它能够成为学生的一种学习习惯。那么，在生物教学中如何开展探究性教学呢？事实证明，可以在课堂实验、资料搜集、经典科学实验教学、教材中的技能训练和指导学生开放性作业等方面来开展探究性学习。

一、结合课堂实验开展探究性教学

生物教学中有许多需要在课堂上完成的实验，有整节课的实验，也有只需几分钟或十几分钟插入课堂教学的实验。这些实验有些是探究性的，但更多的是验证性的。对于验证性实验，过去普遍的做法是让学生根据书本、实验报告册来做实验，或者教师把实验原理、仪器、实验步骤、注意事项等交代得清清楚楚并写在黑板上，学生只需照着这些步骤按部就班地进行操作即可。这样做的确能够增加学生的感性认识，锻炼学生的动手操作能力，但也仅仅只是停留在"动手不动脑"的机械化操作层面，没有了思考的空间，更谈不上培养和发展学生的实验探究能力了。若在这些课堂实验教学中,将某些验证性实验改进为课堂探究性实验来组织教学,就能很好地避免上述现象的发生。学生从验证教材中的概念、原理转向亲身感受生物学概念、原理产生的背景,让学生自己提出问题,做出假设,设计实验方案,做自己设计的实验,去验证自己的想法,享受实验的乐趣。

例如,在开设"测定食物中的能量"一节的实验课时,就可以尝试让学生自行设计探究的问题、制定探究的方案,结果学生的反应非常热烈。各小组提出的探究问题各不相同,有的小组探究 100 克花生中含有多少能量,有的小组探究 100 克大豆中含有多少能量,也有的小组探究花生和大豆中哪种食物含有的能量更多,等等。在这种情况下,学生的思维变得活跃起来,做实验的积极性也明显地提高。在设计的方案上,他们所选用的材料也多种多样,有的小组用铁的月饼盒,有的小组用废弃的爽身粉盒,也有的利用可乐易拉罐,甚至有的用胶质的矿泉水瓶;学生在瓶上剪的孔也大小不一。从学生准备实验的情况看,各小组都经过了认真思考,材料也比较齐全。他们预测的实验结果肯定不同,有的方案比较合理,有些方案有缺陷,但教师也不必对方案做出过多评价,重要的是要肯定同学们准备实验的积极性。在实验的过程中,教师主要是在各小组间巡视并对探究过程给以适当的点拨或指导。当实验进行了一半,问题就出来了,有的小组的材料燃烧了一半就不再燃烧了,也有的小组用的材料总是不能燃烧;用胶瓶做材料的小组发现胶瓶变形了,影响了实验的进行等等。当出现以上问题时,教师可要求学生自己找原因,改进实验方案或材料。在教师的鼓励下,大多数小组都能修正并完成他们的实验方案,而且学习积极性很高,学生对实验的分析也会很详细,有成功的经验,也有失败的教训。

通过开设探究性实验,能很好地培养学生分工合作的能力、提出问题和分析问题的能力,不仅巩固了前面所学知识,还能让学生充分发挥他们的发散思维,想出解决问题的独特办法。学生们能够十分开心地享受探究的乐趣。

二、结合资料搜集开展探究性教学

资料搜集的途径有很多种,如从图书馆、互联网、科技馆或向有关的工作人员直接询问等,所搜集到的信息是现成的,只需略加整理即可,整理后的资料以期重现科学研究的历程,使得资料阅读和分析过程本身就是一个发展、开放的动态探究过程。学生在阅读资料时,不是被动地接受他人的观点,而是不断地将阅读资料中的信息与原有的知识和经验进行整合,构建出新的知识体系。学生积极主动地参与,不断推出新的关注焦点,是推动问题得以解决的最终动力。

让学生在快乐的情景中学习,在实施探究中建立的生物学概念、原理更为可靠,形成的印象更为深刻、牢固。既学到了生物学知识,又体验到了资料搜集的方法和过程,何乐而不为呢?

例如，在学习"分析人类活动破坏生态环境的实例"一节课时，就可以安排学生到学校的电子阅览室搜集资料，并结合课文解决有关的问题。对于初中学生，他们搜集资料的能力参差不齐，因此在查阅资料的时候，教师要刻意安排一些不同能力水平的同学为一个小组。同一小组的同学自觉地分工合作，有的搜集资料、有的记录、有的把遇到的问题向老师反映。如为什么小鸟碰到柔软的渔网就很难挣脱呢？为什么污染的湖水里蓝藻能大量生存而鱼虾就不能生存呢？等等。每当这个时候，教师都要肯定学生探究问题的积极性，然后向学生推荐一些网站让学生去查找。

当学生带着问题和近乎合理的假设进行资料搜集时，一定希望知道自己关于该问题的假设正确与否，从而促进阅读过程中信息的提炼和吸收。与此同时，学生的科学思维能力、问题解决能力、合作交流能力也得到了培养和强化。当学生最后终于把问题解决时，他们都会心情舒畅，更加激发了自己探究学习的热情。

三、结合经典科学实验开展探究性教学

许多科学家的成就都来自于他们的实验探究，如普利斯特利的光合作用产生氧气的实验、巴斯德的肉汤培养细菌实验、孟德尔的豌豆杂交实验、米勒实验等等。这些实验都是我们在教学中激发学生进行探究性学习的好素材。教师可以引导学生模仿科学家的方法进行探究，体验科学探究的艰辛和快乐，使学生认识知识的发现过程，这样学生不但获取了知识，还能体验探究过程，形成科学的价值观。

例如，在"基因的显性和隐性"一节课的教学中，教师就可以引导学生利用红玉米和白玉米为材料，模仿孟德尔的豌豆杂交实验。具体的做法是让学生把红玉米的花粉放到白玉米的雌蕊上，或把白玉米的花粉放到红玉米的雌蕊上，传粉后套袋处理，新个体上结出的玉米颜色就是显性，没有表现出来的就是隐性。许多学生会很感兴趣，甚至他们在课后还会进行实验来验证。有的学生在家里的阳台上用花盆种植玉米，有的学生在家里的花园种植玉米，有的学生在学校的生物园中进行种植，甚至还有的同学到野外开垦一块荒地来种植。玉米的种子可以由教师提供，教师要指导学生勤观察、勤管理、勤记录。玉米是一种容易成活的植物，对环境条件要求不高，只要适当施加水肥，一般是可以长出新的玉米棒的。通过实验，学生得到了不同的实验结果，有的小组种出的玉米是红白各一半，有的小组的玉米是红多白少，也有的小组的玉米是白多红少，等等。出现这种结果也是意料中的事，科学实验的结果不一定是固定不变的，这时教师要引导学生分析结果，查找原因，并做进一步的探究，使他们学到假说-演绎的科学研究方法。

通过这样的教学，一方面激发了学生的学习兴趣，另一方面也使学生掌握了一定的科学知识，从而使他们学到了进行科学实验的一般方法。

四、结合教材中的技能训练开展探究性教学

在初中《生物学》教材中，设计了多项的技能训练内容，这些内容分布在七年级和八年级教材的课文后，虽然不是每一章节都有，但每个技能训练都是该课文内容的延续。技能训练侧重学生各种探究能力的培养，有的是培养学生提出问题，作出假设的能力；有的是培养学生解读实验数据，推断实验结果的能力；有的是培养学生设计表格和设计实验方案的能力；等等。在各个技能训练项目的编排上，也体现了由浅入深的特点，这样安排也符合学生的认知水平和发展的规律。因此在生物教学中，教师要充分利用这些技能训练项目，开展探究性学习，凭此途径，能有效对学生进行实践能力和创新精神的培养。

例如，在八年级上册《生物学》教材第41页，有一个技能训练是"做出假设，设计实验"。该技能训练着重发展学生提出问题和做出假设的能力。其中对于昆虫是否都有趋光性，学生是不能确定的，但学生可以肯定的是在夏天的夜晚，有许多的昆虫都喜欢在灯前灯后飞舞，这种现象就是昆虫的趋光性。这类昆虫较常见的有夜蛾和金龟子等，学生是比较熟悉的，但其他昆虫是否有趋光性，如何设计实验呢？大多数学生没有想过，也不知从何着手。上课时教师可以给出提示：科学的探究活动一般包括提出问题、做出假设、制定并实施方案、分析结果和得出结论等环节。在该技能训练中，只要求同学们做出假设和设计实验两个过程。虽然并不要求学生真正去实施方案，但所有学生都有这方面的生活经验，于是学生参与的积极性就会非常高涨，他们设计的方案就五花八门了，如刻意选择一些不常见的昆虫，甚至有个别学生会选择蜘蛛和鼠妇等。对于这些个别的学生，教师就有必要向他强调昆虫的主要特征，指出蜘蛛和鼠妇不是昆虫的原因。有的学生提议把几种昆虫放在空的金鱼缸中，也有的提议把昆虫放在大的纸箱里，甚至有学生建议把房间的门窗关好，把几种昆虫放在房间内，打开电灯的开关，即可进行探究。学生提出的方案很多，教师要及时肯定学生参与的积极性，并组织学生进行分组讨论，通过讨论，把不合理的方案进行修改，使实验方案具有可操作性；对合理的设计方案，教师可以推荐给其他的小组参考。在条件允许的情况下，教师还可以指导学生实施这些方案。

通过教师指导学生完成教材中的技能训练内容，能够有目的有步骤地对探究性学习的六个环节进行有针对性的训练，能有效地加深学生对科学探究活动过程的深刻认识，掌握科学探究的方法，也能够提高学生分析问题和解决问题的能力。

五、结合开放性作业开展探究性教学

开放性作业没有固定的形式，可以是制作电脑课件，也可以是围绕某个主题制

作生物学习的手抄报，还可以是实验报告或生物小制作等。一般布置学生完成作品的时间较长，有2～3个星期的时间，允许学生个人或小组完成。由于开放性作业的形式多样，可以充分发挥学生的创意和选择自己喜爱的主题，因此学生参与的积极性高。同时，对于比较复杂的探究主题，开放性作业可以通过小组合作完成，能够凝集学生集体的智慧，有利于探究作品的顺利完成并能提升作品的质量。

例如，在学习"空中飞行的动物"一节课时，教师就可以布置学生完成一项与鸟类有关的开放性作业。由于有2～3个星期的时间，学生在选择作品主题时还是很仔细的。有一个小组的同学准备制作一组蛋壳面谱，这个小组有3个同学，每个同学负责提供5个去掉蛋黄和蛋白的完整鸡蛋壳。他们根据美术课本上的图案，把一些京剧人物的面谱用颜料描绘在鸡蛋壳上，经过2个星期的努力，该小组完成了15个鸡蛋壳的工作，但怎样摆放这15个面谱呢？小组成员为两个方案的选择展开了激烈的争论：方案一认为应把15个蛋壳面谱分为3组，用线串成风铃状；方案二认为要用一个大的方纸盒，里面放一张有15个圆孔的硬纸板，再把蛋壳面谱放在圆孔上。经过一番争论后，小组成员同意了方案二，因该方案有利于保护蛋壳面谱。也有的小组决定制作一个小鸟的剥制标本，但在制作的过程中由于技术难度太大使他们放弃了。他们改用一些黏土作材料，用黏土捏成小鸟状，在阴凉处风干，然后到市场上收集一些小鸟的羽毛，再在黏土制作的小鸟身上涂上油漆，再粘上羽毛。他们做出来的小鸟作品竟然也栩栩如生。也有些写字画画功底较好的学生精心制作有关鸟类的手抄报；也有的小组写观察鸟类的小论文甚至制作鸟类的教学课件。对于学生制作的开放性作业，教师要做好记录，对学生的作品给予肯定的评价，较好的作品还要在学校或班里的橱窗进行展示，既肯定他们的成绩，也激励和影响其他同学需要加紧作品的制作；还在橱窗旁边设置小信箱，收集反馈意见，又为作品主人提供新的修改建议。这样的活动，学生们太愿意参加了。他们的学习热情得到进一步激发。

从学生完成作品的情况分析，学生对生物课的学习不但有浓厚的兴趣，而且富有创意。完成开放性作业的过程也是一个探究性学习的过程，当作业质量被老师和同学肯定时，探究者自然而然就会获得成功后的喜悦。

第二节 探究性教学方法

中学生物教学中常用的教学方法有讲授法、谈话法、演示法、实验法、观察法、讨论法和发现法等。每一种教学方法都不是彼此孤立存在的。在课堂教学中，教师往往不会将一种教学方法自始至终地死板运用，而是将几种教学方法组合运用。一节生物课的内容中，一般是含有两个或以上的知识点或学习任务，为了避免课堂教学枯燥无味，教师必定要组合运用两种或两种以上的教学方法，使得课堂教学形式有序变化，新颖别致，以吸引学生学习注意力。高明的老师还会在每个教学环节中渗透探究学习的方法，调动学生思考问题、讨论问题，合作完成一些探究任务。如果学生能够积极主动地参与，那课堂教学的效率将会大大提高。下面简要地介绍富有探究意义的教学方法或其组合，如谈话讨论法、演示讨论法、问题发现法等。

一、谈话讨论法

谈话法是实行启发式教学的重要手段，它主要利用师生问答、对话的方式来开展教学活动；讨论法是在教师指导下，学生以集体或小组的形式，围绕教学问题开展讨论，同学间互相启发，形成思维的碰撞，使得问题彻底解决的可能性大为增加，有时甚至可以求得问题解决的完整答案，形成整体的知识框架。在课堂教学实践中，比较浅显的内容可以使用谈话法，比较深刻复杂的内容可以使用讨论法。利用谈话法和讨论法的组合来开展课堂教学，目的是通过两种教学方法互相取长补短，可以使得课堂教学过程富于变化，避免课堂结构单调乏味，有利于学生集中学习注意力，提高学生参与课堂学习的持续性、持久性和主动性。和一堂枯燥无味的讲授型课堂相比，谈话讨论法的优越性不言自明。

示例 2.2.1

人教版八年级"动物的先天性行为和学习行为"教学案例

一、教学过程

理论指导	教学环节	教师活动	学生活动
情感影响策略： 德国教育家第斯多惠曾明确指出：教学的艺术在于激励、唤醒和鼓舞，教师兴奋的情绪、热情的关注、勃勃的生机、殷切的期望都会转化为学生进步和发展的动力。 亲自参与策略： 学生对于亲自参与的事情会特别关切，特别有兴趣。	用谈话法导入新课	1. 大家有没有养过宠物？ 2. 养过什么宠物？ 3. 那你们有没有试过帮它们改名字？ 4. 提问一个学生：你叫它"猫猫"时，它会做出什么反应？ 5. 那你刚买回来时，你叫这个名字，它会作出反应吗？你是怎样训练它的？ 6. 总结：猫从一开始对名字没反应到后来有反应，这是天生的吗？这是一个什么过程？ 7. 这个学习过程是建立在什么基础上？	1. 学生很感兴趣，踊跃回答："狗，猫，兔，……" 2. 请一位学生分享他养猫的经验，他为大家介绍他的宠物猫的名字为"猫猫"。其他学生饶有兴趣地听着。 3. 学生畅谈训练过程：利用食物作为诱饵。 4. 总结：后天学习过程和先天因素相结合。

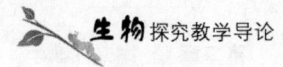

续上表

理论指导	教学环节	教师活动	学生活动
"开放式"课堂策略： 要强化学生在课堂教学中的主体地位，只有在"开放"的课堂中，学生才能在教师的引导下，主动、积极地求知，而学生主体作用的发挥，是在教师主导作用下逐步培养形成的，教师"教"的外因，只有通过学生"学"的内因才能产生作用。 "启发式"提问策略： 首先是善问，根据教材的重点、难点和广度、深度向学生提出思考任务。鼓励学生大胆质疑问难。其次是善导，善于点燃学生思维的火花，善于诱发和开拓学生的思路，善于在解决问题的方法和途径上进行具体指导，使学生"会学"。第三，要含蓄，不可以问得太直白，不能老是"对不对？""是不是？"要尽量做到言有尽而意无穷，发人深思，耐人寻味。	用讨论法学习新课中的资料分析内容	1. 提出学习要求：分小组分析资料，提出问题，再分小组讨论问题，并相互评价。 (1) 展示视频资料1和5。 (2) 组织小组分析、讨论书本P52资料。 (3) 巡堂辅导。 (4) 展示各小组讨论结果，并从中抽出具代表性或独特的问题进行提问。 (5) 第四小组针对资料1所提的问题：为什么小袋鼠一生下来就钻进母袋鼠的育儿袋里面？ (6) 组织学生相互评价：你同不同意这个小组的意见？不同意的话请说明理由。 (7) 引导学生评价、总结：你们觉得哪个小组发言最有道理？ (8) 提问：请问这种先天性行为对于小袋鼠的生存有什么意义？ (9) 提出其他班的问题：小袋鼠一出生是吊在母亲的尾巴上，为什么不会摔死？ (10) 你认为这位同学讲得怎么样？ (11) 你又是怎样看待这个问题？ (12) 评价：老师认为母亲天生是爱孩子的，那母袋鼠刚生下孩子，它知道孩子就吊在尾巴上，那它会不会乱跳？	1. 分小组，选出小组长。 2. 结合书本资料认真观看视频资料。 3. 小组分析资料，并展开热烈讨论，共同研究如何针对资料提出独特的问题。 4. 各小组提交讨论结果。 5. 学生展开讨论 小组1作答：因为它没有生存能力。 小组2作答：因为母袋鼠要哺乳。 小组3作答：因为小袋鼠害怕。 小组4作答：因为这是先天性的行为。 6. 学生总结：这是先天性行为。 7. 学生积极发言；没有了这种行为，小袋鼠会死亡。 8. 学生展开激烈的讨论： 小组1作答：它的母亲可能会找一个软绵绵的地方生小袋鼠，让它好下地。 小组2作答：小袋鼠出于本能，可能不会往地下跳。 小组3作答：母袋鼠对小袋鼠有后天性教育。 小组4作答：母袋鼠尾巴很长，可能它生下小袋鼠后就把尾巴伸到育儿袋中，这样小袋鼠就不会被摔死。 9. 小组1作答：蚯蚓会直接走向食物那边。

续上表

理论指导	教学环节	教师活动	学生活动
"自我发展"理念： 四自：自省、自情、自控、自为。在学习过程中，分小组学习讨论，在提问环节中通过与别的小组对比，从中认识自己的水平，并通过同学间的评价，得到同龄人的反馈，从而体验自我，调控自我。	用谈话法小结	（13）这只是老师的个人意见，其他同学说得也有道理。 2. 展示学生针对资料2所提的问题： （1）蚯蚓经过了200多次尝试，学会了直接走向暗室，假设这时候把暗室和电极调换，蚯蚓会怎样？ （2）教师组织评价。 （3）提问：美国红雀为什么会喂鱼？ （4）其他小组怎样评价？你觉得他们讲得有道理吗？ （5）这是一种什么行为？ （6）小鸟为什么要偷喝牛奶？ （7）它是怎样喝到牛奶的？ 3. 为什么猩猩会利用工具？这是先天性行为，还是后天学习的呢？ （1）总结：这5段资料里，哪些行为是先天性的，哪些是后天学习的行为？ （2）在蚯蚓学习行为当中，假设把蚯蚓换成蛇，蛇是否也要经过200多次失败才能学会走迷宫？为什么？这说明了什么问题？ （3）联系七年级下册神经系统的有关知识。 （4）请学生总结先天性行为和学习行为的概念。这两种行为有什么关系？ （5）针对学生总结情况，做练习1，让学生分析"狼孩"故事，从中明白学习行为中环境因素的作用。	小组2作答：蚯蚓可能感觉到哪边有食物。 小组3作答：它可能停在中间，两边都不去。 10. 小组1作答：小鸟失去了孩子，它可能觉得那条鱼浑身通红，很像它的孩子，所以喂它。 小组2作答：可能小鸟觉得鱼张大嘴巴的样子很像它的孩子，所以喂它。 11. 这是一种先天性行为，是出自母爱。 12. 小组1：它口渴，反正不喝白不喝。 小组2：牛奶味道好，蛋白质丰富。 13. 小组1：它打翻瓶子； 小组2：它丢石子进去； 小组3：它用吸管吸。 14. 学生齐声回答：学习行为。 15. 资料2、4、5是学习行为，1、3是先天性行为。 16. 学生一致认为：不要。 17. 学生总结：不同动物的学习能力不一样。高等的动物学习能力较高，低等的动物学习能力较低。 18. 学生总结：先天性行为：天生就会的，由父母遗传下来的，不用经过学习的行为。学习行为：后天学习的，由生活经验中获得的。 19. 总结：学习行为是建立在先天性行为的基础上。 20. 认真完成练习1。

二、课后反思

课程改革提出了一系列的新理念、新标准。要真正塑造创造型人才，教师将不再只是知识的传授者和管理者，而是学生发展的促进者和引导者。教师由教学中的主角转向"平等中的首席"，"教师在学生的学习经验中渐渐失去了第一主角的地位"。在课堂教学中，强调学生的自主性，而教师的作用则重在启发，贵在引导，妙在点拨，巧在如何帮助学生设计正确的学习线路，选择正确的学习方法，鼓励学生勤于观察，敢于质疑，勇于提问。本着课改的精神，构思本课的设计，希望通过改变对图文资料的处理方式，改变学生的学习方式，让学生明白提问不仅是教师的事，更是学生自己的事。学生不再是被提问作答的被动学习者，更可以是问教师、问专家、问教授的主动参与者。让学生在课堂中始终处于一种积极、活泼、兴奋的状态，让学生有自己的空间去探究、合作、体验、创造，完成教学活动。

在本课中，让学生自己分小组学习探究，改变以往分析资料只是讨论课后题目的方式，尝试让学生提问，参与自评、互评。"你认为这位同学回答得怎样？你同不同意他的意见？"由自己的同龄人来参与评价，从而让学生更好地认识自我，并让学生充分表达自己的意见，激励学生广开思路。例如，在分析"小鸟喂鱼"这个例子时，学生为争辩而各持己见，有的认为这是先天性的行为，因为母爱是先天性的，但有的同学认为这是后天性的学习行为，因为小鸟要在后天中学习喂食这个动作。这时马上有学生质疑："母爱一定是先天性的吗？"全班都展开热烈的讨论。一直以来，人们思想观念中认为"母爱是天生的"，有学生认为："我认为母爱是后天培养的，母亲怀胎十月，在这十个月里慢慢建立的。"另一个学生马上反驳："但我与家里的佣人相处十个月，不见得我就对她产生母爱。"这获得全班同学的热烈掌声。为了让学生有更清晰的认识，我及时指引学生查阅先天性行为和学习行为的概念并引导他们画出关键词，理解概念的内涵和外延。然后回到"小鸟喂鱼"这个例子，书本的答案是先天性行为。但如果这种行为不属育雏，而是从其他鸟儿那里学来的，是为了快乐、好玩，那这行为就属于学习行为。这可以让学生理解实际上很多行为并不是绝对的先天具有或后天获得，往往要根据事实的本质来做出正确判断。至于"小鸟喂鱼"这个事实到底怎么理解，还得联系七年级下册神经系统的有关知识才行呢。再接着回到前面关于"母爱"的话题，让学生理解母爱是一种感觉，是一种哺育后代的行为，并不是说别人教就会衍生的，所以母爱整体上也是先天性行为。适当地探索求异，让学习者对习以为常的现象和"课本理论"敢于持怀疑、分析、批判的态度而不是一味盲从，从而更好地实现自我。在探究的过程中，要根据外界的评价不断地调整自己，从而更有利于学生的自我发展。

但在教学过程中我也遇到了不少困难，如课程标准提出开放性教学，这对教师提出了更高的要求，不仅要求教师大胆放出去，还能收得回来。由于学生思维得到更多的发散,尽管可以估计学生的表现,但实际往往会有很多意想不到的事情发生,因此对老师课堂把握的灵活性要求增大。在课堂上曾不止一次遇到类似这样的困难,若能及时抓住问题,就可以跟学生有更多的思维碰撞,加深他们对生物基本概念的认识和理解。在组织学生进行评价时问同学"同不同意这位同学的发言?""你认为他讲得怎么样?""你不同意,那你的理由是什么?"但往往学生一站起来就会直接表达自己的意见。当然这也是评价的一个体现,只是发展性评价所包括的内容多元化,如何从中调控,让学生有更热烈的讨论,思维得到进一步扩展,更好地体现"立足过程,促进发展",则需要继续探索。

课程改革引领我们且要求我们做到,教学过程能体现师生交往、积极互动、共同发展的过程。在这次公开课中,从准备到课后,都是一个很好的学习过程。从中我看到了自己经过一年多的努力而取得的进步。在教学上比以前成熟了许多,但也看到了自己的不足。我会继续努力,不断进取,增强自己教学教研的能力,争取更大的进步。

【点评】 这是一个成功的课例。教师创设情境,通过学生日常生活的事例导入,充分调动学生的积极性。师生关系非常和谐,老师对学生充满关爱,学生得到尊重。

1. 从课堂设计来看,主要以学生提问、讨论为主,充分体现让学生成为主体,让学生成为学习的主人的思想,教师只是起到点拨的作用,注重培养学生的创新能力,即发现问题、分析问题、解决问题的能力。

2. 从组织形式来看,开展小组讨论、学生相互评价、师生共同评价的方式,培养了学生的合作能力。学生参与评价,最后还让科代表对其他同学的表现打分并公布,这有利于激发学生学习兴趣。

3. 在资料分析环节中,教师没有采取一般的形式,即让学生看资料,讨论书本的问题,而是先用视频展示,让学生对文字资料有一个感性认识,再让学生对这些材料进行分析处理,发现问题,提出问题,并在讨论过程中渗透书本的问题,最后由学生得出结论,自己总结概念和问题之间的关系,这是学生学习主体性的体现。

4. 教师的教态自然、和蔼亲切,师生关系融洽,营造了很好的课堂氛围。课标不要求给予学生过分肯定的答案,而应给予有倾向性的答案,老师在上课时也注意到了这一点,在评价时只表示哪个答案更有道理,给学生留有思维空间,提示学生可以回去查资料,让学生带着问题来,也带着问题去。

(广州市教育研究院生物学科科长　麦纪青
广东第二师范学院生物系教授　胡继飞)

二、演示讨论法

演示法是由教师或同学操作,表演给学生观看的一种形象化的教学方法;讨论法是在教师指导下,学生以集体或小组的形式,围绕教学问题开展讨论,同学间互相启发,形成思维的碰撞,使得问题彻底解决的可能性大为增加,有时甚至可以求得问题解决的完整答案,形成整体的知识框架。一般可以通过演示法引入课堂教学内容,再通过讨论法把问题引向更深层次并最终把问题搞清楚。这样,课堂既有直观性教学,又具有群体合作学习性,是一种很不错的教学方法组合。

示例 2.2.2

人教版七年级下册《输送血液的泵——心脏》教学设计

一、教学对象分析

通过上一节课的学习,同学们对循环系统已经有一定的了解。在现实生活中,学生对猪心非常熟悉,但对于人的心脏,却了解不多。因此,对心脏功能的学习就有一定的难度。教师在组织教学时,应提供人的心脏模型并对照猪心实物来让学生动手对照比较,推断人心脏的结构与工作原理。学生通过参与演示实验和分组实验,强化他们的动手操作,加深他们对知识的运用,激发了他们学习生物学的兴趣。

二、教学内容分析

本节教学内容可分为两课时:第一课时完成心脏的结构和功能的教学;第二课时完成血液循环途径的教学。本节课的教学设计是第一课时。

在本节课教学时,教师应准备数量足够且新鲜的猪心以及人的心脏模型,引导学生进行观察与思考,不要采用传统的讲授式教学。通过同学们的亲身体验,主动获取有关心脏结构的知识并推测它们的功能,从而发展学生的思维能力,强化生物体结构与功能相适应的知识点。

心脏的结构这节课主要让学生掌握的内容有:心脏的四个腔、瓣膜的功能,以及四个腔之间的关系,而心脏的工作原理是本节的难点。

(一)教学重点

1. 描述心脏的结构与功能。
2. 知道心脏对人体的重要性,养成良好的卫生习惯和饮食习惯。

(二)教学难点

1. 心脏的结构与功能相适应。

2. 瓣膜的功能。

3. 心脏工作的原理。

（三）准备

1. 新鲜猪心 10 个。

2. 全班分成十组，4～5 位同学为一组，实验室上课。

3. 准备解剖仪器。

4. 演示实验：心形气球、红墨水、玻璃管（见照片），突出心脏泵的作用。

5. 教学课件准备：

心形气球代表心脏，玻璃管代表血管，红墨水代表血液。示心脏平静时，血液不泵入血管

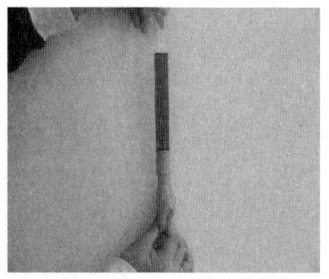

示心脏收缩时，血液泵入血管，强调心脏"泵"的作用

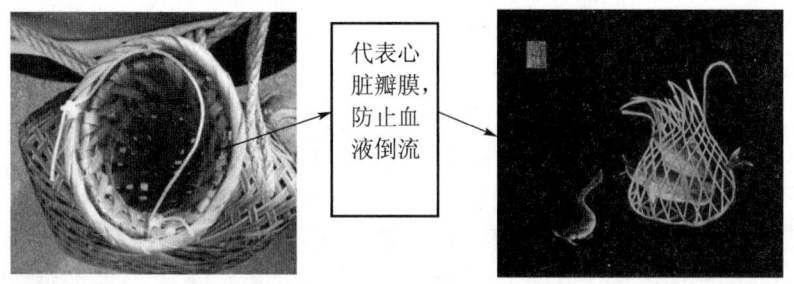

代表心脏瓣膜，防止血液倒流

三、教学目标

1. 知识目标：学习心脏的结构与功能，心脏瓣膜的功能。

2. 能力目标：知道心脏对人体的重要性，养成良好的卫生习惯和饮食习惯。掌握预防心脏病的措施。

3. 情感目标：了解心脏病的形成与危害，关心及帮助身边的患者以及告诉他们注意事项。

4. 训练学生自评和他评的能力。

四、教学策略

1. 选择适合的教学方法

（1）采用实物：人的心脏的结构对于学生来讲，比较生疏，通过猪心脏让学生观察，引导学生思考，用自己的亲身体验，主动获取有关心脏结构的知识，并推测它们的功能，从而发展学生的思维能力，强化生物体结构与功能相适应的特点。

（2）善用比喻：教师在课前把猪心解剖好，尽量露出四个腔，以利于学生观察，可以用手触摸心房和心室壁。在学生的活动中，教师应当引导学生根据心房和心室壁的厚薄以及瓣膜的结构特点来推测它们各自的功能。

通过演示实验理解心脏的"泵"的作用：心形气球代表心脏，玻璃管代表血管，把气球套在玻璃管的一端，往里面灌入红墨水（水面不要超过一半），那么，在挤压气球时，红墨水的水位就会上升，从而形象地得出心脏的"泵"的作用（见照片）。

2. 多媒体课件

动画演示心脏的结构，投影设置教学情境，如日常生活小资料、献爱心活动、我的学习收获等。

3. 设计教学情景

（1）为了使学生更好地了解心脏的功能，可以让学生分别测量平静和运动时的心跳次数，然后把两组数字进行对比。

（2）教师演示心脏的"泵"的功能实验，让学生对心脏功能有一个感性的认识。

（3）教师讲解心脏工作示意图，让学生知道心脏也会休息，提示学生上体育课剧烈运动时应注意保护心脏。

（4）设立趣味项目：如我的收获、我看到了什么、我知道了什么、我懂得什么道理。这些活动可以让学生养成良好的卫生习惯和饮食习惯，并且学会关心他人。

五、教学过程设计

学习内容	教师活动	学生活动	预期效果
心脏的跳动	演示实验：管	学生观察：水位变化	学生从感性上认识心脏的"泵"的作用
测心跳	安排一分钟时间讲解把脉的方法	两组学生：分别测平静与跑楼梯时的心跳次数	理解心脏在不同情况下心跳次数不同
心脏模型：猪心	讲明心脏的位置、前后、上下、左右	每小组观察心脏外形	知道心脏在身体的位置，能区分心脏的左右、前后

续上表

学习内容	教师活动	学生活动	预期效果
心脏的壁是由什么组织构成？具有什么功能？	实物投影猪心，演示心脏内部的四个腔	学生观察、摸心脏，然后讨论	心肌的收缩功能 提高学生的探究能力
心脏的四个腔的位置	指导学生观察猪心，让学生讨论四个腔的分布规律	各组派代表上讲台指出心脏的四个腔的位置。各小组开展评分	上房下室，分为四个部分，提高学生合作能力与评价能力
小组讨论：1. 心房与心室有什么不同？2. 左心室、右心室有什么不同？	运用多媒体课件指导学生观察；演示血液循环电动挂图	用手摸心脏、观察心脏，多感官刺激加深印象	知道心室比心房壁厚，左心室比右心室壁厚，并能分析其原因
猪心四个腔的关系	指导学生观察	观察、讨论	心脏左右不通、上下相通，培养学生观察能力
房室瓣、动脉瓣	展示心脏及瓣膜的模型（防止血液倒流的结构）	1. 心脏的特殊结构 2. 代表上讲台实物投影讲解	房室瓣、动脉瓣的作用：防止血液倒流 加强自主学习的能力
心脏四个腔所连接的主要血管	展示心脏实物和模型。教师评价	1. 对照课本彩图学习 2. 学生代表指出	知道肺静脉、上下腔静脉、主动脉和肺动脉的位置
心脏在人的一生中不停地跳动，它会不会休息？	讲解心脏工作示意图。展示心脏工作示意图的模型	学生观察、讨论说出平时如何做才能保护自己的心脏	让学生知道心脏也会休息，指导学生爱护心脏。提示学生在上体育课剧烈运动时注意保护心脏
对心脏有益的食品 1. 水果；2. 鱼；3. 葡萄汁和番茄	引导学生观察	观察、讨论，说出更多有益心脏的食品	养成良好的卫生习惯和饮食习惯
献爱心活动	指导学生 布置作业	讨论、思考 讲出几点做法	1. 回家给家人测心跳 2. 调查身边人心脏病的情况及告诉他们要注意的事项
小结：心脏的结构和功能	引导学生小结这一节课的内容，使他们对心脏有一个整体的认识	学生小结或代表讲述。开展评价	理解本节内容及达到预期目标

续上表

学习内容	教师活动	学生活动	预期效果
练习	采用多媒体课件，布置作业，引导学生思考、回答，并做出评价	讨论，回答问题	加强口头表达能力的培养
我的收获	教师引导	1. 我看到了什么？ 2. 我知道了什么？ 3. 我懂得了什么道理？ 开展自评	培养表达能力与思考能力及自我评价的能力

（广州市番禺区南村侨联中学　梁翠楠）

【点评】

1. 本节课能较好地达成教学目标，学生能较快地学会心脏的各部分结构及其功能，并且通过学习及讨论，多数同学都能了解心脏对于人体的重要性以及如何保护自己的心脏。通过设置课堂练习，巩固和运用课堂所学知识内容。

2. 在学习心脏瓣膜作用的时候，通过利用渔民用来捕鱼的一种特殊的防漏鱼篓来模仿心脏瓣膜的防漏作用，使学生更容易理解心脏防止血液倒流的特殊结构与功能；在学习心脏的结构时，通过学生观察、讨论和用手摸猪心脏再对照教材示意图的学习方式，调动学生多感官、多角度地学习新知识，从感性上认识心脏，加强学生观察能力和自主学习能力的培养。

3. 教师课前恰当演示心脏对血液的"泵"的功能。因为所买的猪心是没有动脉的，因此学生很难从感官上认识到这一点。所以，在学习心脏的"泵"的作用时，采用自制教具进行演示实验，以期获得较好的教学效果。在演示时，突出心脏"泵"的作用，让学生明白心脏的跳动能把血液泵出去。因为初中学生的解剖技术还不够，而且解剖起来也费时间，所以实验所用的猪心，教师要先进行处理、解剖好，以便于学生观察、展示和表达交流。

4. 本节课的教学形式采用演示式、讨论式、互助式，科学探究的意味十分浓厚。能够体现以学生为本、教师为辅的课堂教学理念。把学生分成小组，整节课都是学生在活动，教师只是学生学习的组织者，适当地参与其中，引导学生活动，学生的自主学习积极性很高，效果很好。

5. 教师在教学评价方面也做得不错。评价的目的是促进学生能力的发展，评价的内容要做到多元化。本节内容中，既有关于知识掌握程度方面的评价，也有能力和情感方面的评价；既关注共性，也比较注重学生个性的发挥，倡导学生通过口头或书写来表达自己对所学知识的理解，使绝大多数学生都有展示自己学习成果和表现自我才华的机会。

此外，为了提高学生的学习积极性，还设立了如投影学习小资料、学生献爱心活动、分享我的收获等几个有趣的互动项目，加大了学生参与课堂的积极性，也使得学习内容延伸到家庭，有利于学生养成良好的卫生习惯和饮食习惯，并且学会关心他人身体健康的情感表现。

三、问题发现法

问题发现法也叫探究法，是指教师在教学时，对于生物学概念和原理，先不把结论告诉学生，而是提供一些事实、材料、实例和问题，让学生通过积极思考，独立或合作探究，自行发现，从而得出必然结论的方法。一般包括创设问题情境、作出假设、验证假设、发展和补充证据、修改和得出结论等环节。

具体地说，其教学过程是在教师的启发诱导下，以学生独立自主学习和合作讨论为前提，以现行教材为基本探究内容，以学生周围世界和生活实际为参照对象，为学生提供充分自由表达、质疑、探究、讨论问题的机会，让学生通过个人、小组、集体等多种解难释疑的尝试性活动，将自己所学知识应用于解决实际问题的一种教学形式。这种教学方法特别重视开发学生的智力，发展学生的创造性思维，培养学生自学能力，力图通过自我探究引导学生学会学习和掌握科学方法，为终身学习和工作奠定基础。教师作为课堂教学的导师，其任务是调动学生的积极性，促使他们自己去获取知识、发展能力，做到自己能发现问题、提出问题、分析问题、解决问题；与此同时，教师还要为学生的学习设置探究的情境，建立探究的氛围，促进探究活动的开展，把握探究的深度，评价探究的成败。学生作为课堂学习的主人，自然是根据教师提供的条件，明确探究的目标，思考探究的问题，掌握探究的方法，开启探究的思路，交流探究的内容，总结探究的结果。

示例 2.2.3

"臭气熏天的甜米酒"活动课教学案例

在"发酵技术与社会"这一专题中，我把中国酿酒技术作为一个重点让学生进行了解。当然也少不了"中学生不能饮酒"的教育。学完发酵技术，我在课堂上突然问："大家有没有喝过酒？"学生们一瞬间发愣后突然兴奋起来，有的答有，有的答没有。我再接一句："有没有人喝过甜米酒？"这下子没人回答喝过了。

看着学生们有点茫然不知又带有渴望的神情，我开始渲染了，"我国大部分地方的老百姓都会自己制作甜米酒,这种酒的酒精度数低,甘甜芳香,补气活血,滋补身体。"稍顿,"想喝甜米酒吗?""想!"声音很齐,很响。我告诉大家,"下周生物课,我们自制甜米酒。"顿时,学生们欢呼雀跃。

"你们自己设计实验方案,自己实施方案,自己观察实验结果并分析结果,得出结论。"

到了自制米酒这节课,学生们都提早在实验室门外排好了队。一进实验室,有几个同学就忍不住吸了吸鼻子,嘴里发出"好香啊"的声音——实验室里已摆好了两锅蒸好的酒米!整个空气中弥漫着一种特殊的米香。但见那边是数学科代表用几张纸片正在把全部的酒曲分成十等份,这边是各个小组的代表端着烧杯来领冒着热气的酒米。直饮水龙头旁的学生在冲淋酒米,实验桌前的学生在搅拌酒曲。

等到每个小组的酒杯(烧杯)口都蒙上了一层保鲜薄膜并用橡皮筋扎紧以后,每个学生的兴奋和热情就全变成了对香甜米酒的渴望和期待。

老师也没闲着,就着材料也制作了一份大的,保存了下来。

在所有的教学内容中,动手制作是学生们兴趣和热情最高的,尤其是亲手制作可以饮用的甜米酒。学生们先是盼着亲手制作,再是亲自动手制作,此时热情和兴奋达到了最高点。然后又是处在兴奋之中的等待——等待品尝甜米酒。

盼望着,盼望着,终于到了品尝美酒的时刻——这可是同学们亲手酿的甜米酒啊!学生们一个个坐得直直的,都等待着举杯品尝美酒,兴奋而有序。

"同学们,现在我们开始品尝自己亲手酿制的甜米酒吧!"几个同学把各小组的米酒发放到各小组的实验桌上。

只听得一片叫声,"哇!好臭啊!""老师,怎么这么臭啊?!""怎么会这样子啊?!"教室里立即像炸开的锅——沸腾了!有喊的,有捂鼻子的,有到其他组打探情况的,有拿着烧杯仔细观察的,还有的组根本不把酒杯(烧杯)打开⋯⋯

只有我一个人站在讲台上静观其态。

教室里一片沸腾,这是学生们的失望,是不理解,是另一种兴奋。

如果就此罢休,学生们自己会留一个失败的印象在心中。

在这种全部失败的情况下,教师仍然是可以有所作为的,并不是失败了就算了。

因为太臭只好把自制的甜米酒收走。我带着思考的表情问道:"为什么甜米酒会变臭呢?"极度失望中的同学们又开始叽叽喳喳了。

同学们终于从臭不可闻的失败和失望中醒悟了过来。

"是细菌在里面大量繁殖。"马上有人接话。

"刚才的菌落应该是霉菌菌落。"

"为什么呢?"有人问。

"因为菌落颜色是灰黑色的,而且也比较大一些。"

"可是也有一些没有霉菌菌落。"另有人持否定的口气。

"可见，我们在操作中，把酒米给污染了。"这孩子把探究结论给说出来了。

"那是在哪个环节污染的呢？"同学们开始查找失败原因了。

这下子，同学们开始回忆制作米酒的过程。"我们在拌酒曲时可能污染了酒米""也有可能是在冲淋时带进了杂菌"……

我继续问道，"还有没有其他可能呢？"

"可能是拌酒曲的勺子没有洗净，没有消毒。"

"手上也会有杂菌。""口呼出的气体有细菌。""酒曲本身可能有杂菌。"……

我再追问："还有没有其他可能呢？"

"有没有可能酒米温度太高？把酒曲都杀死了。"

"你说呢？"这孩子已经想到了温度问题，不需要我给出答案了。

就这样一步一步，我带着失败的学生们分析了甜米酒臭气熏天的各种可能的原因。

我要求学生们回家后自己制作甜米酒。每组写一份探究报告，作为开放性考试作品提交。写得好可以得高分，还可以拿区市级的大奖。

老师的要求就像长官的命令！我相信他们从不打折扣。

更何况还有真实的奖项在等待着每个人呢。

甜米酒的制作是配合发酵知识，联系学生的生活实际而进行的，可以很好地培养他们的学习兴趣，调动学习积极性。学生的活动热情很高，兴奋度一直不减。制作过程体验深刻。但结果却完全在意料之外，也令每个学生大失所望——全年级一百二十多个烧杯没有一个酿成甜米酒——全体失败！

老师带领学生们分析制作的全过程，逐一找出有可能污染的各个环节。也让学生更深刻地理解了什么是发酵，体会到了过程分析对于一个探究性操作的重要性。

真是好事可以变成坏事，坏事也可以变成好事。

最后，老师拿出自己酿制的甜米酒，让各小组长用小纸杯来分发给大家分享。

"真甜啊，我们下次一定能酿出好酒！"

（广州市华南师范大学附中番禺学校　冯文利）

【点评】 新课标课程理念要求教学要面向全体学生，培养学生的生物科学素养，倡导探究性学习人教版新教材，注重培养学生的创新精神与实践能力，注重STS教育的渗透。

开展制作甜米酒等形式的探究性学习活动，通过动手，培养学生的实践能力，也大大地提高了学生学习生物学的兴趣。这节课主要是让学生主动参与，通过制作过程，获得有关发酵的基础知识，并培养学生实践操作能力、合作与交往能力，体验生物知识和生物技术在人们日常生活中的广泛应用。

甜米酒的制作，意料之外的是全部以失败告终。在全体失败的情况下，带领学生分析制作的全过程与结果，探讨失败的可能原因，可以更好地理解发酵的基本知

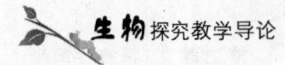

识和原理。知识和原理搞清楚了,教学的目的也就达到了。如果他们自己动手制作甜米酒,就可以避免制作过程的失误,掌握发酵的技术和原理,酿造出真正醇香的甜米酒。这种学习能紧密联系生活,把知识运用于生活实践,对学生科学素养的养成也是极其有益的。

第三节 探究性教学模式

中学生物课的类型是由教学任务、教材内容、教学设备、教学方法和学生的实际水平等因素决定的,目的是为了提高教学质量。按照课的教学目的和基本内容来划分,可以将中学生物课分为新授课与复习课、实验课与活动课等类型。在不同课型的教学活动中,要全面或部分地、不同程度地突出课程标准的基本教学理念,不断创新和发展这些课型,灵活运用已有的教学模式。

一、新授课

新授课又称混合课,是由多个环节组成的。它的特点是,在一节课中完成两个以上的教学任务,这是课堂教学最常见的基本课型。

新授课的结构一般包括导入新授课、学习新知识和方法、巩固和应用所学知识三个基本环节。

导入新授课是开始环节,可以从复习已经学习过的知识入手,也可以是从学生已有的生活经验入手。导入的时间不要过长,一般在5分钟以内。精彩的导入可以吸引学生注意力。

开展新知识和方法的学习是新授课的主要环节。教师根据课程目标,教材内容,选择恰当的教学方法,贯彻教学原则,体现教学理念,做到抓住难点、突出重点,让学生学有所获。在教学实践中,教师不能只顾自己讲,要注意培养学生的能力,根据新情况灵活运用教材,从教材中解放出来,既发挥教师的主导作用,又发挥学生的主体作用。开展新知识和方法的学习是新授课的中心,时间约25分钟。

巩固和运用所学知识是新授课的收尾环节,目的是争取课堂上解决问题,减轻学生课业负担,使学生能巩固所获得的知识,又使教师及时获得反馈信息,时间约10分钟。

新授课的三个基本环节及其顺序,是灵活的,不是机械的、刻板的。教师可根据教学内容和学生的具体情况,灵活处理、合理安排。

示例 2.3.1

人教版八年级上册"细菌和真菌的分布"新授课案例

一、教学流程图

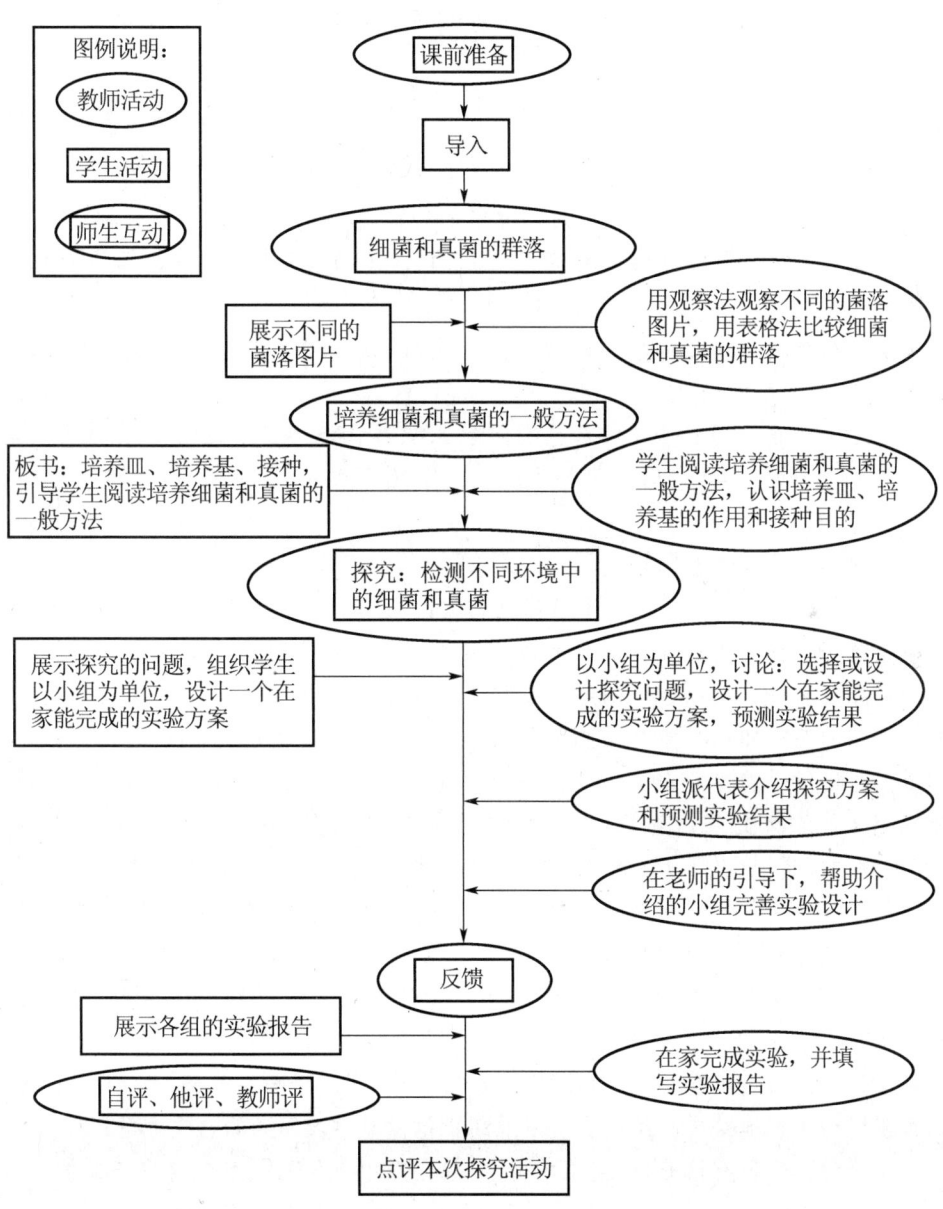

二、教学片段实录

片段一 （情景引入）

师：根据经验，请大家猜猜，哪些地方有细菌？

生：空气中。

生：桌子上。

生：泥土里。

生：厕所里。

生：……

师：现在我们设计一个探究检测不同环境中的细菌和真菌的实验方案。

（我展示探究的问题：（1）不同环境中都有细菌和真菌吗？（2）哪种环境中细菌更多一些？（3）哪种环境中细菌更少一些？（4）哪种环境中根本没有细菌？……）

请各个小组选择你们感兴趣的问题，根据问题做出假设，制定方案，并预测实验结果。

设计方案时请注意：（1）选择在自己家能替代培养皿、培养基的材料用具；（2）根据所选择的问题做出假设，设计实验和对照实验；（3）设计实验记录的表格。

生：能不能不选这些问题？

师：可以，你们可以提出自己所感兴趣的问题。

科学是一个探究的过程，由于新教材编排的科学探究活动内容较多，而学校安排的课时相对较少，探究学习的过程在许多情况下都要被简化，才能在规定时间内完成生物学的基础知识和学科结构的教学任务。因此，我就八年级上册探究活动中的探究实验进行了整体的安排，设计不同探究内容和技能的侧重点，顺利完成培养学生探究技能和掌握基础知识的教学任务。如在"探究鱼鳍在游泳中的作用"和"探究动物的绕道取食"的实验中，就"提出问题"进行了技能的训练；在"探究菜青虫的取食行为"和"探究蚂蚁的通信"的实验中，就"作出假设"进行了技能的训练；在"探究蚂蚁的通信"实验中，就"预测实验结果"进行了技能的训练。而本次探究实验的侧重点是训练学生"设计实验方案"和"实验数据的收集、分析和处理"等技能。

片段二 （学生分组讨论，制定实验方案。老师深入了解各小组讨论情况，遇到问题可视情况小声地给予小组成员提示或纠正他们对学习问题的错误理解。）

生：老师，哪里有培养皿卖？师：想一想在家中有何用具可代替培养皿的？生：

用杯子可以吗？师：你们试一试。

生：老师，琼脂在哪里可以买到？师：副食品店就能买到。其实，这个实验可以不用琼脂。你们想一想，在本实验中，培养基有何用处？生：提供细菌和真菌所需的营养。师：你们可以想一想，在日常生活中，还有什么东西可以为细菌和真菌提供营养的呢？生：牛奶。师：牛奶是液体，你们想一想细菌和真菌菌落在牛奶中是什么样子？你们忘了琼脂的作用了吧。生：使牛肉汁变成固体。师：那，有无固体的有营养的东西呢？生：有，果冻。

生：老师，我们选择雪梨代替培养基，可以吗？师：雪梨含有细菌和真菌所需的营养吗？生：有。（师笑而不答）生：那，我们把雪梨放到消毒柜里消毒可以吗？师：你们试试看。

自由探究是指学生开展探究学习时极少得到老师的指导和帮助，而是自己独立完成。在对本节进行探究式教学设计时，我本想通过引导学生自己提出探究的问题，确定探究的对象，设计探究的程序，改良探究实验的材料用具，收集所需数据，检验假设，直到最后得出结论，意在为学生提供一个能动脑思考、交流、合作、亲自探究创新的自由探究空间。但在第一个班上本节内容时，我在学生设计实验方案前做了提示（在家可以用保鲜袋代替培养皿、用馒头代替培养基、用沸水蒸馒头三十分钟进行消毒），结果，全班十三个小组中，有十个小组选择了跟我的提示一样的实验材料和用具。因此，在这个班上本节内容时，我没有做提示。结果，全班十三个小组选择的实验材料和用具多种多样。

片段三 （小组派代表介绍探究方案和预测实验结果。在老师的引导下，帮助准备介绍的小组完善实验设计）

（第二小组的同学举手，要求发言。）

第二小组代表：我们组提出的问题是：不同环境中都有细菌和真菌吗？做出的假设是：不同的环境中都有细菌和真菌。我们设计的方案是，(1) 材料用具：准备两个透明的玻璃瓶，分别写上1号和2号；两只草蜢，一个消毒柜。(2) 实验步骤是，把一只草蜢放进1号玻璃瓶里，把这个瓶子放到阳台的花盆上；对照实验是，把另一只草蜢放进2号玻璃瓶里，盖上盖，放入消毒柜里消毒，消毒后取出，放到大厅的桌面上。我们预测的结果是，1号瓶里有很多细菌和真菌的菌落，2号瓶里没有菌落。

师：大家听了这组的实验方案，想想这个方案存在什么问题？大家能不能帮助这个小组完善设计？

生：我认为1号瓶也要消毒，消毒后才打开盖，放到花盆上。

师：赞成这个同学的建议的请举手。

（有十来个学生举手）

师：为什么？

生：只有在花盆上这个条件不同，其他的条件应该一样。

师：举手的同学都是这样认为吗？

（只有三位学生很肯定地回答，其他的学生表现得不大肯定）

师：大家想想看，在这组同学设计的实验中，变量是什么？哪个是实验组？哪个是对照实验组？

生：不同的环境是变量，1号瓶是实验组，2号瓶是对照实验组。

师：这个实验是探究什么环境中有细菌和真菌呢？

生：泥土。

生：空气。

生：草蜢。

师：1号瓶子里有泥土吗？

生：没有。

师：如果我们把1号瓶子也像2号瓶那样，放入消毒柜里消毒呢？那么，这个实验方案应该是探究哪些环境具有细菌和真菌？

生：空气。

师：对了！其实这组的实验只设计了"空气"这个环境中有细菌，因此，这组的同学在假设中要补充"空气中有细菌"这一具体的环境；此外，还要注意实验中除了"空气"这一环境变量外，其他的条件要一致。

师：记录表格呢？

第二小组的学生：忘了。

师：其实，你们组的设计很有新意。希望你们在做实验前先把表格设计好，这样你们就会知道在实验中该观察什么、该收集什么数据。但是，生物实验设计要注意尽量避免伤害动物。

（第六小组的同学把手举得很高，要求发言。）

第六小组代表：我们组提出的问题是哪种环境中，细菌的数量会比较多？假设是空气中的细菌会比较多。计划材料有三块新鲜的生猪肉，一个锅，煤气炉，一盏紫外线杀菌灯，一个保鲜袋，一盆自来水，一个碟子，一个放大镜，笔，笔记本。步骤：(1) 把三块新鲜的生猪肉同时进行高温消毒，并使用紫外线灯灭菌；(2) 把其中一块肉放进保鲜袋中，并把袋口密封好，作为1号实验；(3) 把第二块肉直接放在一盆自来水中，作为2号实验；(4) 把第三块肉放在碟子上，裸露在空气当中，作为3号实验；(5) 一周后观察并记录三块肉上的菌落有多少。我们组的记录表里有实验装置、菌落、颜色、气味这些项目。

师：大家听明白了吗？有何建议。

师：哪个是实验组？哪个是对照实验组？变量是什么？

生：2号、3号是实验组，1号是对照实验组。变量是空气、自来水。

师：设计得怎样？

生：很好！

师：那，大家来点掌声给予鼓励吧！

（大家鼓掌。）

（第九小组的学生也举手，表示要发言。）

第九小组的代表：我们探究的目的是：了解细菌的分布。我们提出的问题是：空气中有细菌和真菌吗？做出的假设是：空气中有细菌和真菌。材料用具有：玻璃瓶子、两个苹果、消毒后的筷子、消毒后的盘子。计划是：由崔惠彦负责记录，陈梓健负责照相，陈丽盈负责器材，我负责做实验。首先把其中一个苹果进行消毒，杀死苹果内部以及表面的细菌和真菌，然后用消毒后的筷子夹着它放置在阴暗潮湿的地方，裸露在空气中。接着把另一个苹果进行消毒后，用消毒后的筷子将其夹着浸泡在倒入高温的水的玻璃瓶内并密封，然后同样放置在阴暗潮湿的地方。等待并观察这两个苹果的变化，进行记录。预计结果是：经过相同的时间后，实验1中裸露在空气中的苹果将会发霉，而实验2中的苹果不发霉。

师：设计得怎样？有何建议？

生：我想问一下叶展博，高温的水有何用？

第九小组代表：这水是消毒的水，保证苹果在无菌环境中。

不得已，教师只好提示：你那苹果为什么要两次消毒？为什么一个裸露，另一个浸泡在密封的玻璃瓶中？你们思考对照实验的条件是什么？老师希望你们讨论修改实验方案。

（最后，学生还是没有发现这个小组的设计存在的问题。）

探究性实验是以学生的直接经验为基础而实施的，在选择和探求问题的过程中，学生可以依据自己的兴趣、爱好、特长等去参与活动。在此过程中，他们始终处于紧张、积极、活跃、兴奋的状态。但学生毕竟不是科学家，在探究程序和方法等具体要求上，往往会出错，也不敢发表自己的见解，这时就需要教师的鼓励和引导，不管他们的设计是否准确合理，我们都要持积极肯定的态度。

（广州市番禺区市桥东风中学　黄卫红）

【点评】 组织学生开展本次探究实验，是从学生的意愿出发，以培养学生口头表达能力、交流与合作能力、设计实验方案、实验数据的收集、分析和整理能力，通过学生对实验报告做自评、他评和教师评等多元评价的策略，培养学生评价能力，提高学生自主参与探究生物学知识的兴趣，拓宽教师的知识体系，激发教师的创新精神和创新教育的理念。

自主探究是指学生开展探究学习时，极少得到老师的指导和帮助，而是学生自己独立完成。通过学生自己提出探究的问题，确定探究的对象，设计探究的程序，改良探究实验的材料用具，收集所需数据，检验假设，直到最后得到结论。该实验活动为学生提供一个能动脑思考、交流、合作、创新的自由探究空间。

根据以往经验，学生对同学的展示和介绍特别感兴趣，但只停留于听和看的程度，而对于所听和所看的东西好与不好，重要与不重要一般不做进一步的分析。因此，本节采用对学生代表的介绍和展示作品做自评、他评和教师评等多元评价的策略。通过评价活动，提高了学生的评价水平，学生之间能互相督促学习，合作意愿和探究生物学知识的兴趣也得到了相应的提高。

二、实验课

生物科学知识是前人从实践中总结出来，并用来指导实践的。实验课的作用在于贯彻理论联系实际的原则，使学生深刻理解所学的基础知识，逐步掌握实验的基本技能；发展学生观察能力、思维能力和独立工作能力，培养学生辩证唯物主义观点，实事求是的科学态度，良好的组织纪律，爱护公物的优良作风。

实验课是在实验室内，学生在教师的指导下，运用一定的仪器设备和材料，在一定的条件下，引起某种现象的发生、发展，从观察这些现象中获得知识的过程。教师必须克服各种思想障碍，重视实验课，克服困难，积极创造条件，努力完成课程标准所规定的实验项目。

实验课的一般结构包括以下内容。

1. **实验准备**

实验准备包括组织教学准备以及实验用具和材料准备。

2. **实验要求**

实验要求包括用简短的语言，明确实验的目的、内容、原理、材料用具、方法步骤和注意事项，以保证学生有足够多的时间动手做实验，并对实验的关键性操作步骤进行提示。如有必要，布置堂上作业，如填表、绘图、讨论题等。

3. 组织形式

组织形式有连续平行式、分段并进式和独立作业式。

连续平行式是指教师一边演示和讲授（或播放视频来演示），学生一边观看一边照着操作。制作装片、解剖花的结构等，都可以采用这种方式。这种方式中，教师指导性强，比较容易组织，但对发展学生独立思考和工作能力不够积极。

分段并进式是把实验课的内容分为几段进行。教师先讲授和演示一段内容，学生接着操作和观察这段内容。如可将"观察草履虫"的实验分为三段：①体形和运动的观察；②应激性的观察；③结构的观察。由于每个学生动手能力不一致，操作速度有快有慢，特别是从一段过渡到另一段实验时，教师要特别注意控制好教学时间和课堂纪律，逐步提高学生独立操作能力，为过渡到独立作业式打下基础。

独立作业式即先由教师做指导性谈话，对关键性的，学生不易掌握的操作内容，教师可做一些示范，帮助学生顺利进行实验。接着，学生自己做实验。学生实验时，教师要进行巡视指导，及时纠正操作过程中的缺点和错误。这种方式更能充分发挥学生独立工作的能力。

4. 总结和整理用具

实验总结是检查和巩固实验效果的环节，对提出的讨论问题，可由个人或小组回答，也可检查操作技能等，最后由教师扼要归纳实验课完成实验的情况和存在问题，以及解答共同性的问题。实验结束后，教师应督促和检查学生搞好桌面清洁、清洗实验仪器等，以养成良好的实验习惯，并有利于下一个班级实验课的顺利进行。

教师在实验课中要组织好学生，做到科学安排时间，合理分工，使学生在实验中人人都有动手操作和思考的机会，不让一个人袖手旁观。

实验课要培养学生独立工作能力，但不能离开教师的指导。教师应如何指导呢？首先在开始实验前应对学生进行指导性谈话，并要求学生阅读实验指导书，使学生明确实验的目的，端正学习态度，明确要观察的实验内容等，以保证实验课的效果；其次在实验过程中要关心学生，进行巡回指导，发现学生在实验中的困难或问题，要善于启发引导，进行分析比较，发展思维能力（教师从旁指导，切记学生的实验操作教师不要包办代替，对实验中的错漏之处，必须及时启发纠正）；再次，教师在示范中要起表率作用，如严格按照操作规程准确地操作，爱护药品和仪器等，给学生树立榜样。

示例 2.3.2

人教版八年级下册"探究两种不同品种花生果实大小的变异"实验课案例

一、实验目的

1. 通过取样、测量的方法，解释花生果实大小变异的原因。

2. 运用取样调查及收集、处理数据并画出曲线图的方法，分析花生果实大小变异的情况。

3. 通过实验，加深对变异的理解，从而深化对自然界事物的认识。

二、实验准备

本实验探究花生果实大小的变异，样品要有足够的数量，每种不要少于30粒（为什么？）需要的实验材料有两个大、小不同品种的花生，测量工具有刻度尺、圆规、计算器等。

三、实验注意事项

1. 所测花生粒要随机抽取，测量时，测花生的长轴，以毫米计，四舍五入，如11.5毫米，可算作12毫米，取整数。

2. 所测结果填入实验报告纸的表格中：大品种花生数据填写在大品种花生表格中；小品种花生的数据填写在小品种花生表格中。

3. 根据所得数据，在坐标纸绘制曲线图，水平轴为花生果实的编号，纵轴为花生果实的长度，依据两数的相交点，连成曲线。将大、小两个品种的花生分别用红、蓝笔绘制曲线。

四、合作交流

1. 比比看哪个小组的同学绘制的图最准确！

2. 通过分析两种花生果实在不同长度数量分布图表，你得出了什么结论？

根据曲线高峰对应的数值范围，得出结论：①不同的品种，花生果实大小的差异明显；②同一品种的花生果实大小差异较小，并在一定的范围内波动。

提示：同一品种的花生，后代仍为同一品种，说明它们有相同的遗传物质。

对于同一品种的花生，不同个体仍然有差异，你认为这种变异主要是由什么引起的呢？

（环境引起）

五、分析讨论

（1）比较这类相对性状差异，应该比较它们长度的平均值。大花生长度的平均值是____，小花生长度的平均值是____。

在相同条件下种植大小花生，正常情况下，大花生果实长度的平均值应_____（大于/小于）小花生果实的平均值。这种差异主要是由于____的差异引起的。

（2）基因组成相同的大花生，果实的长度有长有短，这主要是____引起的变异。但其影响所引起的变异是有限度的，所以大花生（或小花生）的果实大小总在____（一定范围/大范围）内波动。

（3）把大花生的种子种在贫瘠的土壤中，花生有可能长出_____果实；把小花生种到肥沃的土壤中，小花生有可能结出_____果实。你做出推测的根据是什么_____？

（4）不考虑环境因素，从大花生中选择一粒饱满粒大的种子种下去，所收获的种子一定都是大的吗？为什么？（提示：用"A"表示控制花生的"大"的基因，用"a"表示控制花生的"小"的基因。）

（5）花生果实长度的变异，有的是环境引起的，有的是遗传物质的变化引起的。由遗传物质_____引起的变异是可以遗传的，称为可遗传变异；仅由_____引起，而遗传物质未发生改变的变异是不能遗传的，称为不可遗传变异。

六、得到结论

1. 生物性状的变异是_____存在的。
2. 生物性状的变异由_____物质决定，也受_____的影响。
3. 变异产生的原因：遗传物质和环境因素共同作用的结果。

七、巩固训练

1. 普通西红柿和樱桃西红柿属于同种植物，但它们果实的大小差异很大，这种现象属于_____。
2. 由外界环境的影响引起的，____物质没有发生变化的变异叫作____变异。
3. 一对同卵双生的兄弟俩胖瘦相差很大，其原因是（ ）。
   A. 显性基因发生了作用　　　　　　B. 隐性基因发生了作用
   C. 染色体数目发生了变化　　　　　D. 生活环境和条件有所不同
4. 能够遗传的变异是由（ ）引起的。
   A. 个体生长很快　　　　　　　　　B. 个体发育很好
   C. 遗传物质发生了变化　　　　　　D. 生存环境发生了变化
5. （ ）是可以遗传的？
   A. 营养性夜盲症　　　　　　　　　B. 色盲
   C. 高山缺氧反应　　　　　　　　　D. 运动员强健的肌肉

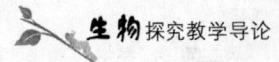

附录一 教学过程设计

教学内容	学生活动	教师活动与意图
1. 生物变异是普遍存在的	归纳出变异的概念。 观察变异现象； 看图思考； 表述交流； 明确生物变异的现象是普遍存在的。	看图、创设情景："一母生九子，九子各不同。"引导学生归纳出变异的概念，并导入新课。 组织学生看图（从课件中显示多种变异的图像和一些相对性状的图片）。
2. 探究一种生物变异现象（探究两种不同品种花生果实大小的变异）	以小组为单位：根据自己提出的问题进行探究，讨论使用什么测量工具，四人合作完成测量工作，并做好记录。 学生整理数据，计算平均数，画出曲线图。 学生通过大、小两种花生的曲线图进行分析思考，归纳总结： 1. 变异的普遍性。 2. 大小不同品种的花生应该是遗传物质不同导致的。 3. 大花生（或小花生）中有大有小，可能是环境引起的。 表述交流：相互补充、分析讨论。 得出结论： 1. 生物性状的变异是普遍存在的。 2. 引起变异的原因：遗传物质和环境因素。 3. 变异的类型：可遗传的变异和不可遗传的变异。	引导学生分析探究"花生果实大小的变异"的实验方法。 指导学生根据自己想要探究的问题进行探究。 组织学生进行测量，应尽量减少误差。 与学生一起分析处理实验结果： 大花生中有的大有的小，是什么原因？小花生也一样。得出结论：变异是普遍存在的。 为什么都是花生却有大小不同的品种？ 引导学生分析性状是受基因（遗传物质）和环境共同作用的，差异可以由基因不同引起，也可以由环境不同引起，由学生总结出变异的原因。 引导学生总结变异的类型： 变异首先决定于遗传物质基础的不同，其次与环境有关。由遗传物质的改变引起的变异是可遗传变异，单纯由环境引起的变异是不可遗传变异。
3. 引起变异的原因有哪些？遗传物质和环境因素		
4. 变异的类型：可遗传的变异和不可遗传的变异		

附录二 课堂教学流程图

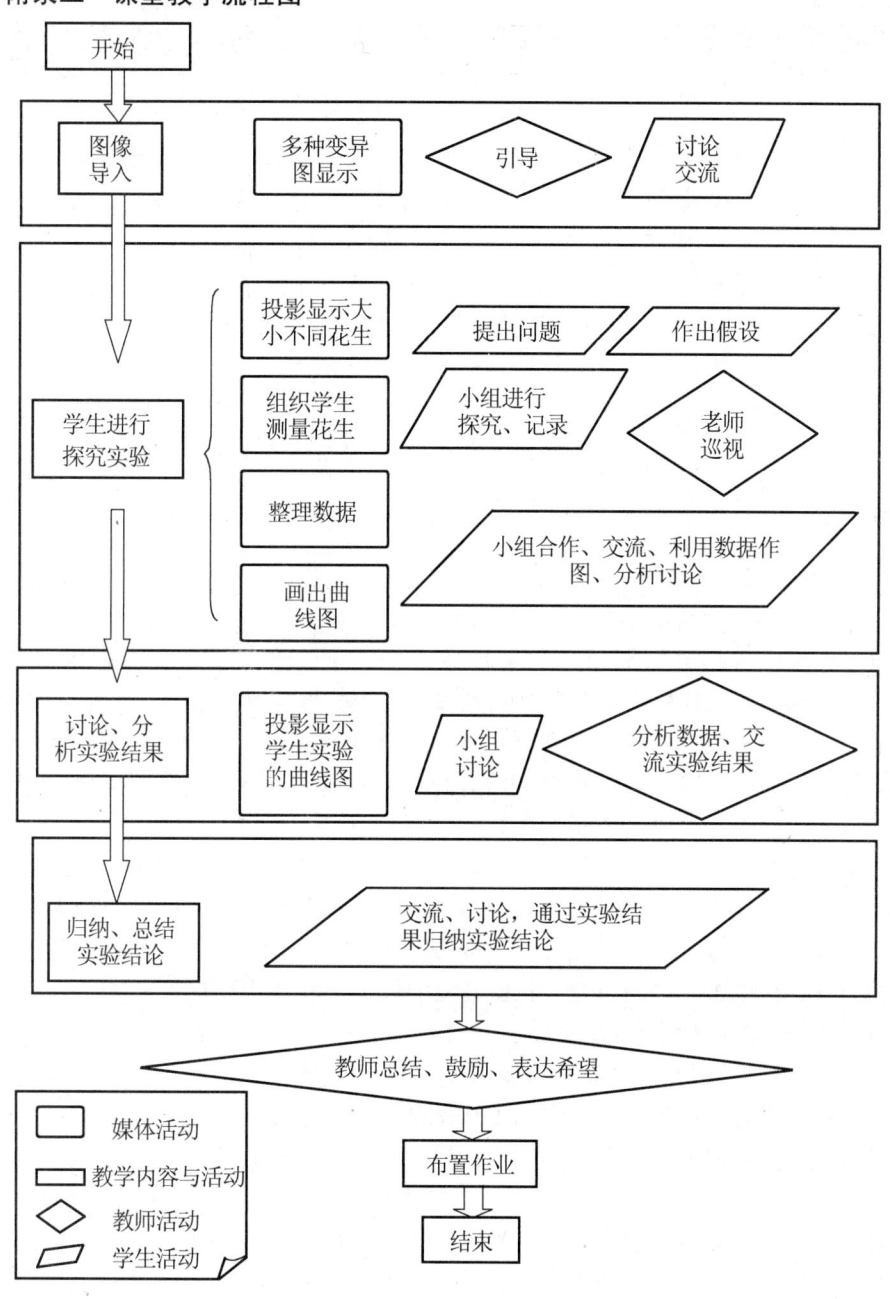

（广州市番禺区实验中学 梁健嫦）

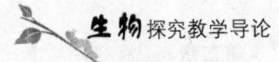

【点评】

通过前面相对性状的学习，学生对生物变异有一定的认识。但对生物变异的现象为什么会普遍存在却不太了解。本节通过对一些日常现象的观察，引导学生对变异现象形成初步的认识，然后在此基础上，通过对花生果实变异类型的探究，初步学会探究生物变异的方法，提高处理数据和分析数据的能力，进一步让学生了解生物变异的普遍性，以及变异产生的原因（既有遗传物质方面的因素，也有环境方面的因素）。

本节课的课堂结构是："创设情景—观察思考—分析讨论—解决疑难—得出结论"。在教学中，教师还比较注重从生活实际出发，通过对一种变异现象典型实例的探究分析，激发学生学习欲望，增强感性认识，使学生易于理解、掌握生物变异的普遍性和产生变异的原因。教师特别注意运用数学的方法，指导学生学会测量、整理数据、绘制曲线图的方法，并提高学生处理实验数据和分析数据的思维方法，应用所学知识解释探究实验结果，从而得出实验结论。

三、复习课

复习课是以帮助学生巩固已获得的知识为主要任务的课程。复习课包括阶段复习和总复习两类，具体可以划分为单元复习、期中复习、学期复习、学年复习等。

复习课的任务是：使教师发现学生在掌握知识方面的不足之处，同时使学生整理所学知识，加深对概念、原理的理解，揭示各知识之间的内在联系，使知识系统化、网络模块化，并提供新情景，考查学生运用新建系统知识或网络去解决实际问题的能力。教师通过复习课为学生查漏补缺，为学生以后的学习扫清障碍。

复习课的组织方式：教师根据复习的目的、内容和学生掌握知识的实际情况，可采取各种不同的方式。一般是采用谈话法、讲述法、练习法、讨论法等，也可采用其他方式，如电影、电视、数字投影、复习展览会和知识竞赛等。

有关复习课的两种常见操作模式：

模式一：知识点归类—例题—讨论—评讲—变式练习

模式二：例题—讨论—知识点归类—评讲—变式练习

教师组织复习课教学应注意的问题：

（1）了解学生在学习上存在的问题。复习前通过各种途径，深入了解学生在学习中存在的问题和提出的要求，对复习内容进行分析，明确哪些是学生容易解决的，哪些难度较大，需要教师解决的内容，教师应做到心中有数，为编写复习课教学设计和上好复习课做好准备工作。

（2）编写复习提纲。教师要根据教学目的要求，认真编写复习提纲。按照复习内容，抓住关键性问题，突出重点，攻破难点，使学生全面而又有重点地掌握系统知识。

（3）引导学生认真做好预习。学生必须参照拟订的复习提纲进行预习，使复习课集中力量，解决重点和难点问题。做到由浅入深、层层递进、精讲多练。教师要善于引导学生知识迁移，以提高复习课的质量和效益。

（4）编写复习课的教学设计。复习提纲并不等于教学设计，编写复习课教学设计要考虑下列问题：复习的内容和重点是什么？要抓住哪些关键性问题才能把知识连贯起来，使知识系统化？哪些问题由学生解决？对学生感到困难的问题，用什么方法帮助学生理解和记忆？每个答案要求如何？准备选取哪些直观教具进行辅助教学？准备什么难度的练习题有利于知识巩固和迁移？

示例2.3.3

人教版"生物的遗传和变异"复习课案例

一、教学策略

1. 教学设计的理念及整体安排

本教学设计依据新课标倡导的"以学生为主体、教师为主导"的教学理念。本章复习安排两个课时。第一课时指导学生独立整理知识内容，用图表法、衍射法表述；第二课时汇报交流、练习检测。课前教师要了解每个学生的专题总结情况，挑选典型、内容全面、形式新颖的专题总结，在全班进行展示，然后通过练习来检测复习效果。练习以两种形式进行，用抢答竞赛的形式完成一些简单的练习，以书面练习的形式完成复杂的、有一定难度的题目。练习的讲评也以两种方式完成，先让学生分组讨论，通过同伴学习解决一些力所能及的问题，而疑难的问题、组内意见不一致的问题则提出来让学生或老师进行讲评。

2. 学生自主整理知识网络

系统论认为，有系统地组织起来的材料所提供的信息远远大于零散知识所提供的信息之和。所以，复习不应仅仅对已学过的知识进行简单的重复，而是要体现知识内部之间的本质联系，只有把握整个章节的知识脉络，才能使学生掌握结构化了的整体知识，从而更好地理解和掌握知识。所以，整理知识是复习课的重要环节。

知识网络的整理不是由老师讲，学生记，而是安排学生自主完成，并用图表法、衍射法表达出来。

教师的指导作用主要体现在提供复习的参考专题，介绍并示范一些整理、归纳知识的方法，提出复习知识的思路和要求，对学生复习的成果给予恰当的、积极的评价。

考虑到学生的实际能力，知识整理还不能一步到位，要分为以下三步进行：

第一步，学生独立看书复习，然后自主动手把分散的、相对独立的、零星的知识重新梳理，并以各种形式的自创图表反映知识之间的内在联系。同时，教师巡视检查了解情况，收集错误信息，以备交流时进行纠错。

第二步，小组交流，取长补短，完善知识网络。

第三步，小组成员分工合作，把知识网络做成 PowerPoint，准备在班上交流。

3. 展示优秀知识网络

教师从各组上交的知识网络 PowerPoint 中，挑选准确、完整、设计较好的小组上台展示。同时由该小组代表带领全班再次回顾知识点。

4. 自我纠错加深认识

教师收集学生自主整理知识网络时的错误信息，通过课件呈现出来，让全体同学纠正，以帮助同学们明辨是非，加深认识。

5. 知识竞赛与书面练习相结合

培养和提高学生运用知识解决实际问题的能力是复习课的又一项重要任务。因此，复习课中教师必须编制有较高质量的典型的习题引导学生进行训练，使所学知识能够迁移运用。

在本章的复习中，采用知识竞赛和书面练习两种形式来完成这一任务。之所以进行知识竞赛是为了激发学生显示自我，不甘落后的竞争意识。人人积极参与，课堂将充满激情。课前先由各小组分别设计竞赛题目，然后由教师把各组的竞赛题收集整理，精心加工，然后利用电脑多媒体辅助，制作成抢答题、识图题等形式新颖的竞赛题目。竞赛题主要是一些比较简单的、基础性的题目。

书面练习这一环节则着重于学生对知识的运用和迁移能力的训练，解决有一定难度的题目，教师在编制这份题目时对不同层次的学生要提出不同的要求，使每一位学生在训练中都获得成就感。

6. 组内讲评与教师精讲相结合

有效的习题讲评能帮助学生查漏补缺，促进对知识的理解。要提高讲评的效果，切忌就题讲题，甚至简单地对答案。笔者采用组内评讲与教师精讲相结合的方法，先采用"兵教兵"的方法，安排小组内互相讨论，取长补短，自我纠正。这种做法一方面使学生的主动性得以充分发挥，另一方面很好地弥补了大班教学难以兼顾学生个性的不足。对于小组内无法解决的难题则提交老师精讲。教师讲评时注意从解题思路入手，引导学生分析题意，抓住解题的关键，形成正确的解题思路和方法。

二、教学过程

学习内容	教与学的活动过程		预期教学效果
	教师活动	学生活动	
复习目标	提出复习目标： 1. 染色体、DNA、基因三者的关系及其遗传和变异的效应。 2. 有关遗传和变异的基本概念的总结。 3. 遗传规律中的概率问题。 生物的变异及其与遗传的关系。	倾听并思考。	使学生明确本节的复习目标。
展示知识网络	组织全班进行知识网络的交流，对各组整理的知识网络及上台展示的同学的表现给予评价。	学生代表上台用PowerPoint展示自己小组的知识网络，并引导全班同学复习，回顾本章知识点。	1. 培养学生整理、归纳知识的能力。 2. 锻炼学生总结归纳能力，增强口头表达能力。
纠错练习	展示学生独立整理、归纳知识的作业中出现的错误。	对作业中的错误问题进行纠正。	使学生对知识的理解更准确，纠正错误或明确含糊的认识。
知识竞赛	组织全班同学以小组为单位进行知识竞赛。	由学生出题、学生代表主持，以抢答的形式进行知识竞赛。	激发学生运用知识的兴趣，培养竞争意识。
课堂练习	编制有一定难度的试卷，组织学生进行练习。	学生独立完成练习。	使学生能将知识进行运用和迁移，以达到巩固知识的目的。
小组交流答案	组织学生开展小组讨论，并对各组的活动进行评价和指导。	采用"兵教兵"的方法在组内讨论，解决学生自己可以解决的难题。	使学生通过小组合作学习的方式培养学生合作、交往的能力。
教师有针对性地讲评	精讲学生讨论也无法解决的难题。	倾听并思考。	突破难点。

三、教学流程图

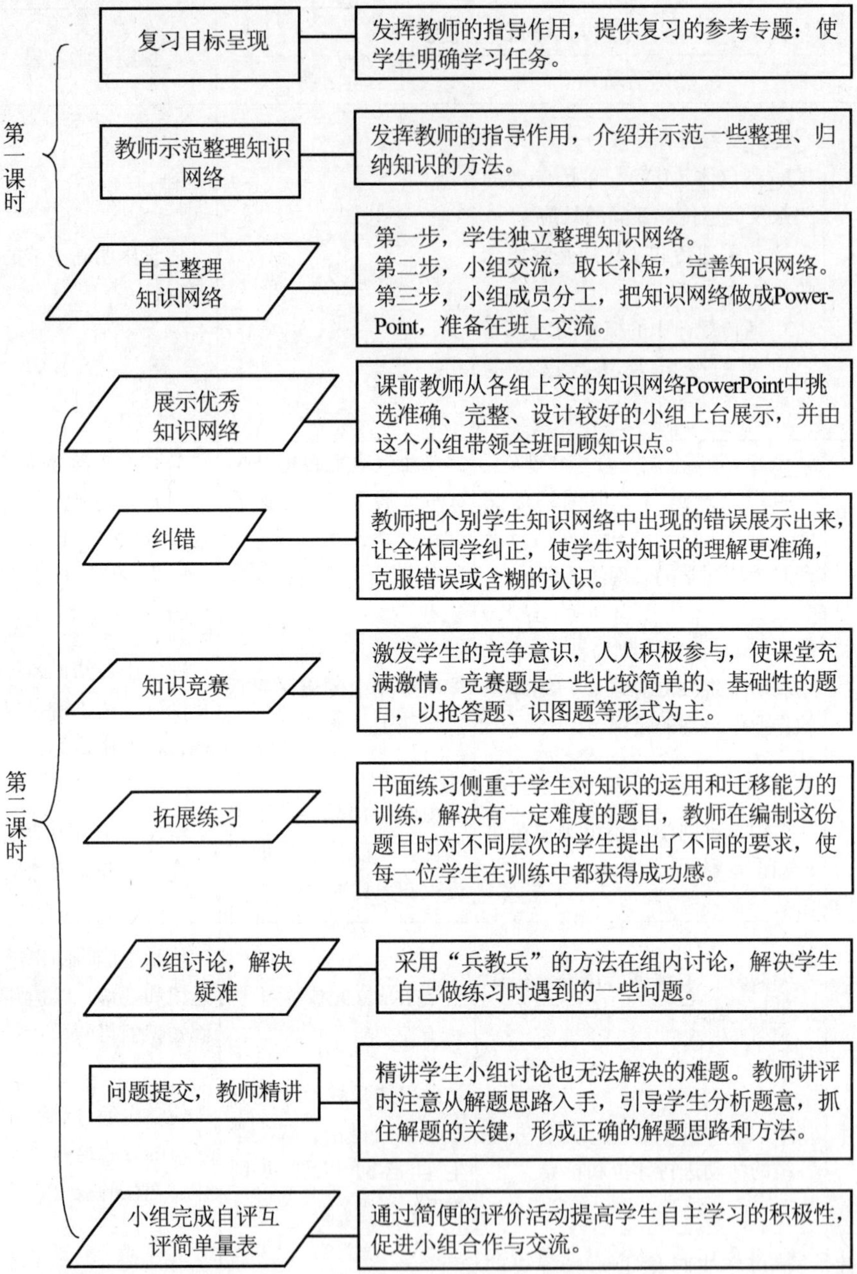

第一课时

- 复习目标呈现 → 发挥教师的指导作用，提供复习的参考专题；使学生明确学习任务。
- 教师示范整理知识网络 → 发挥教师的指导作用，介绍并示范一些整理、归纳知识的方法。
- 自主整理知识网络 → 第一步，学生独立整理知识网络。第二步，小组交流，取长补短，完善知识网络。第三步，小组成员分工，把知识网络做成PowerPoint，准备在班上交流。

第二课时

- 展示优秀知识网络 → 课前教师从各组上交的知识网络PowerPoint中挑选准确、完整、设计较好的小组上台展示，并由这个小组带领全班回顾知识点。
- 纠错 → 教师把个别学生知识网络中出现的错误展示出来，让全体同学纠正，使学生对知识的理解更准确，克服错误或含糊的认识。
- 知识竞赛 → 激发学生的竞争意识，人人积极参与，使课堂充满激情。竞赛题是一些比较简单的、基础性的题目，以抢答题、识图题等形式为主。
- 拓展练习 → 书面练习侧重于学生对知识的运用和迁移能力的训练，解决有一定难度的题目，教师在编制这份题目时对不同层次的学生提出了不同的要求，使每一位学生在训练中都获得成功感。
- 小组讨论，解决疑难 → 采用"兵教兵"的方法在组内讨论，解决学生自己做练习时遇到的一些问题。
- 问题提交，教师精讲 → 精讲学生小组讨论也无法解决的难题。教师讲评时注意从解题思路入手，引导学生分析题意，抓住解题的关键，形成正确的解题思路和方法。
- 小组完成自评互评简单量表 → 通过简便的评价活动提高学生自主学习的积极性，促进小组合作与交流。

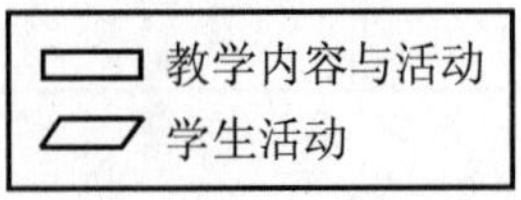

图例：□ 教学内容与活动　▱ 学生活动

（广州市番禺区市桥星海中学　赵雪梅）

【点评】 本课教学落实了学科课程理念,以生为本,把课堂时间和空间充分地交给学生,实施自主学习、合作学习,体现学生是学习的主人。教师只是组织者、引导者、合作者,其指导作用主要体现在:提出复习知识的思路和要求;介绍并示范一些整理、归纳知识的方法;对部分难题的精讲;对学生复习的成果给予恰当的、积极的评价。

讲评策略是先小组合作解决力所能及的问题,再由老师精讲。这样的做法使得在有限的时间内保证了课堂教学的高效性。本复习课突出了图文信息转换与分析能力的培养。新教材大量使用了图像、图表,所以培养学生阅读这类资料并初步运用这种资料形式,去把握事物的特征、规律或关系的能力是非常重要的。本节的复习课从知识网络的整理到练习题的编制都考虑了这些方面。

在课堂教学中,教师对学生良好的表现适时地进行表扬和肯定,营造出和谐、融洽的氛围,使学生轻松愉快、积极主动地学习。课堂上学生参与学习的热情很高,思维活跃。虽然,课堂的容量很大,但从学生对知识网络的整理、讨论、练习、回答中,都反映出学生对知识有了更系统化的理解,对概念、原理掌握扎实,对知识的运用和迁移也很好。教学效果确实令人满意。

由于受到时间的限制,练习训练的量仍然显得不够。

四、活动课

"活动课"之所以被称为课型,是因为师生之间有信息交流,仍然开展教学活动。它的教学时间不像常规课堂教学那么严格,其教学形式更为宽松。有些"活动课"可能持续几个星期甚至几年,学生也将有替代更新。许多"活动课"实质上就是校本课程。广州市南沙区大岗中学梁国球特级教师把这种课型称为"学生小课题研究活动课",简称"活动课"。它是以小组的形式,利用常规课堂教学以外的时间来开展教学活动。小组成员是在学生自愿报名的基础上,再由教师根据实际需要来确定的。

(一)课型含义

"活动课"是把学生分成小组,组织开展社会调查、实验研究,运用已掌握的知识和技能,主动获取知识,发展能力的一种教学模式。它特别强调在教学过程中对学生主体地位的尊重,尽可能发展学生的个性专长,从而使学生在教学活动中得以发挥潜能,学生个性得到充分的发展,并逐渐走向成熟,最终能从受教育的状态中

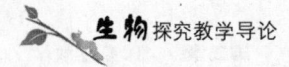

解脱,成为独立探求真理的主体。

(二)操作程序

活动课由发现问题→提出假设→设计方案→探究发现→总结概括等 5 个阶段组成,见表 2.3.1。

表 2.3.1 "活动课"操作程序

编号	阶段	学生活动	教师活动
1	发现问题	启动探究欲望	引疑、激发兴趣
2	提出假设	进行尝试性解释	指导学生逐步迈向真理
3	设计方案	理性思考、谋求策略	指导学生确定研究步骤
4	探究发现	依靠实验(调查)获取资料	点拨铺路、及时反馈
5	总结概括	验证假设、归纳概括	引导得出科学结论

(三)课型特点

1. 强调学生的主体性

"活动课"把学生看成是发展中的、富有潜力的、具有主体性的人,是教学活动的参与者与合作者,而不是被动承受教学活动影响的客体。它要求教师采取各种有效措施,创设各种环境条件与氛围,让学生热情地参与,产生一种内在的学习需求,自觉地投入到教学活动中去,成为学习的主人。

2. 重视发掘学生的潜能

"活动课"把学生看作教学活动的主体,让学生独立探索,追求真理。它要求教师在教学中鼓励学生大胆假设,勇于提出创新观点,反复探索、论证,让学生的学习潜能得以最大限度地发挥,使学生在教学活动中学习能力得到多方面的发展。

3. 注重学生的知识和品质的内化

"活动课"提倡学生参与社会实践研究,从中体验和感受知识的产生、发展过程。它要求在教师的指导下,让学生运用已有的知识探求真理,并在实践中内化为解决问题的能力。同时,注意引导,加强培养,让学生自觉地把蕴含于学习过程中的社会观念、行为准则、道德规范内化为尊重事实、追求真理、创新协作、勇于奉献的个人品质。

我们要在课程理念的指导下，按照课标和配套教材的要求，重新审视、改进和利用已有的教学研究成果，以此改善课堂教学状态，以"多向互动、动态生成"的内在逻辑，去指导、创造生物学科的新课型，处理好传统学习方式与新学习方式的关系、处理好传授知识与培养能力的关系、处理好讲授与探究的关系、处理好学生接受学习和发现学习的关系，努力使课堂教学成为师生交往、共同发展的互动过程，逐步实现教学内容的呈现方式、学生的学习方式以及教学过程中师生互动方式的变革，形成结合生物学科的新型课的类型系列，期望提高生物教师结合自己的实际，重建教学过程的自觉性和进行教学创造的自觉性，提高教师专业化水平。尽可能地缩小课程标准的理念与教学实践之间的落差，促进生物课堂教学改革更深入持续地开展。

第三章

 探究性课堂——研学的课堂

这里所说的探究性课堂是指研学的课堂,它是"研学后教"课堂教学理念指导下的区域性教学操作模式。

"研学后教"是基于近年来国内课堂教学改革多种成功模式的合理内核,结合番禺区课堂教学实际问题而提出来的。"研学"主要是教师在深入研究课标、教材和学情、学法的基础上,编写出能引导学生开展探究性学习的含有目标、内容、方法和学习路线图的"研学案"。学生在"研学案"的指引下,钻研知识和探求方法,提升能力。"后教"主要是通过交流展示学习成果,生生互教,针对学生存留的困惑与发现的问题,教师进行恰当的点拨、拓展和延伸,讲到实处,点到关键,充分有效地达成教学目标。

"研学后教"体现了以生为本的教育理念,有现代教育学、心理学作为理论支撑,是对我国传统教育教学理念的继承、丰富和发展,也是区域教育突破瓶颈、减负前行、提升质量、创建品牌的重要举措。"研学后教"课堂教学改革的抓手在课堂,倡导以"研学案"为载体,充分调动学生自主、合作、探究学习,提高课堂教学实效,其最终目的是实现教师教学方式的改变和学生学习方式的转变。"研"上着力,"教"有突破,"研""教"结合,以"研"促学,以"研"促"教"。通过"研学后教"实践,总结适合学校、学科实际的科学合理且行之有效的教学策略和方法,构建特色高效的课堂教学模式,提升课堂品位。

第一节 研学课型

"研学课型"是一个创新性名词,是一种区域性教学理念,也是一种课堂教学实施策略。自2011年番禺区各学科开展该项目的实践与行动研究以来,得到了国内教育同行的广泛认同。开展"研学问题"的研究是实施"研学后教"课堂教学改革研究的核心,也是实践"研学后教"的本质需求。本节试图从实际操作层面出发,结合相关教育教学理论,通过对"研学问题"的解析及其教学过程模型的建构,阐述了"学习问题"和"研学问题"的关系及其在课堂教学设计与处理方面的整体思路,试图解决当前学科教学研究中值得探讨和不可回避的重大问题。

一、对研学问题的解析

研学问题是指围绕学习学科核心知识和提升学科素养而组织的供学生在课前或课堂中进行自主、合作、探究学习的学习问题。可见,研学问题属于学习问题,但不是所有的学习问题都是研学问题。下面列举两个实例来说明。

【例1】说出男女染色体的组成有什么差别?(对照人教版八年级下册教材 P40 图完成下面的填空)

在女性体细胞中,两条性染色体形态、大小相同,都是____染色体。在男性体细胞中,较小的性染色体是____染色体。图____显示的是男性的染色体组成。

显然,例1是一个相对简单的学习问题。学生只需仔细阅读和观察书本资料分析内容,就可以自主完成,得到正确的答案。

【例2】怎样解释一对夫妻生男或生女的道理?(对照人教版八年级下册教材 P41 内容,完成下图填空)

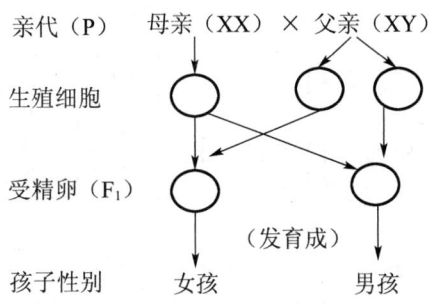

例2中,学习问题的设置非常具体,特别是要求学生填写遗传图解的过程,是具有生物学科思维培养,具备探究意义的核心知识内容。初中学生要完成这个学习问题,必须要理解书本中的相关知识内容,而且需要比较长的学习时间,具有一定的学习难度。教师可以安排学生自学、演算、讨论等学习活动,还要安排时间相互交流、评价学习结果,形成正确的学习结论。所以,对于初中学生来说,这是个具有浓厚"研学味"的"研学问题"。

根据生物学课标或教材内容,我们完全可以列出其全部知识点。然后从这些知识点在学科教学中的地位出发进行比较分析,可以得出哪些是主干,哪些是非主干;哪些是学科核心知识内容,哪些是次要知识内容;哪些内容需要开展探究性学习,哪些内容只需组织一般性的学习活动。遵循这个思路就能明确针对哪些知识点而设计的学习问题属于研学问题。

因此,研学问题是指围绕学科核心知识而开展教学的学习问题,具有一定的难度和深度,学生必须经过深入思考、广泛交流才能获取解决问题的正确途径和答案;通过学科核心知识的学习和探讨,体现学科思维的培养,凸显"研学味",以此引发学生对未知世界的好奇感、学习热情与兴趣,培养学生发现和创造性解决问题的能力,以提升学生学科素养。

二、研学问题教学过程模型建构

研学问题找到后,需要提出针对该问题的比较合理的完整的教学过程。不管是新授课、复习课,还是讲评课,从学生完成学习任务的角度来看,都可以构建共同的课堂教学模型。一般认为,针对研学问题的完整的教学过程有六个基本环节,包括:①怎样导入(学习情境);②布置学习任务;③有充分的时间来保证学生完成学习任务;④怎样表达和交流学习结果;⑤怎样教给学生准确的学习结果;⑥巩固运用(具有针对性地练习)。可以用下面的图解来简要表述:

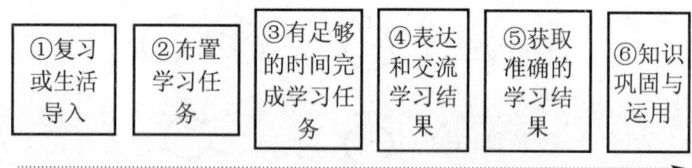

研学问题的教学,能够体现自主、合作、探究性学习;学习过程能够体现问题解决的层次性、学科思维的达成度,提供体现学生个性发展的时间和空间。一般需要组织15分钟以上的教学活动。我们可以通过例3来说明上述图解。

【例3】为什么摩尔根的果蝇杂交实验能证明"基因位于染色体上"?

1. 提供自学材料:果蝇的染色体组成、XY染色体及其上的基因的表示方法。

2. 课堂合作探究:用假说演绎法分析摩尔根"基因位于染色体上"的实验证据。

3. 提出假设：完成下表中各表现型对应的基因型。

基因位置	红眼雌果蝇	白眼雌果蝇	红眼雄果蝇	白眼雄果蝇
只位于常染色体				
只位于 X 染色体				
只位于 Y 染色体				

4. 结合课本实验过程图来完成以下遗传图解

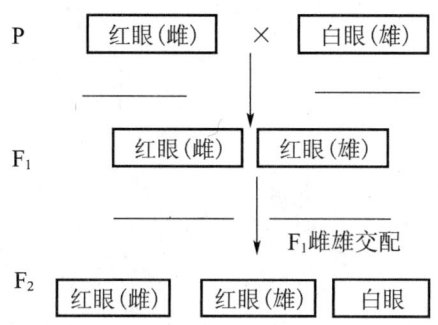

5. 练习题检测反馈（略）

该案例中，要求学生自学完成的内容，可以理解为教学情景的创设与导入；课堂上要求学生完成的学习内容，可以理解为学习任务的布置；学生完成表格和遗传图解的过程，就是完成学习任务的过程，需要充分的时间来保障；学生完成得怎么样，必须表达交流才知道；当这些问题解决了，那么学生就得到了基本正确的学习结果；最后通过检测，检查学生能否运用所学知识，解决新情景下的实际问题。通过组织上述教学活动，这个研学问题的教学过程就完成了。

中学生物教学中，教师要把学科的重点内容和难点知识设计成适合学生学习的研学问题，或根据学生在学习中存在的共同疑惑生成可供探究的研学问题。学生解决研学问题的过程，就是目前教育界普遍倡导的探究性学习过程。

三、学习问题和研学问题关系

通过上面的分析，我们完全可以理解，每节课都是解决学习问题的过程。需要指出的是，中学生物学每节课的教学内容中，特别是新授课教学内容中，一般含有几个知识点，即含有几个学习问题。如果这节课的几个学习问题都比较容易，非学科核心知识，那就没有必要开展探究性学习活动，这节课就没有必要按照"研学后教"的教学模型组织教学。当然，如果这节课含有一个或以上的研学问题，那这些研学问题的教学过程就需要按照上述教学模型来开展教学活动，而其他比较简单的学习问题，只需简略地组织学习活动，即可以省略某些不必要的教学环节。表3.1.1是一节生物学新授课的教学内容的处理建议。

表3.1.1 含有研学问题的课堂教学实施建议

要素	学习问题1	学习问题2（默认为"研学问题"）	学习问题3	学习问题4
教学内容	知识点A	知识点B（核心知识/重点难点）	知识点C	揭示内在联系（综合与拓展）
教学过程	将⑥放入②，或将①与②、④与⑤合并（2～3步）	学习任务六步①②③④⑤⑥完整体现	将⑥放入②，或将①与②、④与⑤合并（3～4步）	揭示内在联系：揭示各知识点之间或与前面所学内容之间的内在联系（或综合与拓展）
教学方法	讲授或谈话法、自学辅导法	讨论法、探究法/实验法	讲授法或谈话法、自学辅导法	讨论法或谈话法、探究法
组织形式	自主或合作完成/个人或小组学习/核对答案	自主或合作完成/个人或小组学习/表达与交流/获取准确知识与答案/知识运用	自主或合作完成/个人或小组学习/核对答案	学生独立或合作完成获取准确知识与答案
时间分配	几分钟以内	15～20分钟	10分钟以内	5～10分钟
说明	教学内容分析：分析课标及教材，假设有知识点A、B、C，默认重点是B。 教学方法选择：讲授或谈话法、自学辅导法、讨论法、实验法/探究法。 探究法：观察/实验/调查/资料分析。 组织形式：自学、合作与讨论、核对答案、表达交流（个人或小组或组间；口头表达或投影展示或书写展示）/（研学案上书写或前后黑板书写或小黑板书写）			

本节所述的例1、例2两个实例，存在于同一节新授课中。例1是一个比较简单的学习问题，其占用的教学时间不长，大概5分钟，留给例2这个研学问题的教学

时间是比较充足的，可以达到 15 分钟左右。

在一节生物新授课的教学内容中，有时几个知识点之间还有一定的内在联系，所以应该设置"揭示内在联系"环节；如果这几个知识点之间没有内在联系，就要视其与前面已学过的知识内容有没有联系，如果有，也可以开展该环节的教学活动；如果前述两种联系都不存在，就不必组织"揭示内在联系"环节。上述例 1 是学习例 2 的基础，两个学习问题之间具有一定的内在联系，所以这节课需要组织"揭示内在联系"这一环节。

第二节 教学组织策略

在学科课程理念的指导下，探索初中生物课堂教学的新特点，改善课堂教学状态，努力使课堂教学成为师生交往、生生交流和共同发展的互动过程，期望每位生物教师能够结合自己的教学实际，提高重建教学过程、进行教学创造的自觉性，提高教师的专业化水平。

一、创设教学情境，激发学生主动参与课堂

兴趣是获得知识的内驱力，它影响着学生的学习行为与效果。如果一位教师能经常性地组织那些引起学生学习兴趣的教学内容来开展教学活动，这样的教学必将大大地激发学生的求知欲，学生学习的主动性和学习热情将大为提高。

1. 用新鲜有趣的事例吸引学生

在生物课堂教学中，激发、调动学生学习兴趣的形式与手段很多，例如，可以实物观察、实验演示或与生物相关的事件导入新课，激发学生的求知欲。

在学习"绿色植物对有机物的利用"时，可以用实验引入。给学生准备两瓶正在萌发的绿豆种子和已经煮熟的绿豆种子，当学生把装有萌发种子瓶子中的气体通入石灰水时，澄清的石灰水转眼间变成了乳白色，而通入装有煮熟的种子瓶中的气体却没有变化，这个意想不到的有趣现象让学生异常兴奋，很自然就激发起他们想探个究竟的浓厚兴趣。

又如，可以设计一些出其不意的有趣活动激发学生学习的热情。在学习"生物的特征"时，可以让学生以生物的基本特征为依据，进行"我想象中的外星生物"的猜想。对于这个新鲜有趣的活动，同学们热情高涨，充分发挥自己的想象力，有理有据、图文并茂地展示自己"创造"的外星生物，并争着到讲台用实物投影仪向

全班同学介绍。"其他星球总是很荒凉，外星生物可能只需要一点点的营养物质就可生存，说不定他们呼吸时不是吸入氧气""他们的身体可能是硬邦邦的像岩石一样""他们可能像八爪鱼，有很多手脚走得很快""他们可能是不会动的""他们可能生长得非常慢，以致你根本感觉不到他在长""他们可能非常小，我们肉眼根本看不见"……还有同学把自己设想的外星生物的形象通过创作科幻故事来反映。课堂上同学们的各种奇思妙想，还有表现出来的空前的积极性，让教师甚为欣喜。

另外，一些时事、生活热点问题、生物科学新进展等，往往也是学生感兴趣的。教师如果对它进行巧妙的设计并在课堂上应用，定能很有效地激发起同学们学习的主动性和积极性。比如，美国植物人——厦沃安乐死一案可设置成神经系统的组成的情景；"非典"可设置成免疫的探究情景；日本侵华期间日军731部队在哈尔滨秘密进行细菌战试验可设置成细菌的探究情景；利用有关全球气温上升、炎热天气的报道设置成生物圈中的碳—氧平衡的探究情景；关于克隆人、转基因食品的争论也可引入到遗传、食品安全等有关章节的学习中。

2. 用生活中接触到的现象激发学生

生活中所接触到的一些现象，学生往往是知其然而不知其所以然。用这样的现象作为情境，易于产生进一步弄懂问题的动机，促使学生主动学习。例如：在"测定反应速度"这个探究活动之前，教师请科代表带领同学们在音乐伴奏下"做相反动作"的游戏。这个游戏同学们自小就玩，非常熟悉，但是却从来没有认真思考过它的基本原理是什么。现在，很自然地产生了要探个究竟的心理。各小组在一阵热烈的讨论之后，都迫不及待地举起手来要求发言。再如，同学们都见过蜗牛，请你仔细观察：光照对蜗牛生活有影响吗？蜗牛喜欢生活在潮湿还是干燥的环境？蜗牛喜欢酸性还是碱性的生活环境？蜗牛吃什么食物？温度对蜗牛的生活有什么影响？建议你选择某些问题来做探究实验并写出实验报告。又如，初夏，田野里麦浪滚滚，每个沉甸甸的麦穗上都结着饱满的籽粒。那么，籽粒里的有机物是怎么积累起来的呢？请你上网查阅植物输导组织、光合作用等相关的资料，用拟人的手法写一篇记叙文。

利用生活中接触到的现象设置教学情景，可让学生体验到学科知识能被用来解释生活中的现象，引起学生对自己运用知识解决问题的能力的肯定，从而使得同学们的学习热情高涨，兴趣盎然。在生物课堂教学中，教师创造机会增加学生的这种情感体验，能使同学们的学习处在一种积极、主动的心理状态中。

3. 用课堂讨论去调动学生

在课堂教学过程中，组织学生进行分组讨论，能让学生在思想观点的交融中，使思维到达更深处，使潜能得到开发，有助于学生积极主动地参与到学习中去，更好地发挥其主体作用。新教材中安排了非常多的讨论活动，但是，课堂讨论能否真正使每个学生"动"起来，与教师的"主导"作用密切相关。教师不能只是照搬教材上对讨论的安排，要把握好讨论的时机。

二、培养预习习惯，精心设疑

预习是指学生在上课前就对即将要学习的内容做初步了解，并及时联系和准备学习新知识所要运用的相关旧知识。这是学生经历自我探索、自我思考、自我质疑的有效学习过程，也是提高学习效率的一个重要方法。它不但可以帮助学生把握新课的大致内容，而且在预习过程中，能把自己暂时不能解决的问题勾画出来，使自己在新课学习环境中，有所储备，可以在新旧知识之间架设台阶，从而顺利地学习到新知识。预习能加强学习新知识的主动性、针对性，使得学习效率大为提高。

（一）安排预习能有效地激发学生的学习动机

心理学家的一项研究发现，在中学生当中，能够真正做到预习功课的只有40%～60%，这说明学生的求知欲望还未真正激发起来，学习还带有被动的性质。

那么，要使90%以上的人都能够自觉预习功课，应具备哪些条件？中学生自己的回答可以概括为如下几点：①预习的要求应当适合我们的接受水平；②预习的内容具体，总有一些新东西可学；③预习的内容迎合我们当前的兴趣和疑问；④预习的要求能同今天讲过的知识和明天要讲的知识衔接起来，从而让我们知道预习时应该做些什么；⑤教师能够持之以恒地检查我们预习的效果，并给予适当的指导和公正的评价。心理学家认为，倘若能够做到这几点，预习就能有效地激发学生的学习动机。

示例 3.2.1

人教版七年级下册"血液的管道——血管"预习课课堂教学实录

在我们学校，教师在上课前的几分钟内会进入课室，我们称之为待课。当教师进入课室后，学生一般会安静下来，利用这个时间，教师应引导学生进行预习。

我的做法是在黑板上写出几个有关本节课的提纲，然后让学生自己看看课文。这节课是预习七年级下册"血液的管道——血管"，我主要写了以下两个问题：

1. 血液在人体内的什么结构中流动？
2. 为什么血液在人体内能按一定的方向流动？

学生在看课文的时候我会在同学之间巡走，对同学们提出的个别问题进行解答，纠正同学们阅读的不良习惯等。上课的铃声响过之后，我开始了本节课。

我说：同学们，在上一个课时，我们学习了血液成分的知识，知道了有关血液在人体内的重要作用，但同学们有没有了解过，为什么血液能在人体内不断地循环流动呢？学生一般能回答：是因为人体内有血管和心脏。

我继续说：对，因为人体内有血管和心脏，血液才能在人体内流动，我们在这节课首先来认识一下人体内的血管。请同学们仔细观察课文中血管的插图，区别三种血管，然后在自己的练习册上填写下表的内容。

这时我出示画有以下表格的小黑板。

	概念	管壁	管腔	血流速度
动脉				
静脉				
毛细血管				

在同学们做练习的时候，我会巡视一下，只要同学们能认真地看，他们在课本上画或在笔记本上写都可以。

当我看见有部分同学完成练习后，我会请一名同学在小黑板上做，我预先准备好写有答案的吹塑纸，只要在纸的底面刷一点水，就能把它粘到小黑板上，这个方法非常有效，能节省许多时间。

在课堂上最要紧的是吸引学生的注意力，这节课我准备安排一个同学当小老师，分析这个表格的内容，这样不但培养了学生的能力，还能提高学生学习的兴趣。同时我在巡视的过程中，要注意引导学生进行讨论，许多新的发现往往不是想出来的，而是在同学们不知不觉的讨论中发掘出来的。

通过填写以上表格，同学们基本认识了人体内三种血管的结构和功能。但为什么血液能在人体内向一个方向流动呢？这个问题的答案容易找，但理解就不太容易，最好能用有关的课件演示一下，或者是联系同学们在日常生活中的一些例子进行讲解，如渔民捕虾的虾笼等。

同学们一般能找到静脉瓣这个答案。

当同学们认识了血管的结构和功能后，我进行简单的小结，然后问：同学们，你们想看看血液在血管中流动的情况吗？

同学们都会一起回答：想！

这时我就引出本节课的第二个内容，观察小鱼尾鳍的血液流动的情况。

本节课的预习还是比较成功的。课堂上，学生的学习气氛浓厚，能积极思考，做练习和讨论血管,学生回答问题非常主动,很多同学列举的一些例子很有启发性。例如,讲到动脉时,同学们都认为用手按着能感觉到跳动的血管就是动脉,我认为这样理解没有错。还有,手和脚上的条条青筋就是静脉,因为它们的位置都比较浅,用手按着也感觉不到它们的跳动,我认为这样理解也是可以的。但是在教学的过程中,只靠教师讲还是不够的,最好能用多媒体辅助教学,穿插播放一些针对性很强的教学课件,这样效果更好。

(广州市番禺区钟村中学　孔灼基)

【点评】　人体的血管用肉眼比较难以观察,学生的认识也比较有限。教学中,应该充分利用课文中的插图。通过图文阅读与比较,学生能够填写出三种血管的结构和功能比较表。并安排一定的时间,让学生当小老师,分析这个表格中的内容,这样不但培养了学生的表达能力,还能提高学生学习的兴趣。同时,教师在巡视的过程中,注意引导学生对学习内容开展讨论。

(二) 紧紧围绕学科核心知识组织课堂提问

疑问是激发学生学习兴趣和求知欲望的有效手段之一。在教学中设置一些适当的学习问题,对提高课堂教学质量,培养学生学习能力非常有效。

目前的中学生物学课堂教学,已一改以往教师"满堂灌"的授课方式,尝试进行问答式的课堂教学活动。虽然师生提问次数在增加,但问题的类型、组织形式仍隐含着许多不足,有待我们进一步思考与探索。我们发现现行课堂教学提问存在以下问题:

(1) 教师大量的提问,使学生始终处于被动回答的状态;
(2) 解决问题只是简单地回答问题,对提高学生问题意识作用薄弱;
(3) 为了提问而提问,口头语言回答过多,如"是不是?""会做吗?"等;
(4) 问题散乱孤立,缺乏层次性、启发性,不利于培养学生思维的条理性、逻辑性;
(5) 提出的问题指向性不明确,问题含义太大太泛,或脱离学生已有知识水平及年龄特征,使得学生不明所以、无从思考或无法下笔作答,浪费了教学时间。

根据学生学习生物学的动机调查与分析发现,"问题解决"作为学生学习生物学的动机是得分最高的。可见,问题是学生学习的基点,有了问题,才能诱发和激发起学生的求知欲,学生才会深入思考与主动解决。只有紧紧围绕学科核心知识,有重点地带着问题去学习,去引发学生思考,去培养学生学科思维和核心素养,这才是深层次和本质的。

示例 3.2.2

人教版八年级上册"细菌"的学习问题设计

1. 导入新课

前面通过实验检测了不同环境中的细菌,知道我们的周围,如手上、书本上、课桌上到处都有细菌。看看你的周围,有细菌存在吗?你看见了吗?(没有)那么,看不见的细菌是如何被发现的?它是怎样进入食物中污染我们的食物?它的形态结构又是怎样的?我们这一节课将要学习这些内容。

2. 细菌的发现

资料1:伟大的看门人——列文·虎克(学生从网上查找)。

资料2:巴斯德的鹅颈瓶实验示意图(彩色图片展示在大屏幕上)。

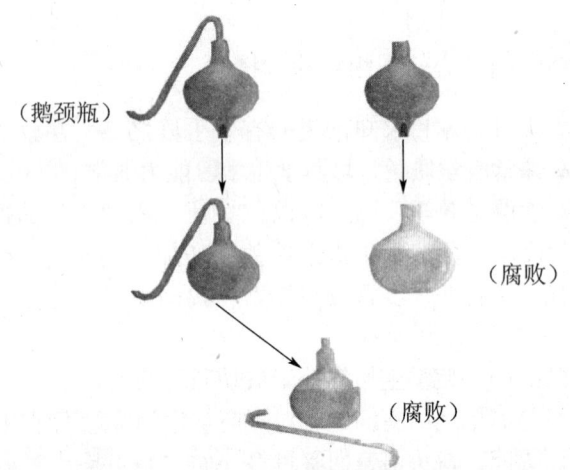

系列问题一:

(1) 细菌是谁最先发现的?为什么在他之前没有人发现分布如此广泛的细菌?
(2) 图片中巴斯德的鹅颈瓶实验探究的是什么问题?
(3) 从实验设计来看,你觉得他的假设是什么?
(4) 图片中有几组对照实验?
(5) 巴斯德的实验结果怎样?可以得出什么结论?
(6) 你还知道"微生物之父"巴斯德的其他故事吗?
(7) 你对巴斯德的鹅颈瓶实验还有什么疑问?
(8) 列文·虎克和巴斯德的故事使你对科学的发现有什么新的认识?

学生对这一系列的问题进行了热烈的讨论，特别是后面三个问题。学生通过查找资料知道了"巴氏消毒法"、巴斯德挽救酒厂、挽救濒于毁灭的法国蚕业等故事。对巴斯德实验，有同学就提出过这样的问题："鹅颈瓶中的肉汤是如何倒进去的？""四年的时间肉汤里面的水分都没有蒸发吗？"更多同学谈了他们阅读故事后的感受：科学发现需要有一颗强烈的好奇心，列文·虎克就是因为有强烈的好奇心，才使他乐意去观察各种事物，使他由一个普通的看门人变成一位伟大的科学家；科学家需要有严谨的思维，巴斯德的实验设计是非常严谨、无懈可击的；科学的发现还需要有技术的进步作为基础，如果没有显微镜就发现不了细菌……

3. 细菌的形态

资料3：细菌的三种形态图片（展示在大屏幕上）。

资料4：幽门螺杆菌的发现（讲述诺贝尔奖获得者发现幽门螺旋杆菌的故事）。

系列问题二：

幽门螺杆菌属于图片中的哪一种细菌？你从这个故事中得到什么启发？

学生很快就回答了这个问题。认为科学家必须具备的品质之一就是能够独立地思考问题，敢于质疑。

4. 细菌的结构

资料5：动物细胞、植物细胞、细菌的结构图（展示在大屏幕上）。

系列问题三：

（1）细菌的结构与植物细胞、动物细胞相比有什么相同点和不同之处？

（2）根据细菌结构推测，细菌的营养是怎样的？

（3）你能猜测细菌的荚膜、鞭毛有什么作用吗？

学生观察、比较后回答问题。

5. 细菌的生殖

资料6：细菌的生殖图片、芽孢与细菌关系图片。

系列问题四：

（1）细菌的生殖方式是怎样的？你能用一支粉笔或一张纸来演示说明吗？

（2）图中哪个是芽孢？它与细菌有什么不同？芽孢与细菌之间有什么关系？

（3）如果你手上此刻有100个细菌，按每30分钟繁殖一代计算在没有洗手的情况下，各个时间的细菌个数（写出计算过程）。

时间	细菌个数
开始	100
1 小时	
2 小时	
3 小时	
4 小时	

④细菌有哪些特点与它们分布得如此广泛有关？

学生通过观察图片、用纸或粉笔的演示，对分裂生殖的特点有了比较透彻的了解。在计算时，我强调学生写出计算过程，就是为了让学生归纳出计算规律，事实上很多学生都归纳出了规律，即繁殖几代就乘以几个2。

（广州市番禺区市桥星海中学　柳秋兰）

【点评】　生命科学史是一部思想史，它揭示了人们思考和解决生物学问题的思想历程。展示了在探究知识的过程中科学家之间的合作以及科学家所持观点之间的碰撞和论争，呈现了科学家的科学态度、科学精神和科学世界观。这一节课将教学的重点放在了"细菌的发现"这一内容。通过几个故事和一个经典实验，让学生去阅读、感悟、分析、交流，教师的教学目的达到了。"伟大的看门人——列文·虎克"的故事让学生消除了对科学研究的神秘感，他们认识到只要保持有强烈的好奇心、能够持之以恒地做某一件事情，即使在最平凡的工作岗位，也可能会在科学研究的某一方面有所建树。而巴斯德的精妙、缜密的实验设计则给学生留下了深刻的印象。有的学生在交流中还提到了自己的一些实验设计，找出了一些可以改进的地方，在后来的一些实验设计中，有很多学生也开始了比较严密的思考。

三、把握预设与生成，让课堂更顺利

生成性的课堂是一个真实、自然、充满活力的、能让教师和学生都充分投入自己的情感、智慧、思维和精力的课堂。在这样的课堂中，教师和学生都能获得共同的发展。然而，习惯于想方设法牵着学生进入预设的"程序"中，以求"顺利"完成课堂教学任务的教师，却往往难以大胆放手，给学生充足的自由与空间，因势利导地推动课堂向前发展，生成并达成非预期的目标。究其原因，除教学思想观念问题外，更重要的是教师自身的知识结构、教学组织与课堂管理能力存在缺陷，面对意料之外的事件束手无策。那么，如何在课堂教学中实施生成性教学呢？

(一) 巧妙地融合预设与生成

一方面，教学是一种有计划、有目标的活动，它不是一种随意、随机的行为。对教学进行设计确实是保证有计划、有步骤地上好课的必要手段。另一方面，教学又应该是开放的、富有生命气息，有很多预设以外的东西的。过于严谨地执行程式化的教学环节，往往会损害教学的互动，扼杀教学、扼杀学生。如何处理好两者的关系呢？笔者认为，课堂的开放性、生成性是根本，教学设计应该更好地为生成服务。我们要善待生成，在我们的预设中要留给生成足够的空间，要巧妙地将生成与预设融合起来。

示例 3.2.3

我们的预设中要留给生成足够的空间

那是七年级上册"观察植物细胞"的一节课。我按计划组织全班复习了显微镜的结构和使用方法，然后，引入新课的学习。我说："同学们都知道生物体是由细胞构成的，可到底细胞是什么样子的呢？我们却从没见过。本节课我们将借助显微镜一睹细胞的芳容……"上节课学生只是用显微镜看了玻片上的一个"上"字，总觉得不过瘾，现在听说可以见识一下神奇的细胞，心里是何等的兴奋啊！所以，没等我说完，同学们已经按捺不住了，纷纷好奇地拿起实验桌上整片的洋葱鳞片叶，一大块的黄瓜、西瓜，还有自己的手指、头发就往显微镜的载物台上放，都迫不及待地想看到细胞的真实面目。

没想到刚上课就偏离了我预设的轨道，咋办呢？看着这意料之外的一切，我心里焦急极了，到底该不该用纪律去强制学生停下来，继续听我讲述临时装片的制作以及植物细胞的观察方法呢？我犹豫了一下，拿定了主意，我决定把计划中由我讲述的"生物材料需要经过怎样的处理才能看清细胞呢？"这个问题改为由学生自己探究，于是我不动声色，让孩子们继续下去。

两分钟之后，同学们陆陆续续地抬起了头，满脸疑惑地相互询问："你看到吗？细胞是啥样子的？""黑黑的，什么都没看见！""我也是，到底怎么回事？""明明对好光，可就是看不见。"……

大家都热切地把目光投向我，希望我能帮帮忙。可是，我把问题又抛回给他们："是啊？为什么我们没看见细胞呢？请你猜猜是什么原因？"话音刚落，课室里就沸腾起来了，一阵热烈的讨论之后，一个学生说："细胞太小，可能放大倍数不够。"

反驳的声音马上就出来了："课本说虎克用 140 倍的显微镜就看到了软木里的细胞，我们组刚才用的已经是 150 倍了。"另一个同学附和道："是啊，我们组用高倍镜试过，还是没看到。"接着，又一个学生站起来说："我认为是因为这些材料外面裹着一层皮，遮住了里面的细胞。"不少人在点着头，表示赞同。我插了一句："可表皮本身就是细胞组成的。"课室里又再度议论纷纷。有个小男孩忽然醒悟过来似的，一边高高举起手，一边喊着"我知道了，刚才把材料放进去后，突然变得漆黑一片，我想可能是材料太厚了。"我对这个同学的想法给予了肯定。至此，这个知识点已经不必我去讲述了，同学们自己得出了结论，要在显微镜下观察生物材料有一个基本条件，就是要非常薄……

"怎样才能使得要观察的生物材料变得非常薄呢？"于是教师引导学生阅读教材。

最好是一个一个的细胞，或者是很薄的一层细胞的材料……切片、分离或者剥离，用镊子夹着薄薄的一层用手撕下。一切都是那么水到渠成。

课堂是开放的，是生机盎然的。同学们兴致勃勃地观察、凝神地沉思、叽叽喳喳地讨论、激烈地争辩……其间折射出了孩子们的自信和成功感，也让师生都共享了教育的幸福。

课后我仍为自己面对课堂中出现的"意外"不压制、不漠视，而是能巧妙地与预设融合而感到欣慰。一个巧妙的引导使同学们经历了一次来自他们自身内心所需的探究，在这样的主动探索中他们获得了积极、愉快的情感体验。假如当时我只想到我的预设，只想到进度而把孩子们急于探索的热情扑灭，同学们的好奇心、求知欲，主动学习、自我教育的情感将受到多大的打击啊！

（广州市番禺区市桥星海中学　赵雪梅）

（二）创设情景，引发生成

生成性教学往往发生于特定的教学情境中。教师要想方设法创设能够引起学生兴趣、吸引学生注意力、激发学生热情的情景以引发生成。例如，可以用问题引发生成。但是，问题要经过精心设计以确保其生成的效益。可从学生的思维冲突之处提问题，从貌似无疑实则蕴疑之处提问。问题要有思维的力度，要有生成的空间，其答案是开放性的，一定不能是只有一个标准答案的问题。至于那种不需要思考就能回答"对"或"错"的问题就没有生成的价值了。

笔者听过七年级下册"食物中的营养物质"公开课。教学过程如下：

示例 3.2.4

教师提问缺乏思维度，难以激发学生的兴趣

（1）师：两种不同食物中所含的营养物质一样吗？
生：不同。
（2）师：请同学们通过查阅课本 P41-42"常见的食物成分表"，写出下表中两种食物所含的主要营养物质种类。

食物名称	牛奶	苹果
含有的主要营养物质		

总结得出：食物中含有____、____、____、____、____等营养物质。
生自学课本独立完成练习。然后，一位学生站起来汇报自己的答案。
（3）师：请同学们自学课本 P22 糖类、脂肪、蛋白质部分，小组讨论完成下列表格：

营养物质	在人体中的作用	主要食物来源
糖类		
脂肪		
蛋白质		

生自学课本独立完成练习，没人按老师的建议去讨论。
师：投影一位学生的答案，让其他同学补充、完善。
（4）师：其他三类营养物质的作用如何？请自学课本后完成以下练习。
请将下列缺乏病与可能所缺无机盐连线并写出主要食物来源：

缺乏病	缺无机盐	主要食物来源
地方性甲状腺肿、儿童呆小症	钙	
儿童佝偻病、骨质疏松症	铁	
贫血	锌	
生长发育不良、味觉障碍	碘	

（5）师：人体对维生素的需要量虽然很小，但人一旦缺乏维生素会影响人体正常生长发育，甚至患病，请自学课本，小组讨论完成下列表格。

缺乏症状	缺乏维生素	主要食物来源
夜盲症、干眼症		
脚气病、神经炎		
骨质疏松、佝偻病		
抵抗力下降、坏血病		

生自学课本独立完成练习，然后，教师边让全班齐答边用课件展示答案。

……

任课教师在课后谈了自己课程设计的想法：主要是想把知识点分散的课堂内容设计成自主探究学习的课型。这一节课授课教师采用了课件。以学生自学、小组合作等形式组织学生的学习活动，设计的思路体现了课程标准倡导的"自主学习""合作学习"的理念，条理清晰，有丰富的知识含量，但却没有情感的体验，是一节没有引起学生多少认知冲突的、死气沉沉的、缺乏活力的课。虽然，在教师所提问题的引导下，学生都参与了课堂，但却是被动的，并非积极主动地探究。究其原因，是因为老师提出的这些问题质量并不高，缺乏思维度，学生要么可脱口而出地回答，要么可以不加思索地从课本中直接找出答案，因而很难启发学生的思维、激发学生的兴趣。如果教师充分挖掘学生的生活经验中的教学资源，设计成能引发疑问、思考的问题，制造悬念，就能吸引学生主动地投入到讨论中去。例如："青少年在补钙时，为什么医生会建议你把钙片跟鱼肝油一起吃？""小张怕肥，所以，尽量少吃或不吃脂肪类的食物，但她仍然胖了起来，你认为可能是什么原因？""李奶奶一生素食，却未患夜盲症，你估计是什么原因？""减肥是现代生活中的热门话题，经常在电视上会看到各种减肥广告，例如：吸油基，贴在脚底能吸油，你认为这种方法有效吗？"……在这些有生成空间的问题的引领下展开阅读、思考、讨论交流、汇报表达等一系列的学习活动，就可以发现教学不仅仅是学科知识的简单的呈现，而且是以知识为载体所展开的一系列活动，就可带来学生叽叽喳喳的讨论和富有个性的争辩。我们就可看到多种观点的相互交织甚至是对立，还有颇具智慧的碰撞，教师和学生就能真正体验课堂生活的快乐！

根据问题情境发现并提出有价值的问题。可以用具体情景激发学生自己提出问题。孔子曰："学起于思，思源于疑。"学生对情景做多样性的思考而形成的多样性的问题，来源于学生内在的学习需要，来源于学生创造性的学习活动，是学生在积极思维的基础上确定或提出的，所以它往往最能激发学生的学习兴趣，也更有促进学生发展的价值。

示例 3.2.5

人教版七年级下册"测定反应速度"的探究活动

这是"测定反应速度"的探究活动。我考虑到这个内容与学生的生活实际关系密切,可从熟悉的事物入手,使学生根据问题情境发现并提出有价值的问题。由于不同学生观察问题的角度不同,提出问题的水平也不同,因而是最富有生成空间的。

上课了,我说:"同学们,玩过'做相反动作'的游戏吗?""玩过。"同学们异口同声地喊着,的确是,这个游戏同学们自小就玩,再熟悉不过了。

科代表走上讲台说:"我将带领各组的代表进行比赛,请参加者在音乐伴奏下做跟我的命令相反的动作。凡动作做错或最慢者就算输了,请自觉回座位。"

游戏开始了"向左转""举右手""左手摸右耳"……科代表的命令越来越快、越来越复杂。同学们兴高采烈地玩着,课室里充满欢声笑语。通过一轮一轮的角逐,一个个参赛者被淘汰下来,当最后剩下小张一人时,同学们不禁由衷地鼓起了掌。这时,我顺势提出了问题:"同学们,从刚才的游戏我们体会到,不同人的反应速度是不同的,你想过人的反应速度跟什么有关吗?"这一问,同学们都沉思起来。这个非常熟悉的、习以为常的游戏竟然蕴含着这样一个疑问,这可是同学们从来没有认真思考过的。现在,很自然地产生了要探个究竟的心理。

随后是各小组热烈的讨论。然后就是同学们迫不及待地举手要求发言。

当各小组亮出自己想探究的问题时,我真有一种要为孩子们喝彩的冲动。同学们的思维是如此的发散!这个说:"人的反应速度与智力有关吗?"那个说:"人的反应速度与人的高矮有关吗?""人的反应速度与遗传有关吗?""人的反应速度与性别有关吗?""人的反应速度与情绪有关吗?""喝酒会影响人的反应速度吗?"……真是意想不到的精彩!接着,同学们还从自己的生活经验入手,设计了各种方法去测定反应速度。

这个组说:"用木头人的游戏可以测定反应速度",那个组说:"起跑也可以测定反应速度",还有"可以设计电脑游戏测定反应速度""用投掷飞碟的游戏可以测定反应速度"……

我又一次被深深地感动了。孩子们那极富独创性的、丰富多样的想法确实让我耳目一新。

我庆幸自己没有仅仅让学生按照课本上现成的设计去操作实验,而是利用生活中接触到的现象设置教学情景,放开手脚让学生自己去提出多样性的研究问题、去探索多种的研究方法。在这样的课堂上,学生们个个跃跃欲试,创造性思维的火花在闪耀、在碰撞、在升腾。这样的课堂有着许多创意和出其不意,这样的课堂充满活力,这样的课堂让教师和学生都充分投入了自己的情感、智慧、思维和精力。

(广州市番禺区市桥星海中学　赵雪梅)

(三) 抓住机会,把握生成

一个活生生的、真实的、富有生命气息的课堂,肯定会有许多预设以外的东西,学生的自由思维使得课堂中意外生成的资源非常充足。但是,这些资源又是稍纵即逝的,要靠教师及时把握,巧妙地加以提炼、升华,使课堂生成的极具价值的教学资源能发挥其应有的作用,而这有赖于教师多方面的、较高的素养。笔者反思自己的教学也曾有过不少令人遗憾的经历。

🍁 示例 3.2.6

因势利导对同学们进行生命伦理观教育

记得那是期末的一节复习课。我决定跟学生一起对科学探究的过程做一次系统的复习,并把重点放在实验设计上。我用电脑呈现了讨论题:人们在日常生活中经常用到洗衣粉、洗洁精等各种洗涤剂,这些洗涤剂对人体健康有影响吗?请分组讨论,设计实验方案进行研究。

十个小组都在热烈地讨论着、记录着。我走下讲台在各组间穿行,不时有学生问我问题,我尽可能简短地给一些启发。忽然,传来了第 2 小组激烈的争论声。只见小强把手举得高高的,一脸急切的神情,不停地喊着老师,在向我求救。等我走近,小强说:"老师,小伟建议用人体来做这个实验,他们几个不反对,我觉得不好但辩不过他们,老师你的看法怎样?"

哦,原来是这样。我看看表,时间不多了,心想这有什么好争的,再这样争下去就不能按计划完成教学任务了。我说:"别争了,另选研究对象吧!抓紧时间。"这个组的同学又重新开始了设计……

我组织全班交流汇报实验设计的方案。各组都把手举得高高的,我随意抽了一个小组。该组负责发言的同学上台用实物投影把自己组的方案展示出来,并说:"我们认为假如合成洗涤剂对人体有害的话,它肯定会对绿豆种子萌发有影响,而且我们估计合成洗涤剂的浓度越大对绿豆种子萌发的影响也越大,我们的实验如下。"

	1号瓶	2号瓶	3号瓶	4号瓶
合成洗涤剂培养液浓度	清水	0.1%	1%	10%
绿豆种子的数量	10粒	10粒	10粒	10粒
发芽的情况				

我让另一个组的同学给予评价："我们给这个组满分。"我追问："为什么?"他继续说："这个方案设置了1号瓶作为对照，而且其他几个瓶子跟1号瓶只有一个条件不同，也就是说只有一个变量，符合实验设计的两个原则，所以，我们认为该给满分。"

反驳的意见马上出来了："我们认为这个组的设计有问题，他们每个浓度只用10粒绿豆种子，太少了，偶然性太大了。"我问："你觉得要用多少?"她接着说："用20粒吧!"

我满心欢喜地听着同学们的评价和质疑，不时点着头以示赞赏，并暗暗地自认为这是一节成功的复习课。它既体现了课程标准的教学理念，学生在知识掌握和能力的训练方面又达到了预期的目标。

下课铃响了，我把各组的设计方案收齐，带回办公室批改。然而，令我震惊的是竟然还有另一个小组也是计划通过蒙骗被测者偷偷进行洗涤剂危害的实验研究。看着赫然写在纸上的文字，我浮想联翩……我反问自己，这节课还算得上成功吗？我后悔课堂上没有把握和利用第2组在讨论中生成的极有价值的教育资源，错失了因势利导对同学们进行生命伦理观教育的良好契机。

我开始反思此次教育失误。当时我武断地制止第2组同学的争论时，考虑的只是按计划完成教学任务，根本就没意识到这是一次生命教育的机会。生物学是一门研究生命现象和生命活动规律的科学，教材中对生命伦理的问题没有正面阐述，需要生物教师运用智慧去发掘、去利用。如果我对生命教育有更多的研究，对当今青少年学生中由于生命伦理观念的缺失，而导致的自私、孤僻、缺乏爱心等心理问题、行为问题有更多的了解，我就能有一双"慧眼"，也就能不失时机地组织全体同学进行一次尊重生命的自我教育。让学生建立"珍爱生命"这样一个重要的生命伦理观念，这样的教育将使他们终身受益，远比实验设计的训练重要。

处于信息化时代的学生们总是掌握着大量的信息，而且思维活跃，所以，很多时候，在课堂上往往会生成一些教师闻所未闻的东西。面对这样的实际，我们不应消极地应付、回避，而是要努力学习，丰富自己的知识面和文化底蕴，使自己有一双"慧眼"去挖掘、去利用动态生成的资源，还要养成对自己的教学实践进行经常而深刻的反思的习惯，提升教学智慧，提高自己的随机应变、驾驭动态生成课堂的能力。

（广州市番禺区市桥星海中学　赵雪梅）

第三节　研学课堂

课程改革的核心环节是课程实施，课程实施的基本途径是课堂教学。我区中小学全面实践"研学后教"课堂教学理念，积极倡导使用"研学学案"（简称"研学案"）教学。这促进了课堂教学结构的整体优化和教育教学质量的全面提升。通过全方位开展"研学后教"的课堂教学改革，形成了充满活力、特色高效的课堂教学新模式。

一、什么是"研学案"？

"研学案"是学生参与"研学后教"课堂的学习文本，是学生自主学习、合作学习、探究学习的思维方向；是教师在理解学科课程标准、钻研教材、了解学生、设计教法，完成教学设计的基础上，提炼出的可供学生在课堂学习中使用的学习方案。"研学案"突出教师对学习目标、学习内容和学习方式的研究，针对教学的重点、难点规划出清晰的学习路线图，为学生学习指明有效的学习路径导向。

"研学案"的核心是研学问题的设计与教学实施。需要指出的是，并不是每一节课的设计都需要编写"研学案"。如果某节课含有一个或以上的研学问题，其教学过程就需要按照研学问题教学过程模型来开展教学活动。可以说，"研学案"是针对主干知识、学科核心知识内容来引导学生开展探究性学习活动的学案。如果某节课只是一般性的学习问题，并不含有研学问题，那在做这节课的教学设计时，就没有必要考虑编写"研学案"来组织教学。

根据教育部《普通高中课程标准》《广东省基础教育课程改革新阶段学科教学指导意见》《义务教育学科课程标准（2011版）》《广州市义务教育学科学业质量评价标准》要求，我们理解为，必须从教学目标的定位、教学策略的选择、教学内容的设置上优化"研学案"的设计与实施；从教学方法的选择、教学环节的安排、教学过程的呈现上优化课堂结构；从学习活动组织、学习过程落实、学习质量评价上优化课堂管理，提升学科教师教学教研水平和把控课堂的能力，使得学科课堂教学内容把握更科学、教学方法选择更恰当、教学环节设置更合理、师生关系更融洽，从整体上提高课堂教学效益。

二、"研学案"的一般结构

1."研学案"的基本结构

"研学案"包括课题名称、研学目标、学习的重点和难点、学习的路线图、学习任务、学习资源等。坚持共性与个性的统一，充分体现学科课型特点。

2. 学习路线图

学习路线图包括学习的步骤、学习内容和学习方法等。是专为方便学生自学或讨论而设置的学习指引。学习路线图不做统一要求，但必须符合学科教学规律和学生的认知特征，使课堂组织得井然有序。在课堂学习中，使得每一个学生都有所收获，让课堂的每一分钟都能产生效益。

每节课的学习路线图包括由起点开始到终点结束的一系列教学环节。其起点指的是预设的意义建构的铺垫准备，其终点指的是预设的意义建构的结束，中间有一系列的预设的意义建构的关键点或转折点。这样由起点、关键点或转折点和终点构成了每节课的学习路线图的各个阶段或环节。具体的学习路线图的设计参见图3.3.1。

3. 目标达成检测

目标达成检测包括一定数量的突出重点知识的题型训练和突破难点知识的探究问题研讨，以及适当的拓展训练。坚持内容与形式的统一，充分体现学生的自主、合作、探究学习。

4. 学习总结（学习反思）

学习总结包括学生在参与课堂学习后的自我认知以及引导学生进一步学习的经验。让学生明确我学会了什么？我还应该学什么？

5."研学案"的编写

"研学案"力求"短小精悍"，反对繁琐复杂，要求文本简洁，内容直观，倡导一课时一学案，突出"研学"功效；关注学生，特别关注学生课堂教学的参与度，关注学生课堂思维的深刻度；坚持师生全员参与、全程参与，落实分工协作，实现共享共赢。

学校备课组根据教学进度，在完成教学设计的基础上确定"研学案"的编制。

通过集体备课修改完善,编制出可供使用的"研学案"文本。

示例 3.3.1

人教版七年级下册"呼吸道对空气的处理"研学案

【学习目标】

1. 说出人体呼吸系统的组成;
2. 通过分析和讨论,说出呼吸道的作用以及与其功能相适应的结构;
3. 认同呼吸道对空气的处理能力是有限的。

【重点和难点】

1. 呼吸道的作用;
2. 资料分析活动的组织和完成。

【学习路线图】

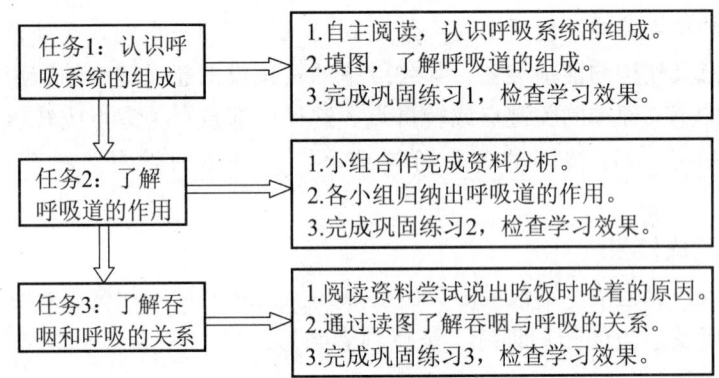

图 3.3.1 "呼吸道对空气的处理"新授课研学路线图

【学习过程】

【学习问题1】

呼吸系统由哪些器官组成?

阅读人教版七年级下册教材 P40-41,结合右图回答。

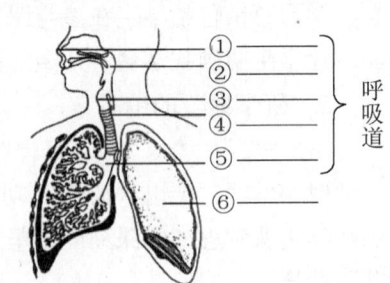

(1) 人体的呼吸是通过_____系统与周围的空气进行气体交换的。呼吸系统是由_____和_____两部分组成。

(2) 在图中写出组成呼吸系统各个器官的名称。

【即时训练】

1. 呼吸系统由哪些结构组成？（　　）

(1) 鼻、喉、咽　　(2) 呼吸道　　(3) 气管、支气管　　(4) 肺

A. ①②　　　　B. ③④　　　　C. ①②③　　　　D. ②④

2. 右图是呼吸系统组成图，请写出图中编号所代表的结构名称。

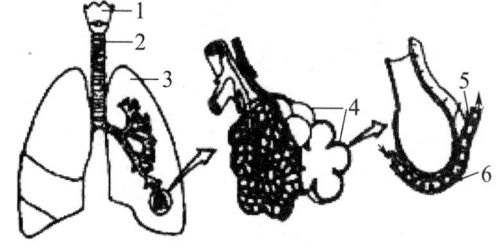

1. _____
2. _____
3. _____
4. _____
5. _____
6. _____

【学习问题2】

呼吸道有什么作用？

1. 小组合作分析以下资料，讨论并回答问题。

资料一：鼻是呼吸道的起始部位。鼻中由骨和软骨支撑形成鼻腔，利于呼吸时气体进出。气管和支气管的管壁中也有一些半环状的软骨，保证气流畅通。哮喘又称支气管哮喘，是支气管感染或者过敏引起的呼吸系统慢性疾病。哮喘发作时，由于气体进出肺的通道变窄，会出现喘息、气促、胸闷等呼吸困难的症状。哮喘患者往往随身携带治疗哮喘的喷雾剂，以备情况紧急时使用。

讨论：(1) 哮喘发作时，病人往往会感到呼吸困难，原因是什么？

(2) 哮喘发作时，向病人器官内喷射的药剂的主要作用是扩张气管，由此推断出呼吸道有什么作用？呼吸道中的什么结构能实现这一作用？

资料二：鼻腔前部生有鼻毛，有过滤灰尘的作用；鼻腔内黏膜分泌的黏液能阻挡和粘着空气中的灰尘和细菌，黏液干燥后变成鼻子内的污物。气管内壁上的纤毛向咽喉方向不停摆动，把外来的灰尘、细菌等和黏液一起送到咽部，并通过咳嗽排出体外，这就是痰。痰中含有大量的病菌。

讨论：(1) 鼻屎从哪里来的？说明鼻对吸入的空气起到了什么作用？

(2) 痰是从哪里来的？这说明呼吸道对吸入的空气起到了什么作用？

(3) 为什么不要随地吐痰？

资料三：鼻子是空气进入人体的器官，鼻腔内表面的黏膜能够分泌黏液。人患重感冒时，往往要用嘴呼吸。但是长时间用嘴呼吸会感到嗓子发干，而用鼻子呼吸

87

时就没有这种感觉。长跑时，体育老师总是建议我们用鼻子吸气、用嘴呼气，必要时可以用嘴辅助吸气，但不要张大嘴巴吸气和呼气。

讨论：(1) 上述资料说明空气在通过鼻腔后有什么变化？由此，你认为鼻腔能对进入到体内的空气进行怎样的处理？

(2) 为什么长跑时不要张大嘴巴吸气和呼气？

资料四：鼻子是人体从外界吸入空气的器官，鼻腔黏膜中含有丰富的毛细血管，使鼻黏膜所处的温度约达37℃。人体温度一般恒定为37.5℃左右，体温的相对恒定对于维持人的各种生命活动是非常重要的。而外界环境中的温度往往变化不定，特别是在冬季外界温度常常低于10℃，吸入的空气往往是冷空气。但是我们呼吸时却没有感觉到肺部受到了冷空气的刺激。

讨论：(1) 上述资料说明鼻腔对吸入的空气起到什么作用？

(2) 北欧的冬天非常寒冷，那里的人鼻梁都非常高，鼻道长；而生活在非洲的人鼻梁很矮，鼻道很短，你知道是什么原因吗？

2. 小结：呼吸道的作用

(1) 呼吸道是气体进出肺的通道，它具有保证_____的结构，还能对吸入的气体进行_____，使到达肺部的气体_____、_____、_____。

(2) 虽然呼吸道能对吸入的空气进行处理，但有些人还是会患呼吸系统疾病。这说明：呼吸道对空气的处理能力是____的，因此，保持环境中的空气____、____是非常重要的。

【即时训练】

1. 鼻在呼吸时对清洁空气有重要作用，其中鼻腔内鼻毛的作用是（　　）。
A. 灭菌　　　B. 温暖空气　　　C. 过滤空气　　　D. 湿润空气

2. 痰液中含有细菌和灰尘，痰在以下哪一结构中形成？（　　）
A. 气管　　　B. 喉　　　C. 鼻腔　　　D. 口腔

3. 关于呼吸道和痰的叙述，错误的是（　　）。
A. 痰中有细菌等病原体，可以传播疾病，所以不能随地吐痰
B. 呼吸道与血液之间进行气体交换
C. 气管壁上有腺细胞，能分泌黏液，使气管内湿润
D. 外来的尘粒、细菌和黏液一起被送到咽部，通过咳嗽排出体外形成痰

4. 为保证我们室内空气的清洁、新鲜，下列做法错误的是（　　）。
A. 绿化我们周围的环境　　　B. 保持室内空气的流通
C. 勤打扫教室及环境　　　D. 关紧门窗防止外界灰尘进入

【学习问题3】

吞咽和呼吸能同时进行吗?

1. 情境分析:小李和同学在学校饭堂一边吃饭一边大声说笑,说着笑着突然剧烈咳嗽起来,你认为小李咳嗽的原因是_____。

2. 分析会厌软骨与吞咽和呼吸的关系图,完成下面问题:

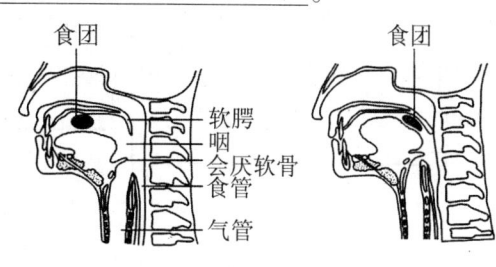

(1) ____是呼吸道和消化道的共同通道。

(2) 呼吸时,_____开放,空气通畅无阻;吞咽时,_____盖住喉口,避免食物进入_____。

(3) 小结:呼吸和吞咽_____(能/不能)同时进行。

【即时训练】

人在吸气时不能同时进行的是( )。

A. 咀嚼　　　　　B. 吞咽　　　　　C. 消化　　　　　D. 说话

(广东第二师范学院番禺附属初级中学　梁燕飞　审定:刘金友)

❋ 示例 3.3.2

人教版八年级上册"鱼"研学案

【学习目标】 1. 说出无脊椎动物和脊椎动物的主要区别。 2. 通过观察与思考,概述鱼的主要特征。 3. 结合日常生活,举例说明鱼与人类的关系。 4. 关注我国渔业资源的发展现状及其保护。 【学习重难点】 　重点:鱼的主要特征;鱼与人类生活的关系。 　难点:通过"观察与思考"活动,认识鱼的呼吸特点。 【学习方法】自主学习、观察与思考、讨论。 【学习路线图】	用红笔画出关键词。

续上表

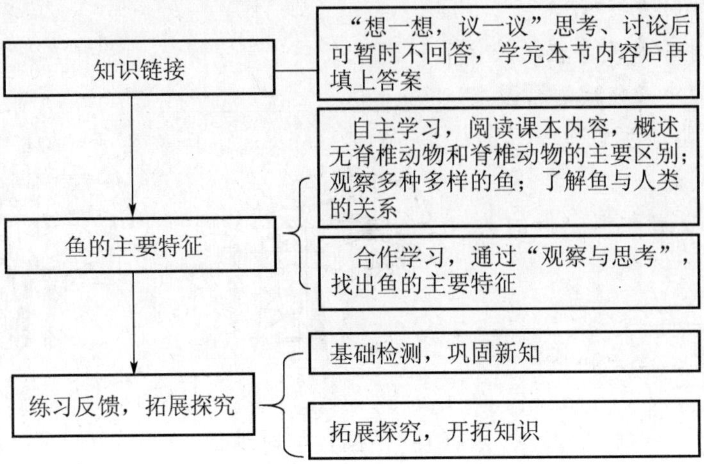

```
知识链接 ── "想一想,议一议"思考、讨论后可暂时不回答,学完本节内容后再填上答案
    │
    ▼
鱼的主要特征 ┬ 自主学习,阅读课本内容,概述无脊椎动物和脊椎动物的主要区别;观察多种多样的鱼;了解鱼与人类的关系
             └ 合作学习,通过"观察与思考",找出鱼的主要特征
    │
    ▼
练习反馈,拓展探究 ┬ 基础检测,巩固新知
                  └ 拓展探究,开拓知识
```

图 3.3.2 "鱼"新授课研学路线图

解读"学习路线图",了解本节课的研学路径。

【知识链接】
观察 P19 中鲫鱼的脊柱和组成脊柱的一节节的脊椎骨。想一想,哪些动物是有脊柱的:_____;哪些动物是没有脊柱的:_____脊柱与鱼的运动有关吗?_____。

想一想,议一议

【学习过程】
【知识回顾】
软体动物:有_____,大多有_____,运动器官是_____。
节肢动物:体表有坚韧的_____,身体和附肢都_____。

温故知新

【学习问题1】动物的分类情况是怎样的?(时间5分钟)
(一)自主学习:阅读课本 P19 中的内容,独立完成以下知识点
1. 根据动物体内有无脊柱可以将动物分成两类:_____动物,如腔肠动物、____、____、____、____和____等;另一类称为_____动物,如鱼、____、____、____和____。
2. 观察鲫鱼的骨骼,_____为动物的中轴骨骼,它由多块_____组成,是身体的支柱,有负重、减震、保护和运动等功能。
(二)表达与交流:随机抽取一个小组将答案写在黑板上。
(三)知识巩固:完成"练习反馈"中的第1、2、3题。

【学习问题2】鱼有哪些种类?(时间5分钟)
(一)观看视频《海洋动物、淡水动物扫描》,了解种类多样的鱼。
(二)自主学习:阅读课本 P19-21 的内容,独立完成以下知识点。
1. 鱼在脊椎动物中种类最_____,占_____以上。
2. 我国的淡水鱼类常见的有:"四大家鱼"(____鱼、草鱼、____鱼、____鱼)和鲤鱼、____鱼等。

阅读时要养成用红笔圈关键词、画关键句的习惯。

3. 我国的海洋鱼类常见的有_____。
（三）表达与交流：
（1）小组长组织小组成员核对答案。
（2）小组竞赛：播放《常见的鱼类》PPT，说出图片中鱼的名称。看看哪个小组认识的鱼多。
（四）知识巩固：完成"练习反馈"中的第4题。
【学习问题3】（研学）鱼的主要特征有哪些?（时间20分钟）
想一想，议一议：鱼为什么能在水中生活？它的身体有什么特征去适应水中的生活呢？
【观察并完成以下问题】（小组合作完成）
（一）观察材料：每个小组一个鱼缸，内有两条金鱼；一个新鲜鱼鳃、一个鱼骨骼标本、墨汁一小瓶、吸管。
（二）观察步骤：
1. 观察鱼骨骼标本，从鱼的骨骼来看，鱼属于_____动物。
2. 观察鱼鳃

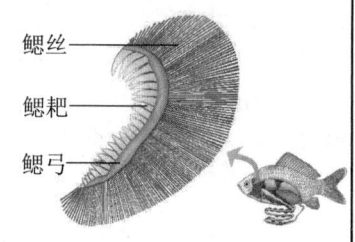

鳃呈_____色，由若干片鳃片组成，鳃片由许多_____排列组成；鳃丝：含有丰富的_____，又细又长，增大了与_____的接触面积，有利于鱼的_____。

认真观察思考，小组合作完成

3. 观察鱼的外形、运动、呼吸
外形：体表覆盖有_____，身体分____部分，左右_____，呈____形；鳞片表面有滑滑的_____。
运动：（1）主要动力：利用_____部和_____部肌肉的收缩使身体左右反复扭曲摆动，压水向后使身体前进。
（2）辅助作用：_____的摆动拨水；利用_____向后喷水。
呼吸：（1）当鱼口张开时，鳃盖后缘_____；鱼口闭合时，鳃盖后缘_____。口与鳃盖后缘_____。
（2）用吸管吸取墨汁滴于鱼口前方，让鱼吸入墨汁，随后，墨汁从_____喷出。
【小组讨论并展示讨论结果】
讨论1：鱼有哪些适于水中运动的特征？

续上表

讨论2：水流过鱼鳃的鳃丝时发生了气体交换，水中溶解氧_____，二氧化碳含量_____。

讨论3：鱼离开水很快死亡的原因是什么？

【归纳小结】

鱼适于生活在水中的主要特征：生活在_____中；体表常有_____覆盖；用_____呼吸；通过____部和躯干部的_____以及____协调作用游泳。

【知识巩固】完成"练习反馈"中的第5、6、7、8题。

【学习问题4】鱼与人类生活的关系是怎样的？（时间10分钟）

（一）自主完成以下问题，3分钟后组长检查研学案。

1. 为人类提供了富含_____的食物，还融入了人类的饮食文化。

2. 由于长期过度_____和水污染等原因，鱼类的生存面临严重的_____。

3. 为了合理利用和保护鱼类资源，我国于1986年起实行《中华人民共和国渔业法》。

(1) 国家对渔业生产实行以_____为主。

(2) 禁止在禁渔区、禁渔期进行_____。

(3) 禁止使用_____最小网目尺寸的网具进行捕捞。

（二）角色互换：开展以"假如我是鱼，我希望生活在什么样的环境中"为主题的辩论活动。（注：课前各小组通过查找资料了解大石各河涌的污染情况、珠江水域中鱼类生存面临的严重威胁等问题进行辩论。因时间关系，只抽查两个小组进行辩论。）

【我的课堂小结】

1. 本节课我的收获是：

(1) 动物可以分为两类：_____和_____。

(2) 鱼类靠____来获得食物和防御敌害，用____在水中呼吸。

(3) 鱼适于生活在水中的主要特征：_____。

2. 本节课我遇到的难题是：_____

_____。

触类旁通，学会归纳。

我完成学习目标了

即学即练，巩固新知！

【练习反馈】

1. 自然界中，无脊椎动物约占动物种数的（　　）。

　A. 5%　　　B. 95%　　　C. 15%　　　D. 85%

2. 区别脊椎动物和无脊椎动物的主要依据是其体内有无（　　）。

　A. 脊柱　　　B. 体毛　　　C. 鳃　　　D. 肌肉

续上表

3. 许多既有趣味又富含哲理的歇后语都与动物有关。如"地里的蚯蚓——能屈能伸""长颈鹿的脖子丹顶鹤的腿——各有所长""春蚕结茧——丝不苟""蚂蚁搬家——大家动口""瓮中捉鳖——十拿九稳"等。老师将这些动物分成了两大类,其归类的依据最可能是( )。 　A. 生活环境的不同　　　　　B. 体内有无脊柱 　C. 运动方式的不同　　　　　D. 呼吸方式的不同 4. 下列动物真正属于鱼的是( )。 　A. 甲鱼　　B. 黄鳝　　　C. 鲸鱼　　　D. 娃娃鱼 5. 生活在水里,用鳃呼吸,体表有鳞片的动物是( )。 　A. 乌龟　　B. 鲤鱼　　　C. 海豚　　　D. 珊瑚虫 6. 鲫鱼在水中游泳的动力来自( )。 　A. 尾鳍　　　　　　　　　　B. 腹鳍和胸鳍 　C. 尾部和躯干部　　　　　　D. 胸部和躯干部 7. 鲫鱼不停地将水吞入口内,又从鳃盖后缘排出,其主要生理意义是( )。 　A. 获得水分　B. 排出废物　C. 获得食物　D. 气体交换 8. 如果你到菜市场去买鱼,在许多死鱼中,可根据下列哪项迅速判断鱼是较新鲜的?( ) 　A. 鳃丝颜色鲜红　B. 体表湿润　C. 鳞片完整　D. 体表无损伤 【拓展探究】 　黎明时,常看到生长有较多藻类的池塘中的鱼不时把头浮出水面,天亮后这一现象就消失了。请解释这一现象。	拓展知识,开阔视野!

(番禺区大石富丽中学　许淑芳　审定:八年级生物备课组)

根据学校、学科、学段的实际情况积极编写好"研学案",坚持继承和创新,在实践中不断探索,建构既以教学原则为准绳,又体现学校特色、学科特性,既具备一般操作规范,又兼顾不同教情学情的高效课堂教学模式;既兼顾教学目标的达成与教学效率的提高,又兼顾各层次学生的知识掌握与能力提升,做到统筹兼顾,科学发展。

三、怎样使用"研学案"

倡导"研学案"在课堂上完成。"研学案"要体现在课堂上对学生学习过程和方法的引导,要有对学习问题的设计和生成相应的教学活动,以及达成学习目标的评价方式。学生在"研学案"的指引下通过自主、合作、探究性学习，获得知识、提升能力。

学生在使用"研学案"过程中，教师主要在以下六个方面给予充分指导：①学会研究学习目标；②能够看懂学习路线图；③知道学习的内容；④学会学习内容所需要的方法；⑤体验学习内容所需要开展的相关活动；⑥懂得对学习目标达成度的评价。

尊重教学规律，遵循学生认知发展规律，以现代教学论和学习理论为指导，积极实施行动研究。制定"研究、学习、实践、反思、交流、合作"的实践策略，准确定位课程教学目标和任务，灵活掌握操作方法，深入研究实施的内容，锻炼提升实践的能力，实现多维度的"研学"与"后教"的有机统一。

示例 3.3.3

人教版七年级上册"植物体的结构层次"研学案

【研学目标】

一、知识目标

1. 概述植物体的各种组织是由细胞分裂、分化形成的。
2. 识别植物的几种组织。
3. 描述植物体的结构层次：细胞、组织、器官、个体。
4. 认同植物体是一个整体。

二、能力目标

培养学生观察能力、表达能力、归纳总结能力。

三、情感态度与价值观

培养学生集体主义意识，进一步形成生物体是一个整体的生物学观点。

【学习重难点】

植物的几种组织。

【学习方法】

1. 学生独立学习；
2. 组内学生互学；
3. 组间学生互学。

【学习路线图】

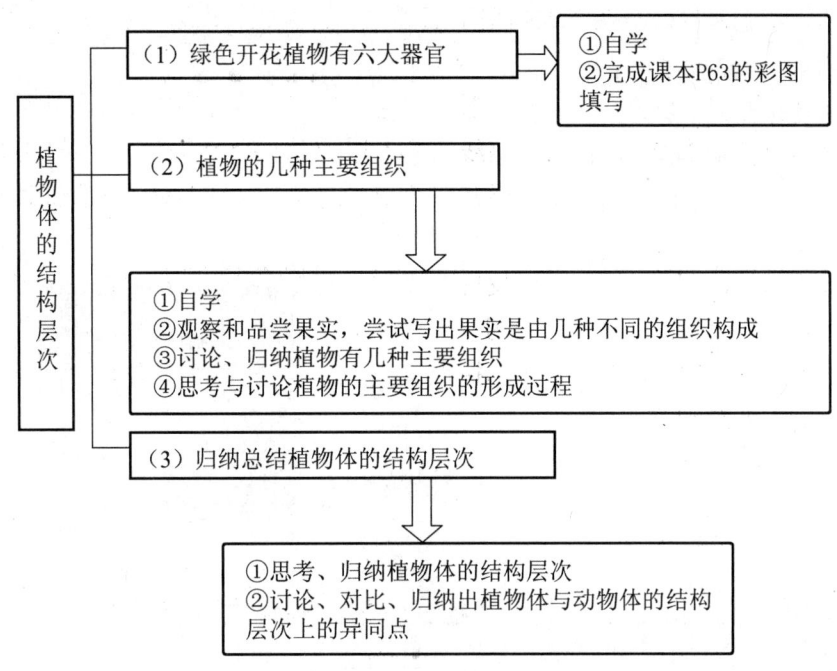

图 3.3.3 "植物体的结构层次"新授课研学路线图

【研学过程】

【知识链接】写出动物体的结构层次：

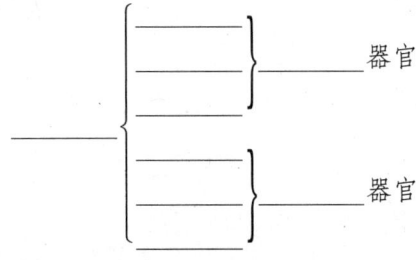

【学习问题 1】

绿色开花植物有哪些器官？

1. 先阅读书本 P63，然后在图 2-17 上分别填出六种器官的名称。

2. 绿色开花植物的六大器官：

3. 你认为所有植物都有六大器官吗？

【学习问题2】（研学）

植物器官是由什么构成的？

1. 先阅读书本 P63，然后请同学观察和品尝番茄果实，并回答下列问题：

（1）填写右图：

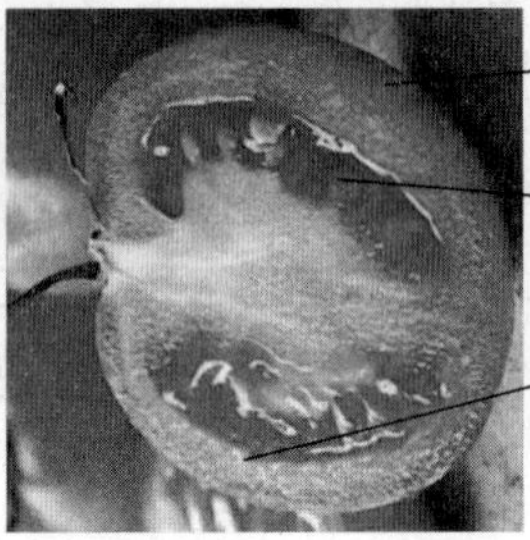

①果皮是_____组织（它具有_____作用）。

②果肉是_____组织（它具有_____作用，它的细胞特点是_____）。

③"筋络"是_____组织（它具有_____作用）。

（2）通过上面的分析可知，构成番茄果实这一器官的组织有_____等。说明器官是由_____组成。植物体内除了这几种组织外，还有_____组织。

2. 根能不断生长延伸，原因是它的结构中有_____组织。这种组织的细胞特点是：细胞__，细胞壁____，细胞核____，细胞质_____，具有_____能力，能够不断产生_____。分生组织存在于植物的_____等部位。

3. 思维训练：营养组织、输导组织、机械组织、保护组织等组织是怎样形成的？分生组织又是怎样形成的？

4. 练习：（1）下列组织中，不属于植物主要组织的是（　　）。

A. 保护组织　　　B. 营养组织　　　C. 上皮组织　　　D. 分生组织

（2）植物的根和芽都能使植株生长，原因是两者都有（　　）。

A. 保护组织　　　B. 分生组织　　　C. 输导组织　　　D. 营养组织

【归纳小结】

1. 用图解的方式写出植物体的结构层次：

细胞 $\xrightarrow{细胞分裂}$ _____ ⟶ _____ ⟶ _____

2. 找出植物体与动物体结构层次的相同点和不同点：

【学习检测】

1. 下列植物器官中，属于生殖器官的是（　　）。
   A. 根　　　　B. 茎　　　　C. 叶　　　　D. 花
2. 下列各项中属于植物器官的是（　　）。
   a. 西瓜瓤　　b. 西瓜瓤中的瓜子　　c. 瓜子仁　　d. 桃　　e. 一片花瓣
   A. bcde　　　B. bcd　　　C. bd　　　D. be
3. 下列结构不属于组织的是（　　）。
   A. 番茄果肉　　B. 洋葱表皮　　C. 玉米种子　　D. 黄瓜叶表皮
4. 吃葡萄时，有的人先撕开紫色的皮，然后吃果肉，将果核吐出。从植物的结构层次来看，一粒葡萄、紫色的皮、果肉、果核分别属于（　　）。
   ①营养组织　②器官　③保护组织　④分生组织
   A. ④①②③　　B. ②③①②　　C. ①②③④　　D. ②①③④
5. 动物体与绿色开花植物体在其结构层次上的主要不同是动物体具有（　　）。
   A. 细胞　　　B. 组织　　　C. 器官　　　D. 系统
6. 完成课本 P65 练习第 1～5 题。

【研学拓展】

1. 请同学观察和品尝甘蔗，分析甘蔗茎是由哪些组织构成？说出判断依据。

   (1) 皮是坚韧的，说明具有_____组织；

   (2) 咀嚼甘蔗茎时会有很多甜汁，说明有_____组织；

   (3) 咀嚼茎之后剩下渣，渣是_____组织。

2. 为什么植物体是一个统一的整体？

（番禺大石中学　叶桂贤　审定：廖懂玲）

示例 3.3.4

人教版七年级上册第三单元"生物圈中的绿色植物"（复习课）研学案

【学习目标】

1. 知道生物圈中绿色植物的类别及其生存条件；
2. 说出绿色开花植物的生命周期；

3. 说出植物的几种生命活动，以及植物如何参与到生物圈的各种循环中；
4. 培养爱护植被，绿化环境的意识。

【重点难点】

1. 说出绿色开花植物的生命周期；
2. 说出植物的几种生命活动，以及植物如何参与到生物圈的各种循环中。

【学习路线图】

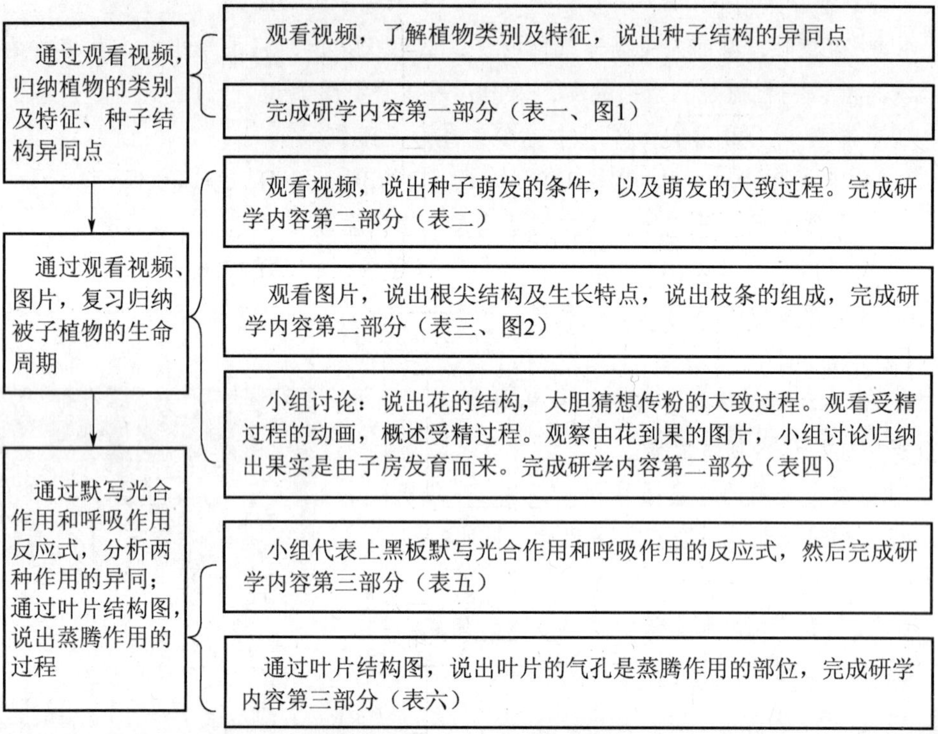

通过观看视频，归纳植物的类别及特征、种子结构异同点
- 观看视频，了解植物类别及特征，说出种子结构的异同点
- 完成研学内容第一部分（表一、图1）

通过观看视频、图片，复习归纳被子植物的生命周期
- 观看视频，说出种子萌发的条件，以及萌发的大致过程。完成研学内容第二部分（表二）
- 观看图片，说出根尖结构及生长特点，说出枝条的组成，完成研学内容第二部分（表三、图2）
- 小组讨论：说出花的结构，大胆猜想传粉的大致过程。观看受精过程的动画，概述受精过程。观察由花到果的图片，小组讨论归纳出果实是由子房发育而来。完成研学内容第二部分（表四）

通过默写光合作用和呼吸作用反应式，分析两种作用的异同；通过叶片结构图，说出蒸腾作用的过程
- 小组代表上黑板默写光合作用和呼吸作用的反应式，然后完成研学内容第三部分（表五）
- 通过叶片结构图，说出叶片的气孔是蒸腾作用的部位，完成研学内容第三部分（表六）

图 3.3.4 生物圈中的绿色植物复习课的学习路线图

【思维导图】

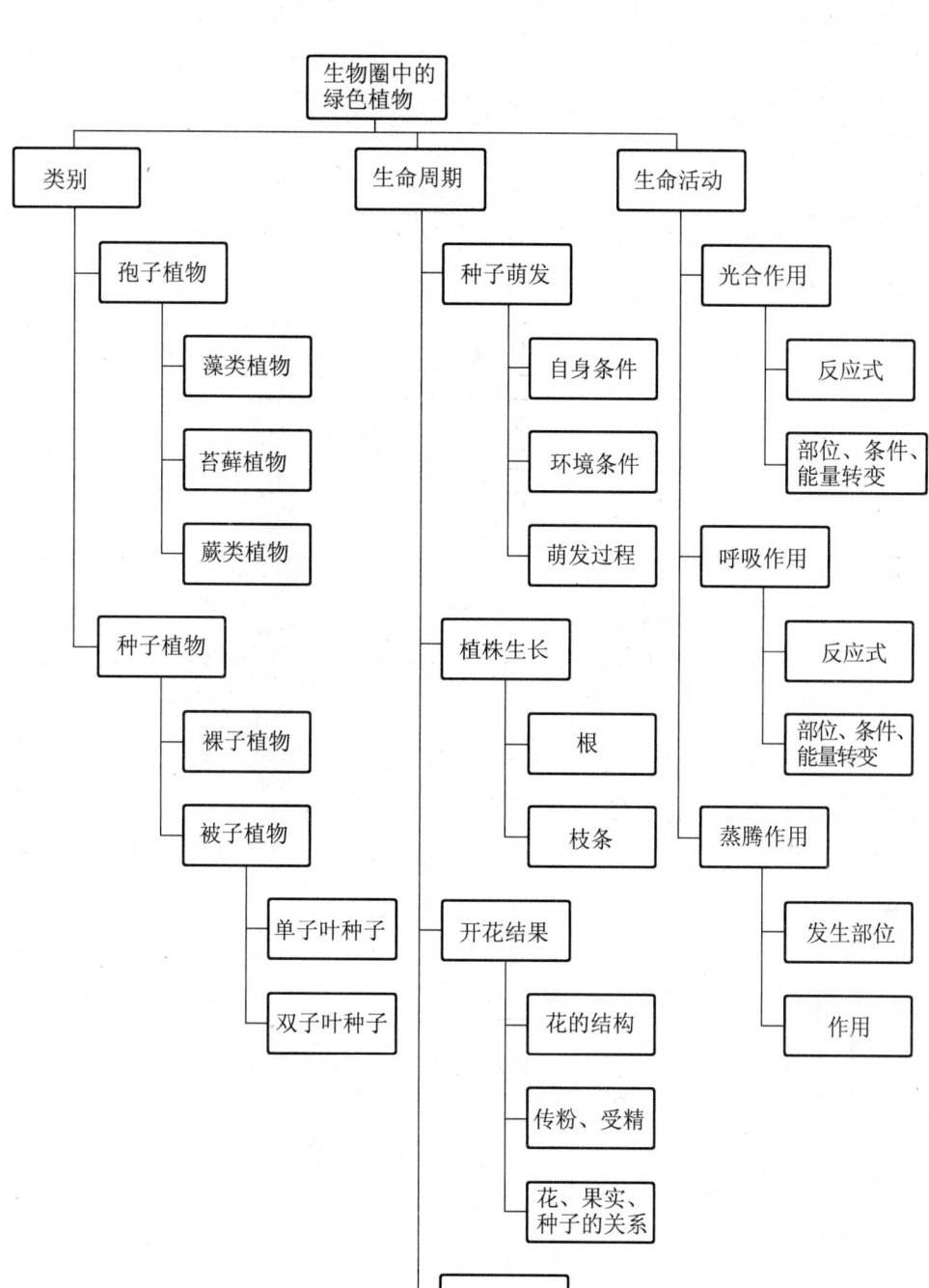

【研学内容】
（一）植物类别
1. 表一

植物类别	根	茎	叶	花	果实	种子
藻类						
苔藓						
蕨类						
裸子						
被子						

2. 被子植物的种子结构

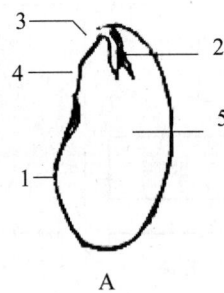
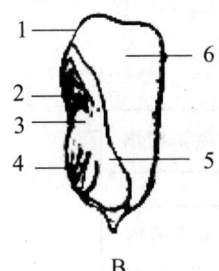

A　　　　　　　　　B

（二）被子植物的生命周期
1. 表二

生命周期1	自身条件	环境条件	萌发过程	种子结构对应植株结构
种子萌发	1. 胚_____的_____的。 2. 非_____期的。	适宜的_____、一定的_____、充足的_____。	生命周期2	胚根— 胚轴— 胚芽—

2. 表三

植株生长	生命周期2		
	幼根的生长（请填写图1）		
	枝条由芽发育而来	枝条的组成 由_____、_____和_____组成	茎的长粗和什么有关？

3. 根尖的结构

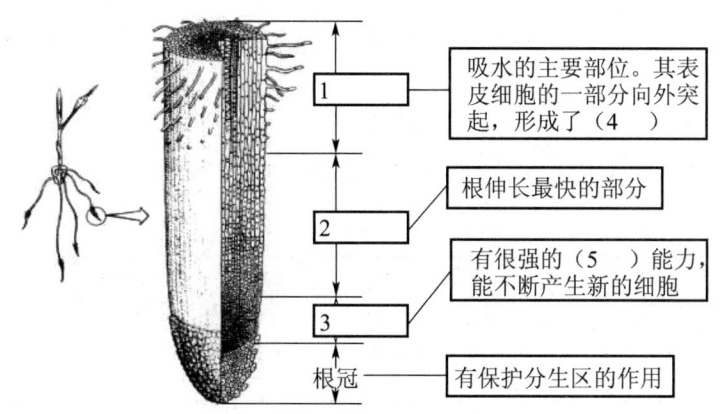

根尖的结构

4. 表四

开花结果	生命周期3	
	花的结构	①_____ ②_____ ③_____ ④_____ ⑤_____ ⑥_____ ⑦_____ 其中雌蕊包括_____ 雄蕊包括_____
	传粉	花粉从_____落到_____的过程
	受精	精子（位于____）+ 卵细胞（位于_____）= 受精卵
	结果（教材中对应的图示）	子房—（ ） 子房壁—（ ） 胚珠—（ ） 受精卵—（ ）

5. 花的结构

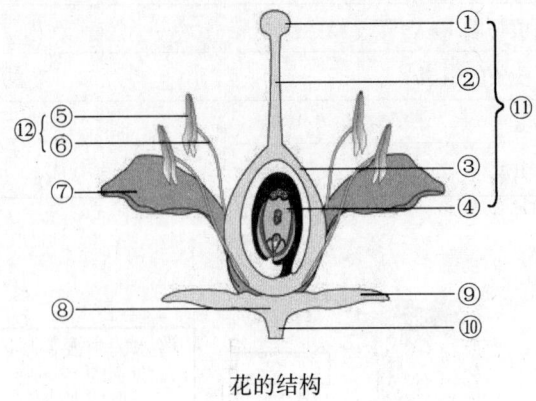

花的结构

（三）你能完成以下植物的生命活动比较表吗？

1. 表五

生命活动	原料	产物	部位	条件	能量转变
光合作用					
呼吸作用					

2. 表六

生命活动	发生部位	作用
蒸腾作用		

（番禺区市桥桥城中学　余芳毅）

教育理念与教学行为实现由"师本"向"生本"根本转变，突出学生的主体地位，建设幸福课堂。创设教师指导下学生主动学习的教学环境。通过小组合作学习，充分调动全体学生主动参与、合作探究的热情，激发学生学习的积极性和创造性，提高学生学习能力，全面提升学生综合素质。

第四章

 探究性实验

所谓探究性实验，是指学生以个人或小组为单位，在一定的学习背景中，在不知道实验结果的前提下，以教师所给的启发性问题为指导（或者学生在学习活动中自己直接发现问题），利用学生已经掌握的知识和技能，通过对问题的质疑，提出自己的设想，并想方设法，通过设计实验、实施实验来验证自己的设想。还要将实验结果经过判断、推理、分析、综合等加工过程，得出合乎实际的实验结论。最后，学生能根据实验原理、过程、结果、结论，写出实验报告，以利表达和交流。

第一节 探究性实验课型

生物学教学表现形式的差异往往表现在生物学教学过程结构的差异上。教学过程结构是课型分类的主要依据之一。课型不同，其教学过程结构也不同。通过对课型结构的研究与分类，可以使教师更好地把握各种课型的教学目的、教学结构、教学方法等规律。开设探究性实验可以引导学生积极参与科学探究的过程。科学探究通常包括通过实验来探究、通过调查来探究、通过资料分析来探究等不同形式。生物学在本质上是一门实验科学，实验教学在生物学教学中有着十分重要的地位。教师应积极提供机会，让学生亲自尝试和实践探究性实验，并将其内容要求尽可能多地渗透到各主题内容的教学活动中去。因此，把探究性实验教学当成一种生物学教学的课型来研究，具有一定的实际价值和积极意义。

一、一般课型结构

探究一词的意义非常广泛，以探究为本的生物学实验教学与一般意义上的探究是有区别的，也与科学家从事的科学探究有着明显的不同。中学生物学探究性实验是基于中学生物学实验前提下的,由教师给予学生指导的科学探究活动。在科学上,实验的结果、结论或许早就有了,但为什么还要组织学生去探究呢?因为要教会学生科学探究的一般方法,考查学生在实验过程中的操作表现、思维表现、学习能力表现等。探究性实验教学一般以小组合作开展,提倡"以问题为中心,自主探索,小组交流,重在发展",它要求学生既要对所研究的课题开展学习活动,同时又要对实验过程开展学习活动。如果以生物学教学过程结构为主线来分类教学课型,综合本文前面对有关探究性实验的概念的解释,可以把中学生物学探究性实验课的教学过程归纳为以下六个环节:

① 新背景下提出问题 → ② 设想 → ③ 设计实验 {A B C} → ④ 实施实验 {A B C} → ⑤ 结论 → ⑥ 表达交流

以上六个环节可以解释为:

(1) 教师提供背景材料或学生从日常生活、生产实践或学习中发现与生物学相关的问题,并以书面或口头形式表述这些问题,描述已知科学知识与所发现问题的冲突所在。

(2) 应用已掌握的知识,引导学生(或直接由学生)对问题的答案提出可能的设想,估计假设的可检验性。

(3) 制订探究计划,提出实验步骤,列出所需要的实验材料与用具,选择控制变量,设计对照实验。

(4) 实施计划,观察实验现象,收集实验数据,评价这些实验现象和数据的可靠性。

(5) 描述实验现象,处理实验数据,得出合乎科学的解释,形成结论。

(6) 撰写实验报告,以口头或书面表达形式交流探究实验过程、结果和结论。

显然,开展探究性实验从整体上应体现上述六个环节。只有这样,才能充分体现其一般课型特征。但是,也不能把这些环节绝对化。例如第一个环节,要求学生能够独立提出问题。这些问题可能是由学生自己提出来的,也可能不是。如果学生在教师提供的诸多问题中选择一个,或者他们受到某些问题的启发,而提出新的将要探究的问题,能说这样的问题就没有探究意义吗?当然不是。再如,设计实验方案、实施实验方案和得出实验结论这三个环节之间有着前后关联关系。若实验方案的设计存在某些失误,就会影响到实验结果的准确性,甚至得到错误的结论。这样的话,也不能指责学生。因为学生已经努力参与了实验过程,他们的探索精神是值得肯定的。

二、课型结构分类

中学生物学可开设的探究性实验有很多。其中有些是现行初、高中教材中已有的，有些是课程标准中新出现的，有些是教学中可能遇到的。这些课例应该有选择地渗透到各年级的课堂教学活动中去。在每节课的教学内容中，通常会有某些内容处于中心地位，这些内容便是教学的中心内容。一般来说，教学的中心内容相同，教学过程结构就基本相似。所以，可以根据教学中心内容去分类不同的课型。这里不妨借用生物学新授课的分类方法，来将探究性实验课型分类。可以将其划分为"事实学习·探究型""概念学习·探究型""规律学习·探究型""联系学习·探究型""方法学习·探究型"五种类型。表4.1.1列出了这五种课型的教学过程结构、课型主要特征，并对一些常见的探究性实验课例进行归类汇总。

表4.1.1 探究性实验课型分类比较

课型	教学过程结构	课型主要特征	课题举例
事实学习	观察{生物体，生命现象}→提出问题→设计实验{A,B,C}→ 实施实验{A,B,C}→结论→{形态、结构、性质、特性}→交流运用	观察比较 分析特征 实验验证 综合表达	探究测定种子的发芽率； 探究果实和种子适于传播的结构； 探究蕨类植物的主要特征； 探究鱼类的主要特征； 探究动物的学习行为； 探究条件反射的形成
概念学习	观察{个别事物，生命现象}→问题→设计实验{A,B,C}→ 实施实验{A,B,C}→整理加工→{比较、抽象、概括}→结论（概念）→交流运用	观察比较 实例验证 比较概括 形成概念	探究细胞的呼吸； 探究种子的结构； 探究光合作用的产物； 探究蕨类植物的特征； 探究生态系统的组成成分； 探究花的基本结构

续上表

课型	教学过程结构	课型主要特征	课题举例
规律学习	现象→问题→设计实验{A,B,C}→实施实验{A,B,C} 整理加工{比较、概括、抽象、推理}→结论{规律、原理}→交流运用	猜想假设 实例验证 归纳推理 概括规律	探究根的向性生长； 探究茎靠哪部分运输有机物； 探究植物对水分、无机盐的运输； 探究酒精对水蚤心率的影响； 探究脉搏与运动的关系； 探究性状分离比率概率的计算
联系学习	事实A→问题→设计实验{A,B,C}→实施实验{A,B,C} 整理加工事实{比较、分析、综合、系统}→(A,B,C,D图示)→结论{A、B、C、D之间联系}→表达交流 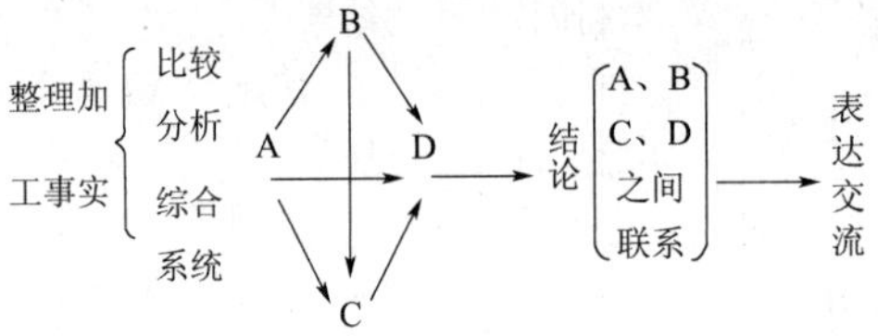	分析关系 联系关系 升华关系 形成系统	探究植物对空气湿度的影响； 探究影响叶绿素形成的环境因素； 探究食物保鲜方法； 探究酸雨的危害； 探究生活垃圾分类、处理的必要性； 探究洗涤剂对池塘富营养化影响； 探究影响鼠妇分布的环境因素； 探究蚯蚓生活的环境因素； 探究影响黄粉虫分布的环境因素
方法学习	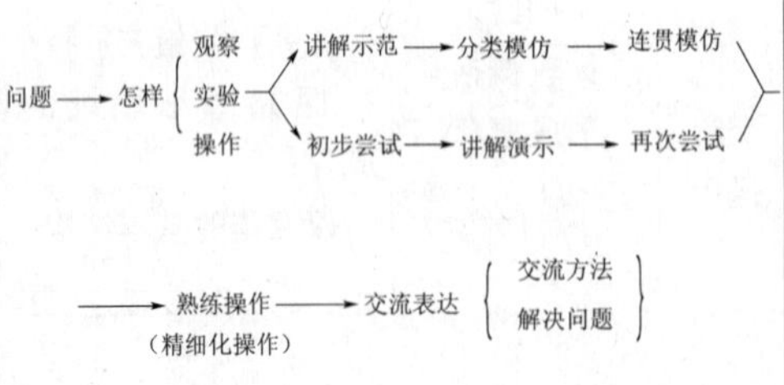 问题→怎样{观察、实验、操作}→讲解示范→分类模仿→连贯模仿 →初步尝试→讲解演示→再次尝试 →熟练操作→交流表达{交流方法、解决问题} (精细化操作)	重视示范 重视模仿 重视过程 重视训练	探究显微镜怎样成像； 探究草履虫对刺激的反应； 探究实验：植物的组织培养； 探究实验：植物的营养繁殖； 探究实验：叶绿体中色素的提取与分离； 探究细菌培养的基本技术

仔细分析表4.1.1所列内容，可以得出下面的结论：

（1）虽然上述五种课型各有其自身特征，但是，每种课型仍然保持探究性实验的一般课型特征，即其六个环节基本保持不变。

（2）课堂教学中心内容不同，教学过程结构就不同，课型特征也就有差别。表中课例的分类就是根据课堂教学的中心内容来划分的。教师对课堂教学中心内容的理解不同，那么，其分类就会有差异。

（3）从事实学习到方法学习，五种课型的教学过程越来越复杂。课型特征越复杂，课程的重心越偏向学生，学生的主体参与性越大，课型的可操作性难度加大。

三、师生的教学定位

基于探究性实验的五种分类课型，各有其自身的教学过程结构和特征，师生参与教学的程度是有差别的。所以，在组织和实施不同类型的探究性实验教学时，应充分注意区分师生的角色地位。表4.1.2是通过比较初中生物学教学中的五个实例，来探讨师生在教学过程中的教学地位关系。

表4.1.2　五种探究性实验课型的师生教学地位比较

探究类型＼探究过程参与者	提出问题	做出假设	设计实验	实施实验	得出结论	表达交流	课题举例
事实学习	师（生）	师（生）	师（生）	生（师）	生	生	探究种子萌发的外界条件（课外实验）
概念学习	师（生）	师（生）	生（师）	生	生	生	探究花的结构（课堂实验）
规律学习	师（生）	生（师）	生	生	生	生	探究植物对水分、无机盐的运输（课外实验）
联系学习	师（生）	生（师）	生	生	生	生	探究生活垃圾分类处理的必要性（课外实验）
方法学习	生（师）	生	生	生	生	生	探究草履虫对刺激的反应（课堂实验）

表4.1.2中"生",表示学生个人或小组参与的教学活动;"师(生)""生(师)"均代表师生一起参与的教学活动,只不过后者表示教师的参与性少些,学生的主体作用更强一些。在实施探究性实验教学时,处理好师生角色地位关系十分重要。

(1) 在实施探究性实验的教学过程中,师生均有着举足轻重的角色地位,那就是学生的主体参与地位和教师对教学过程的引导和反馈调控地位。学生必须积极投入到探究性实验的每一项活动和每一个环节中去;教师应激发学生的积极性,引导学生交流讨论,纠正失误,推广成功的经验,帮助学生找到正确的方法和结论。

(2) 突出学生的角色地位,充分发挥学生在教学中的主体作用,是组织实施探究性实验必须遵循的首要原则。教学过程结构越复杂,学生在实践中的角色地位越重要。所以,开展探究性实验必须以学生的主体参与为前提,注意激发学生的学习兴趣,充分发挥学生的想象力、创造力,认真设计实验,参与实验操作过程,分享实验成功的喜悦。

(3) 培养学生探究性实验能力要注意循序渐进。应先实施有较多的教师引导的探究性实验,如先从事实学习型、概念学习型、规律学习型入手,逐步培养学生的探究能力,然后再安排一些学生参与性较强的探究性实验,如联系学习型、方法学习型等。

(4) 同一种类型的课型,由于实施探究性实验的先后时间顺序不同,师生的角色地位也可能不一样。一般来说,刚开始实施探究性实验教学时,教师参与的程度要高一些,只有在学生比较熟悉某种课型后,教师才可能顺利地转移到另一种课型的教学中去。

综上所述,若从探究性实验的一般课型结构来看,通过多种形式的训练,学生应该能够了解和掌握其基本过程或程序;若从探究性实验的分类课型结构来看,师生在其教学过程中的角色地位是各有差异的。至此,教师应认真研究探究性实验的课型结构,不但要从宏观上把握其一般课型特征,而且还要从微观上突出其分类课型特征。

第二节 教学组织策略

教师在组织探究性活动时,有几个环节是不易做好的。如提出问题,做出假设,需要背景资料,需要结合学生生活经验,需要尊重学生多样化的提问和假设,而不是教师强加给他们。控制变量、设计对照、收集数据、处理数据等科学探究的基本方法、技能,要在许多探究活动中,通过反复实践来培养。还有表达和交流时,严密的逻辑、辩证的思维以及评估和反思，也是要不断地训练，才能达到较好的状态。所以，既要遵循科学探究的基本过程，又要根据实际内容的需要，突出某些侧重点。这样，通过全面的、多种形式的训练，就能够使学生掌握探究的基本方法和过程。因此，在组织和实施探究性教学时，教师的引导策略是十分重要的。

一、探究课题的选择

教材在设计探究活动时，存在着相当的困难。一是教材的每个章节都有要学习的内容标题，这些标题都是陈述句而不是疑问句，探究是要训练学生发现和提出问题的，这是不易解决的矛盾；二是探究的内容涉及的生物材料或生物与环境状况等，不同地区、学校有差异，而教材却照顾不到这些差异；三是探究提供的资料和创设的情景，只能用文字、图片、数据展示，它的生动性、具体性、以及和学生生活联系的紧密性并不理想。这就需要教师去弥补。在教学过程中，教师必须有效地组织学生有目的地选择将要探究的主题。一方面，书本中的探究性实验课题有限，教师要根据教学的需要，适当地取舍和补充实验课题，保证学生能掌握科学探究的一般方法和过程；另一方面，根据当时、当地的实际情况，教师还要安排好课堂内外实验的结合，在保证教材规定的有关探究性实验课时的前提下，根据教师自己对教材的理解和需要，灵活地安排具有地方特色的一些选学或选做的课题供学生自主选择。

要把握好探究性实验的目标和侧重点。有的活动是要求学生体验科学探究的一般过程，探究的问题的性质并不复杂，结论也是容易获得的，如课程标准提供的案例"光对鼠妇生活的影响"；有的活动需要通过实验搜集证据，重点是如何控制变量和设计对照实验，如"探究脉搏与运动的关系"；有的探究活动重在数据的收集、整理和理解，如"探究不同食物的热量价"；有的探究活动重在取样、检测，如"探究洗涤剂对池塘富营养化影响"；有的探究活动重在设计合理的实验装置，如"探究细菌培养的基本技术"等。将这些案例介绍给学生，提示或启发学生可以在实验材料、器材、药品、实验方案、实验步骤等方面进行改进，就可以产生学生自己的实验方案。教师对学生的选题，要全面地做好跟踪、登记，统筹全班学生即将探究的主题。当然，学生也要主动地、经常性地向教师汇报自己观察到了什么现象，有什么启示，选择什么课题，计划怎样去实施，以利于教师更好地做好组织工作，对学生的实施方案提出改进建议等。

示例 4.2.1

蚯蚓替代鼠妇探究"非生物因素对生物生活的影响"

"光对鼠妇生活的影响"是七年级第一个探究活动,主要目的是让学生了解实验探究的一般过程,并且体会控制实验变量和设置对照实验的重要性。这无疑是一个很重要的实验,但由于实验中的主角"鼠妇"对有些学校(特别是城市学校)来说不易得到,影响了实验的开展。而蚯蚓,则比较易得到,学生也熟悉。我们经过实践,认为用蚯蚓替代鼠妇来做"水分对蚯蚓生活的影响"的探究,取得很好效果。具体如下:

材料用具:每个小组6条蚯蚓、较干的土壤(将"出产"蚯蚓处的土壤晾干)、大烧杯(或有机玻璃槽)、玻璃板(宽略小于大烧杯或有机玻璃槽的内径,高是大烧杯或有机玻璃槽高的2/3)、凡士林、硬纸板、一些腐叶。

实验装置:如图4.2.1所示。用玻璃板将大烧杯(或有机玻璃槽)分隔成两等份,为使两等份之间不能透水,要在玻璃板与大烧杯(或有机玻璃槽)相接触的边缘先涂上一些凡士林,而且由于大烧杯(或有机玻璃槽)的下部有一定弧度,我们用塑料书套的脊夹裁出适当长度套在玻璃板的下缘。两等份内都放入较干的土壤,土壤的量达到玻璃板的高度。往其中一边土壤加入适量的水(使土壤湿透而不至出水为宜),这样就形成了因水分含量不同而湿度不同的两种土壤环境。再在两者的上面铺上薄薄的一层湿土,上面放一些腐叶,盖上硬纸板,如是有机玻璃槽,则不要盖得太严,保证里面有足够的

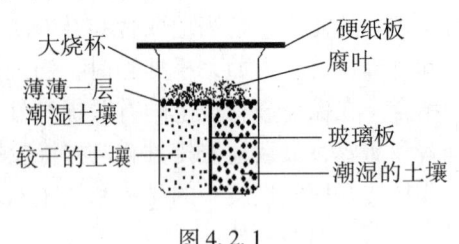

图 4.2.1

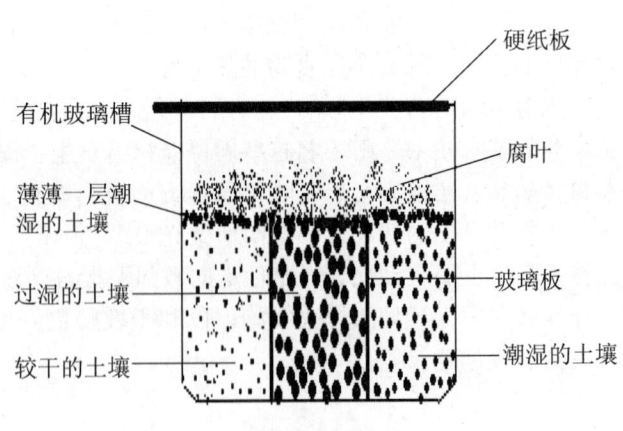

图 4.2.2

空气。

因有机玻璃槽的空间够大,可以用两块玻璃板用同样的方法将有机玻璃槽内分隔成三等份。三份中都放入较干的土壤后,一份不加水,一份加适量的水,一份加入过量的水(土壤间可见到水),其他处理与上述相同。如图4.2.2所示。

方法步骤:

1. 全班分成6～8组进行实验。
2. 将蚯蚓放入实验装置,每一边放入相同数目的蚯蚓,盖上硬纸板。将以上实验装置摆放在温暖、阳光不直射的地方。
3. 下一节课观察、检验蚯蚓栖息在哪一边土壤中,记录实验结果。

如此改进的探究活动的缺陷是不能在一节课里得出实验结果,所以我们建议分两个课时来进行。我们一周有两次课,两次课之间隔1～4日不等。而本次实验在第二天已有很明显的结果,就是再过几天结果也一样。第一课时安排为引导学生提出问题、做出假设、制订计划并实施计划。重点在制订计划,可多举些例子并让学生进行充分的讨论来理解控制变量和设置对照这两个关键步骤,并在此基础上制定本次实验的方案。第二课时安排为检验、记录实验结果、表达和交流"非生物因素对生物的影响"部分的教学。如果时间允许,还可进行对蚯蚓的"进一步探究"。

八年级上册有一个饲养和观察蚯蚓的实验。所以这个改进的探究活动可为学生在八年级学习这部分知识打下基础。而且两个年级的实验都在比较接近的时间内进行,也为实验员的工作带来方便。还有就是实验完后将蚯蚓放归到生物园或学校花园里,下一年还可到这些地方去找它们。

二、探究活动方案的优选

按照组织形式的不同,探究性教学有多种划分方法。从教学过程结构的角度来看,可以划分为完全探究与部分探究;从师生参与探究的程度来看,可以划分为开放的探究与有指导的探究;从活动开展的场所来看,可以划分为课堂探究与课外探究。在教学过程中,教师既要认真区别对待这些不同的组织形式,又要从整体上把握这些组织形式,运用这些组织形式,以至于能够灵活多变地开展形式多样的探究性活动。

(一)完全探究与部分探究

这一分类指的是师生在实施探究的过程中,他们活动成分所占的比例。例如,当教师没有使学生投入到问题的思考中去,而是从一个探究活动开始,那么,探究的第一个特征就缺失了(背景—问题),这种探究就是部分探究。同样地,如果教师选择演示某些实验操作,而不是让学生探索它的作用以及形成他们自己的问题或解释,那么,探究的第三个特征也就缺失了,也是部分探究。只有具备所有六个基本环节的探究过程,才能称为完全探究。

显然,理想状态的探究是完全探究。因为完全探究是完整的探究,学生一旦掌握了完全探究的方法,就等于掌握了探究的方法。但事实上,在中学生物教学过程中,完全探究几乎是不现实的。比如说,"探究种子萌发的外界条件"的实验,根本就不可能是完全探究的过程。因为该实验是在初一第一学期进行,学生对什么是探究性实验、怎样开展探究性实验等问题还不甚了解,教学过程中针对探究性实验的某些环节进行有目的的训练是十分必要的。所以,这样的探究只能是部分探究。特别值得一提的是,部分探究也是有意义的探究。因为只有通过部分探究,才可以使学生逐步学会探究的一般过程和方法。通过这样的学习,就有可能使学生的探究能力逐步向完全探究靠拢。

(二)开放的探究与有指导的探究

以探究为本的实验教学,在教师提供的具体指导方面也会有变化。教师在每种课型的教学活动中,提供给学生的指导和帮助的程度是不一致的(表4.2.1)。根据教师对学生行为进行组织的程度,探究可以分为开放的探究和有指导的探究。一般来说,很少有学生在一开始就具备完整的探究能力。他们首先要学习怎样提出问题,怎样设计实验来验证假设,实验操作怎样进行,怎样评价自己的实验结果,实验设计和结论之间有怎样的关系等。因此,一般都是有指导的探究,只是在不同的探究过程中,教师的指导性程度不一样罢了。如果教师和学生参与探究性活动的程度像表4.2.1中左二列所描述的那样,那就是说,该课题是最具开放性的探究性实验。

开设探究性实验的目的,就是要使学生掌握探究的一般方法和过程。通过平时的、侧重于某些方面的技能培养的部分探究性实验的训练,逐步让学生熟练探究的全过程,使探究性实验的开放性不断得到提高。

表4.2.1 探究性实验开放程度比较

基本特征	变	式	种	类
提出问题	学生自己提出问题	学生在问题中做出选择,提出新的问题	学生对教师或他人提出的问题深化和明确	学生得到教师、教材或其他资源提供的问题

续上表

基本特征	变	式	种	类
做出假设	学生做出假设并估计其可检验性	学生自己可以分析问题并做出假设	在教师或教材提示下,知道怎样分析问题	学生从教师、教材中找到相关问题的分析条目
设计实验	学生可以设计出科学的实验方案	学生可以设计实验方案,但有一些不足,需要教师指正	学生受到类似实验方案的启发,可以设计本实验方案	学生从教师、教材或他人处找到实验方案
实施实验	实验操作熟练,观察结果可靠,记录数据准确	实验操作熟练,但取得的数据、结果有某些不足或欠精确	学生在教师指导下可以取得实验结果、数据	—
得出结论	学生可以全面地描述现象,处理数据,得出结论	教师提示学生哪些途径可以找到实验结果与结论之间的关系	通过已取得的实验结果,学生在教师或他人帮助下,可理解其结论	—
表达交流	学生形成合理的观点来表达交流	学生交流过程中需得到教师或他人的帮助	为学生提供粗略指导提纲来深化交流材料	为学生提供具体的交流步骤和程序
师生所负责任比较	多◄————————学生的自我指导————————►少 少◄————————教师给学生的指导————————►多			

(三) 课堂探究与课外探究

开展探究教学要注意处理好课堂探究与课外探究的关系,使得课内探究实验与课外探究实验相结合。教材安排的主要探究性实验,大多数都是要求在课堂内完成的,需要占用一定的课时,这是必须明确的。例如,探究花的结构、探究酒精对水蚤心率的影响等实验,是完全可以在课堂上完成的。但是,我们应该认识到,有许多探究性实验,由于本身所要求的条件限制,单靠一节课是很难完成的。例如,探究种子萌发的条件的实验,一般情况下,需要几天时间,所以只能安排在课外做。还有,根据教师教学的需要,教师可以灵活地把某个探究性实验的过程分解成几部分，其中一些内容安排在课堂上做，另一些内容安排在课外做，以突出培养学生某方面探究的能力。例如，探究植物运输水分无机盐的结构这个实验，如果为了培养学生设计实验和对实验结果预期的能力，就可以把该部分内容放到课堂上，在教师积极引导的前提下，让学生分组去思考、去讨论，而把其他的过程放到课外去做；如果为了培养学生的实验技巧和操作能力，就可以把实施实验放在课堂上做，而其他探究过程放在课外，等等。值得一提的是，许多探究性实验，它们的前几步过程是可以安排在课外去做的，而探究的结果、结论和表达交流的过程，常常要安排在课堂上，为新授课的知识内容作铺垫、作引入。例如，提前几星期做探究植物的向性生长实验，就是要利用实验结果来说明教材中植物向水向肥生长的知识。提前几周做探究影响叶绿素形成因素的实验，就是要说明教材中光合作用的条件这个知识点。所以，在安排学生开展探究时，体现教师的引导作用和反馈调控十分重要。因此，探究性教学绝不能搞"放羊式"，更不能变成"教师布置任务，学生回家实践，学生有做无做，教师一概不理"的不负责任的教学。

在探究性实验教学过程中，教师是"顾问，引路人，积极的旁观者和促进者"。他扮演的角色最多不过是问题情景的提供者，学生产生问题的催化剂，是学生设计实验方案的"顾问""参谋"，而非"保姆"。他更多地要给予学生创造性思考的机会，提供给学生探究性实验的背景材料和类型，指导学生探究性实验的方法和过程，为学生今后能够独立探究打下良好基础。

三、探究过程的调控

在探究性实验的教学过程中，学生在设计实验方案、开展实验探究、讨论实验结果等方面都难免会出现偏差，教师应及时组织学生进行交流讨论，反馈调控，纠正偏差，推广好的经验，这样才能确保探究性实验取得成功。下面以"吸胀作用与渗透作用探究性实验"为例来说明教学过程中反馈调控的重要性。

（一）实验方案反馈调控

提倡各实验组分别设计实验方案，并对每一种方案的结果进行合理的预期，然后交流讨论，筛选出最佳的实验方案。例如，某实验组用鸡蛋做"吸胀作用与渗透作用探究性实验"，学生查阅参考资料，四个实验小组积极讨论以后，得到如表4.2.2所示的实验方案与预期结果。

表 4.2.2 "吸胀作用与渗透作用探究性实验"第一大组的实验方案与预期结果

组 别	实验类型	材料内容物	烧杯内容物	预期实验现象
第1组	渗透作用	饱和蔗糖溶液	清水	吸管内的红墨水上升
第2组	渗透作用	清水	饱和蔗糖溶液	吸管内的红墨水下降
第3组	吸胀作用	淀粉	清水	吸管内的红墨水上升
第4组	吸胀作用	清水	淀粉	吸管内的红墨水下降

有的实验小组为了方便，把蛋黄和蛋清也看成一种溶液，取代表格中的蔗糖溶液，认为同样能够得出"渗透作用吸收水分"的结论。但是问题是否果真如此呢？于是教师引导同学们开展了热烈的讨论。蛋白质是亲水性物质，从烧杯里吸收水分，这属于吸胀作用；蛋黄和蛋清里含有无机盐等物质，其浓度较高，在同一单位时间内穿过鸡蛋内膜进入到鸡蛋内的水分子数多于穿过鸡蛋内膜进入烧杯的水分子数，这又属于渗透作用。于是，同学们完全理解了实验设计的原理和意图。尽管某些实验小组的实验方案出现了偏差，但是，经过教师的积极引导和实验小组同学的热烈讨论，仍然可以得到正确的实验方案，能够正确地预期实验结果。

(二) 实验过程反馈调控

在实验过程中，学生们常常会遇到一些困难，如实验速度过于缓慢，实验效果不明显，甚至失败。但是通过教师的积极鼓励、提示、指导和参与，他们的实验能力得到提高。例如，第三大组选用猪肠作为实验材料，由于猪肠的内壁较厚，所以实验速度较慢，实验现象不明显。这时候就需要教师提示和引导。恒温动物的体温一般为37℃左右，水温控制在这一范围内会加快其生命活动，但又不会引起肌肉的收缩。经过提示，同学们想到了通过提高清水和蔗糖溶液的温度的方法来加快实验速度。一方面温度提高了，分子的运动速度就会加快，渗透作用的速度也会加快；另一方面蔗糖溶液的温度提高了，蔗糖溶液的溶解度就提高，半透膜两侧的溶液浓度差加大，渗透作用也随之加快。于是，同学们决定把水温控制在37℃左右，并把温度计插入水中以便能随时监测温度是否符合要求。经过这一改进，实验的速度大大提高了。

(三) 交流结果反馈调控

在上"水分代谢"这节课前，教师要求各实验小组选派代表，在课堂上分别演示各组的实验，同时交流讨论同学们在设计实验方案、实施实验的过程与操作方法、怎样设计和填写实验报告，提供查阅相关资料和实验成功与失败的原因等方面的心得与经验，以提高学生书面和口头的表达水平。并且根据自己的实验情况，提出最佳的实验方案。最终的目的，是要求学生共同归纳出渗透作用和吸胀作用的原理，使学生们觉得，知识就在他们身边，离他们的实验和生活并不遥远，也并不陌生。从而激发学生们的学习欲望，提高对生物学科知识的学习兴趣。

❋ 示例 4.2.2

叶的形态、结构和生理功能探究性实验教学活动

秋风扫落叶，有位学生看着地上的落叶，忽发奇想：地上的落叶究竟叶面向上的多还是叶背向上的多呢？于是，他收集了一把叶子，用力向上一抛，然后任由它们散落到地上，发现叶背向上的叶子占了绝大多数。连续多次重复试验，结果还是一样。为什么会这样呢？这位同学带着这个问题去请教老师。老师觉得这个问题很有探究价值，就引导全体同学一起分析讨论这一现象，引出了一连串有趣的探究性实验教学活动。

同学们一边开展实验探究，一边进行热烈的交流讨论，分析推理，由一个探究性实验引出第二个探究性实验，由第二个探究性实验引出更多的实验（见表4.2.3）。层层深入，抽丝剥茧，不但使学生真正掌握叶片的形态、结构和生理功能，而且还能培养学生的认知能力、创造能力和实践能力，激发了学生的学习、探究、求知的兴趣，取得了很好的教学效果。

教师组织学生们进行交流讨论，有学生指出：物体落地的时候一般是密度大的一端先落地，如踢毽子的时候，一般都是毽子的底部先落地。叶子落地的时候，多数是叶面先落地，是否跟叶子的结构有关呢？既然如此，何不制作叶横切装片进行观察？

学生们制作叶横切装片观察，发现相对于靠近叶背的海绵组织来说，靠近叶面的栅栏组织细胞排列较紧密，含叶绿体较多，正好解释了这一现象。

观察叶横切装片看到叶绿体，通过做初一光合作用的实验，验证了光合作用的原理和叶绿体的功能。

观察叶横切装片看到叶脉。叶脉的功能是什么呢？同学们想到了挺水植物和浮水植物，因为这些植物的通气组织和气孔发达，由气孔吸收空气，通过通气组织把空气运输到水下的茎和根，于是设计了实验3，初步验证叶脉的输导作用。为了进一步验证叶脉的输导作用，同学们又设计了实验4。

观察叶横切装片时还看到叶表皮。叶表皮上有角质层，角质层的功能是什么？学生们设计了实验6，验证了角质层的作用；为了进一步探究叶表皮的结构和功能，同学们制作并观察了叶表皮装片，看到叶表皮由表皮细胞和保卫细胞组成。而保卫细胞中间的开口是气孔。同学们通过实验7，验证了叶片具有蒸腾作用，设计了实验

8又验证了植物具有呼吸作用。气体和水蒸气是否由气孔出入呢？同学们设计了实验9，验证了气孔是水分和水蒸气出入的门户。气孔能否控制水分和气体出入呢？同学们又设计了实验10，验证了气孔能控制水分和气体的出入（表4.2.3）。

表4.2.3 叶片探究性实验各个实验组筛选出较理想的实验材料、方案和技巧

实验名称	选用的实验材料	实验方案与技巧
1. 观察到落叶总是叶背向上	选用较厚的叶片，如枇杷叶、芒果叶、白兰叶等	把叶片用力向上抛，尽量把叶片抛高，散开
2. 制作、观察叶横切装片	驳骨丹	用手夹紧两片刀片，对叶片进行连续横切，筛选最薄的横切片
3. 证明叶脉与叶柄上的维管束相连通	选用水生植物睡莲、荷花、通菜等植物的叶片，因为水生植物通气组织发达，可用于初步验证叶脉的输导作用	—
4. 叶脉的导管输导水分和无机盐	—	如果有强烈太阳光照射实验装置，则在一个小时内就可以看到明显的实验效果
5. 观察气孔	潺菜叶	用浓碘液染色效果较好，可清晰地看到保卫细胞、表皮细胞、气孔和细胞里的叶绿体，但浓碘液遇到水会有碘的结晶体释出，如果加入碘化钾，则形成了碘的络合物，可避免释出碘的结晶体
6. 叶片的表面有一层不透水的角质层	选取水生植物荷花、睡莲、通菜等植物的叶片，因为水生植物的叶片角质层通常较厚	—
7. 植物蒸腾作用实验	—	如果有强烈太阳光照射实验装置，则在半小时内就可以看到明显的实验效果
8. 植物呼吸作用快速检验	—	图(1) 植物呼吸吸收瓶内的氧气，排出二氧化碳，二氧化碳被氢氧化钠吸收，瓶内气压下降，红墨水沿着导管进入瓶内

续上表

实验名称	选用的实验材料	实验方案与技巧
9. 叶片上的气孔有大量气泡冒出	选取荷花、睡莲、通菜等水生植物的叶片进行实验，效果会较明显，因为水生植物叶片的气孔通常较发达，通过气孔吸收空气，通过发达的输导组织把氧气运送到浸在水中的茎和根	
10. 观察叶表皮实验	潺菜叶、芥菜叶	制作叶表皮装片，滴加清水；制作叶表皮装片，滴加浓度为 0.2% 的硝酸钾溶液，气孔在 20 分钟内逐渐打开，滴加饱和蔗糖溶液，气孔逐渐关闭

（广州市南沙区大岗中学　刘振锋）

第三节　探究性实验课堂

几十年来，教育工作者都习惯于研究如何讲课，于是教学论成了"教论"，而对教学过程中更为重要的"学论"，却研究很少。研究探究性实验课型的目的，并不是要废弃教师的讲解。但是应该肯定，教师不能包办教学的全过程。学生才是教学的主体，学生必须在教学的过程中唱主角，以利于发展学生个性，培养学生的自主学习能力。

一、学习方式的优化

生物学在本质上是一门实验科学。实验教学在生物学教学中有着十分重要的地位。教师应积极提供机会，让学生亲自尝试和实践探究性实验，并将其内容要求尽可能多地渗透到各主题内容的教学活动中去。学生的探究性学习与科学家的工作相似，为了学习科学，他们也必须读书、与同学交流、不断提出问题、学习解决问题的方法；学生要参加各种各样的活动，要做实验，解决困惑，与同学进行讨论；学生还必须使用测量设备，这样就可以使实验的结果更加准确。

例如，在"水分和无机盐在植物体内运输的探究实验"中，有一个实验组的同学是这样设计实验的：把甲、乙、丙、丁四根枝条分别插入四个装有红墨水的量筒中，放在向阳处，观察量筒内水位变化、叶脉颜色变化、叶片是否萎蔫、茎的颜色变化等情况。他们还讨论以下问题：用什么植物的茎做实验效果最好？怎样才能更清晰地看到导管？怎样才能把髓完整地分离开来，而树皮又不被折断？

表4.3.1 "水分和无机盐在植物体内运输的探究实验"设计

枝条（实验方案）	预期实验现象	结论
甲（只保留树皮）	量筒水位不下降，叶片萎蔫	水分和无机盐不是由树皮运输的
乙（只保留髓）	量筒水位不下降，叶片萎蔫	水分和无机盐不是由髓运输的
丙（只保留木质部）	量筒水位下降，叶脉和木质部变红	水分和无机盐是由木质部运输的
丁（枝条完整）	量筒水位下降，叶脉和木质部变红	

经过集体努力，合理而完整的方案终于出来了，如表4.3.1所示。显然，这样的学习不同于以往的学习。它更注重培养学生分析、理解能力，联想、运用知识的能力，设计、交流、归纳和总结的能力。

探究性实验是让学生在主动参与实验的过程中学习科学探究的一般方法和技能，让学生在探究问题的活动中获取知识、了解科学家的工作方法和思维方法、学会科学研究所需要的各种技能、领悟科学观念、培养科学精神。这是对传统教学方式的一种彻底的改革，学生将从教师讲什么就听什么，教师让做什么就做什么的被动学习者，变为主动参与的学习者。教学模式也将发生根本的改变，学生将有更多的实验、讨论、交流等活动。这种学习方式的改革不仅会影响学生，也将会影响到科学教育的诸多方面，如教材的选材和呈现方式、课堂组织形式、教学内容的选择、教学评价、教学资源、教学时间、师生关系等都将会随之发生改变。因此，学生的学习方式要发生重大的改变。学生要由过去从学概念、规律的学习方式转变为通过各种事实和实验来发现概念和规律的学习方式。后者的核心是针对问题的探究。当学生面临各种让他们困惑的问题的时候，要对问题进行假设、推理、分析，找出解决问题的方向，然后通过观察、实验来收集事实，也可以通过其他方式得到第二手的资料。通过对获得的资料进行归纳、比较、统计分析，形成对问题的解释。最后通过讨论和交流，进一步澄清事实，发现新的问题，对问题进行更深入的研究。

示例 4.3.1

人教版七年级上册"种子的萌发"研学案

【研学目标】
1. 描述种子萌发的环境条件。
2. 运用实验法探究种子萌发的环境条件。

【研学重点】 种子萌发的环境条件。

【研学难点】 对照实验的设计。

【研学路线图】

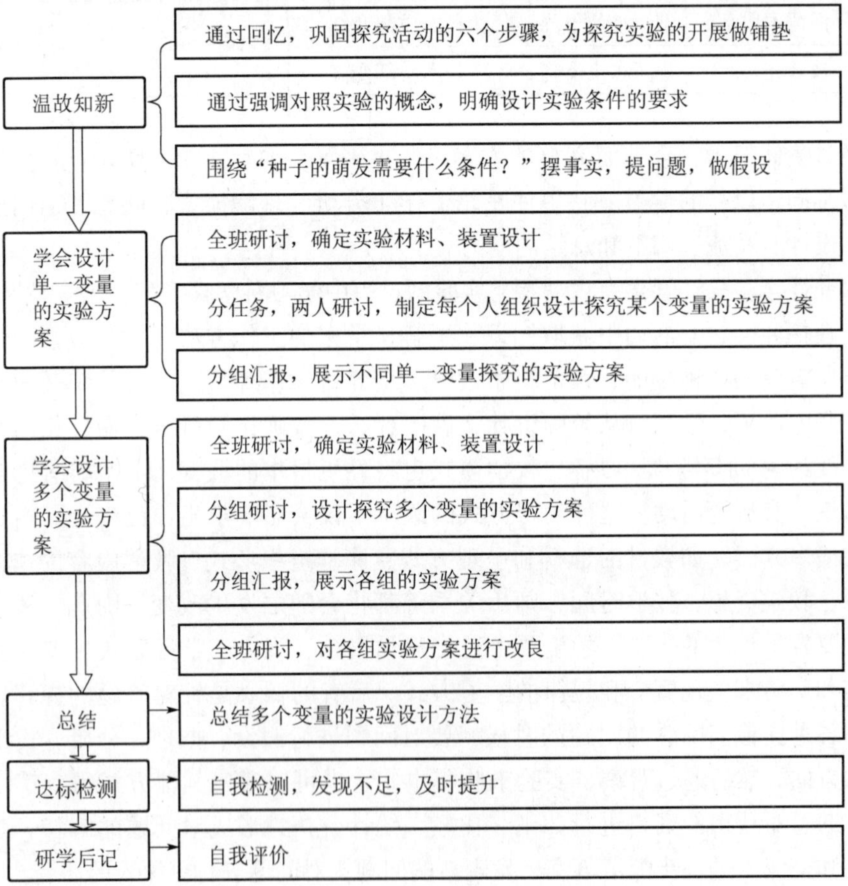

```
温故知新 ─┬─ 通过回忆,巩固探究活动的六个步骤,为探究实验的开展做铺垫
         ├─ 通过强调对照实验的概念,明确设计实验条件的要求
         └─ 围绕"种子的萌发需要什么条件?"摆事实,提问题,做假设
    ↓
学会设计 ─┬─ 全班研讨,确定实验材料、装置设计
单一变量 ├─ 分任务,两人研讨,制定每个人组织设计探究某个变量的实验方案
的实验方案 └─ 分组汇报,展示不同单一变量探究的实验方案
    ↓
学会设计 ─┬─ 全班研讨,确定实验材料、装置设计
多个变量 ├─ 分组研讨,设计探究多个变量的实验方案
的实验方案 ├─ 分组汇报,展示各组的实验方案
         └─ 全班研讨,对各组实验方案进行改良
    ↓
总结 ── 总结多个变量的实验设计方法
    ↓
达标检测 ── 自我检测,发现不足,及时提升
    ↓
研学后记 ── 自我评价
```

第四章　探究性实验

【知识链接】

1. 温习课本 P14：探究活动的六大步骤分别为：提出_____，做出_____，制定_____，实施_____，得出_____，表达与_____。

2. 温习课本 P16：在研究温度对研究对象的影响时，所进行的除了_____不同以外，其他条件_____的实验，叫作对照实验。

3. 根据提出的问题大胆做出假设：许多作物是在春天播种的，天寒地冻不适合播种。在播种前往往要在地里浇一些水，使土壤潮湿，如果刚下过一场小雨，不用浇水就可以播种了；但是过于潮湿又容易使种子霉烂。播种前往往要松土。

假设：种子的萌发需要_____、_____、_____。

【学习问题一】　如何设计对照实验方案？

1. 工具和材料：棉花、_____种子 20 颗、两个容器、两个标签。
2. 实验装置（略）

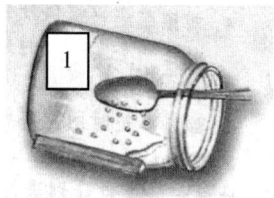 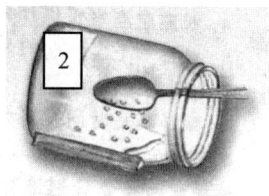

3. 实验步骤

（1）贴标签；

（2）铺棉花在容器底；

（3）在棉花上放____颗____种子。

【学习问题二】（研学）

如何设计研究单一变量实验的实验方案？

	对照组	实验组
（1）探究水对种子萌发的影响	沾一点水，使棉花保持湿润	设置_____的环境

121

续上表

	对照组	实验组
（2）探究温度对种子萌发的影响	1 放在_____℃的环境中	2 放在_____℃的环境中
（3）探究空气对种子萌发的影响	1 _____	2 _____

【学习问题三】（研学）
如何设计研究多个变量实验的实验方案？

1. 工具和材料：棉花、_____种子40颗、四个容器、四个标签。
2. 实验装置（略）
3. 实验步骤

对照组	水的实验组	温度的实验组	空气的实验组
1	2	3	4
①放一点水使棉花湿润 ②放在25℃的___中 ③瓶中有充足的空气	①_____的环境 ②放在_____℃ ③	①_____的环境 ②放在_____℃ ③	①_____的环境 ②放在_____℃ ③

122

【研学总结】

单因素实验中，一般设置一个对照组和一个实验组；多探究一个因素，就相应增加一个实验组，因此，在探究四个因素的实验时，设计_____个对照组和_____个实验组。

【达标检测】

1. 在"探究种子萌发的环境条件"实验中，不是一组对照条件的是（　　）。
   A. 有水和无水　　B. 大量水和无水　　C. 有空气和无空气　　D. 常温和低温

2. 下表为某同学的实验处理方法，请分析不同装置的两两组合分别用来证明种子的萌发需要哪一个环境条件？

编号	1号瓶	2号瓶	3号瓶	4号瓶
处理方法	10粒种子 拧紧瓶盖 放在橱柜	10粒种子 加适量水 拧紧瓶盖 放在橱柜	10粒种子 加较多水 拧紧瓶盖 放在橱柜	10粒种子 加适量水 拧紧瓶盖 放在冰箱
一定水分				
适宜温度				
充足空气				
结果				

①____号瓶是3号瓶的对照组。该两组实验证明种子萌发所需外界条件之一是____。

②____号瓶是4号瓶的对照组。该两组实验证明种子萌发所需外界条件之一是____。

【学习后记】

通过本节课的学习，我学会了_____，（非常好地/很好地/较好地/未能）做到独立设计一个单变量的对照实验；

（非常好地/很好地/较好地/未能）做到设计一个多变量的对照实验；

（非常好地/很好地/较好地/未能）积极参与小组合作活动；

（非常好地/很好地/较好地/未能）积极思考并提出自己的意见或建议。

（番禺区市桥桥兴中学　梁图）

二、突出探究方法和技能的培养

新的生物课程教材给定了一些探究性实验。这些实验可以帮助学生了解科学探究。但是，只有这些还不够，教师还要引入一些切合实际情况的生物学研究课题。在解决实际问题的过程中，使他们更为深入了解科学探究。显然，探究性实验是中学生学习科学探究的良好方法和途径。中学生应该以个人或小组为单位，开展一些探究性实验，进行真正的科学探究活动。学生们还应该自己提出课题、做出假设、设计实验方案、实施实验方案；他们还应该掌握科学探究的一般技能，如怎样收集数据、得出正确的实验结果、得出结论并准确表达和交流这些实验过程和结论。

在探究性实验教学中，重要的是它的过程而不完全是它的结果。学生进行探究的真正意图，不仅在于掌握生物学知识本身，而是要让学生学会科学探究的一般方法，让他们亲身体会科学家是如何困惑于问题、如何假设问题的"答案"、考虑从哪些途径去解决问题，并以此渐渐养成探究的态度、方法和思维品质。

中学的探究性实验又有其自身特点。它必须满足学生在短时间内学到开展科学探究的一般方法和过程。一般来说，就是要求学生学会完全探究。但是，完全探究不可能仅仅通过一个实验就能让所有的学生掌握。所以，这个过程在许多情况下要被简化。比如提出问题这个环节，在大部分的教学活动中，都是要由教师提出问题，或由教材提出问题，学生认真学习提出问题的方式和方法；又比如设计实验这个环节，通常是由教师和教材来确定研究方法、步骤、所用材料等，这样就省去了学生设计实验的环节，但是，学生要积极领会实验方案提出的方法和策略。再比如探究性实验报告的撰写和交流这一环节，学生应该通过文字描述、数字表格、示意图、曲线图等方式完成报告，有条件的还可通过摄影、摄像使报告更生动。学生还要参加各种活动，交流探究的过程和结果，举办各种形式的小型报告会、出墙报、办黑板报或制作网页在校园网上交流等。通过许多部分探究性实验的训练和教师的系统安排，其结果必然是使学生熟悉探究性实验的每一个环节，使学生从整体上掌握探究性实验的一般方法和过程。学生必须要明白这一点。

实验包含着丰富的技能训练。这里的技能，不单单是指操作技能，更重要的是指科学探究的方法和技能。因此，学生要特别注意在实验当中，学会如何控制变量、设计对照或重复、变量的检测、数据的整理、分析及表示方式，以及书写实验报告等。这和过去的实验要求重在验证生物学原理以及采用定性为主的实验分析方法有着显著的差别。

示例 4.3.2

人教版七年级下册"测定某种食物中的能量"课堂教学案例

　　这堂课主要内容是测定某种食物中的能量,这个探究实验穿插在第一节《食物中的营养物质》中。因为考虑到课时的安排,我没有按书中的教学顺序进行,而是单独把这个实验放在第 2 课时。上堂课我们已经完成了食物中有关糖类、脂肪、蛋白质、水、无机盐、维生素等营养物质的教学。考虑到这一届学生在初一上学期已经接触过探究实验,对探究实验的一般过程并不陌生,但仍有一部分学生的实验自主性、独立性不够强,所以我把这一节课的重点仍放在探究的一般过程和对实验数据的处理上。于是,这节课的教学可以将教学目标确定为:(1)加深学生对科学探究一般过程的认识,进一步培养学生提出问题、做出假设、制订计划、处理数据和分析实验结果的能力;(2)运用科学探究的方法测定食物中的能量。

　　课前,我已经要求学生对这个探究实验进行小组准备,包括小组探究的问题、小组成员的分工负责、记录处理数据、主要发言内容、实验所需的材料(其中,锥形瓶、温度计、试管夹、天平、铁勺由实验室提供)。我也在实验室黑板上板书了有关实验的目的、实验所需的器材、一般方法和步骤、有关提示、讨论的问题等。现在想起来,这个环节中有关实验方法和步骤的板书有点多余。因为传统的实验教学定势一直是先教师演示,然后学生按照黑板的板书按部就班。学生做出了实验结果,也就达到了实验的要求。显然,这时黑板的板书就显得尤为重要了。但是,随着课程标准的实施,打破了教师讲、学生听的教学定势,更提倡的是让学生自主地探究科学实验整个过程,教师更多的是活动中的关心者、参与者,所以学生可以根据自己设计的方法、步骤去进行探究,而没有必要一味地模仿黑板上的板书去进行操作。这个过程给了我很深的启示,虽然我已经实践了差不多一年的课程标准,但还没有真正地从旧教学模式里走出来,对新教材还没有真正做到心领神会。所以在教学过程中,总是会自觉或不自觉地走回到过去的教学老路子上去。

　　学生们愉快地进入实验室,把课前自制的实验装置和所需材料放在自己的座位上,并很快地安静下来,像往常一样急切地等待我宣布实验的开始。因为这一节课包含实验数据的处理和讨论,时间比较紧,所以我也没有像以往一样过多地强调实验室的规章制度,而是直奔这堂课的主题。

　　"食物中到底有能量吗?你们小组探究的问题是什么呢?"为了节约时间,我有意提问第三组一位平时比较认真、表达能力较强的学生。

　　"我们探究的问题是花生种子里到底含有多少能量?我们假设 100 克花生种子里

含有1247千焦的能量。"这位学生很清晰地回答了我的问题，看来他们小组在课前进行了充分的准备。

"嗯，很好!"我没有对他的回答给予过多的评价，只是用两个字肯定了他的回答。虽然他们小组探究的问题是根据背景材料中选择一个进行，不是自己大胆地去发现问题，但是我认为在过程中进行选择，本身也体现了学习的自主性。

"那你能把你们小组制订的计划，简单明了地给大家介绍一下吗?"我希望这样可加深学生们对科学探究一般过程的认识。

"我们小组在课前用一个500克的废弃爽身粉盒，把它的底部四周剪成若干孔洞，而盒顶由于我们不知道锥形瓶的瓶口有多大，所以我们就先剪了一个小一点的孔，我们小组还带来了剪刀，如果不够大，我们再修剪。"这位学生小心翼翼地说着每一句话，生怕自己说得不好，老师不明白。边说还边将手中的装置高高举起，展示给我们看，所有人的注意力都集中到他手中的装置上，虽然不是很精致，但是可以看出手工还不错。我最欣赏的是他们遇到问题时的灵活性和勇于创新、大胆地利用废弃物制作成有用的实验装置，而不是一味地模仿教材中现成的装置。同时，我也为课前自己的疏忽给学生工作带来麻烦而感到内疚。

这个学生看我不再作声，继续说道："我们打算在实验前先测量三个数值，它们分别是水的体积、水的初始温度、花生的重量。然后把锥形瓶套在爽身粉盒内，用试管夹夹住，在锥形瓶底部点燃花生，使花生完全燃烧，然后测量出水的温度。同样的实验我们重复三次，把测得的数值，按照书中的提示：1毫升水每升高1℃，需吸收4.2焦的能量，进行推算。"他的回答是令我满意的，我用肯定的目光暗示他坐下。

"别的小组，你们能把你们探究的问题告诉我吗?"我很想知道其他小组的情况。

"我们小组探究的问题是开心果到底有没有能量?"第七组一位学生没等我点名，他就迫不及待地大声说道。全班同学都大声笑了。

笑声停止后，我说："对呀，开心果香脆可口，我们大家都喜欢吃，果实里到底有没有能量呢? 我们全班同学等着你们的答案。"

至此，课时已经进行了5分钟，但我想如果再提问的话，后面的时间可能就不够用了。这个环节虽然仓促了点，但我通过部分提问，了解到学生在提出问题方面的能力提高了，他们能提出不同的问题，做出不同的假设。

我宣布可以做实验了，学生们立即忙碌起来。各小组用自制的装置和教师提供的材料用具，按照课前的分工进行操作。由于实验室的量筒数量不够，所以我把量筒放在讲台上，这时各小组都有一个学生上来量水，一共有10人，人数较多，场面一度显得比较混乱。为了缓和这种场面，我很自然地拿起量筒帮他们每一组量取所需体积的水。量完以后，我才想："为什么要帮他们量呢?"，看似很简单的一个动作，无形中体现了我们教师在教学过程中仍然有较强的"保姆式"教学方式，无形中弱化了学生自主学习的习惯和科学素养的发展。

我已经意识到这是个问题，所以在接下来的实验过程中，我不时地提醒自己，让学生自己去完成他们的学习过程。我在各小组间穿梭。显然小组间成员的分工合作是愉快的，学生们忙而不乱地进行着自己的工作。水取回来以后，有的学生测量水的温度，有的称量材料的重量，还有的在认真地记录着实验数据。学生们在模拟科学研究的过程，身临其境，主动地获取知识。这不正是课程标准的教学理念的最好体现吗？我想是的。

"老师，为什么一定要干燥的种子呢？"突然，在我身边的第七组的一个学生问我。我看了一下他们台面摆着的食物——花生，其中有4粒是干的，4粒是新鲜的，他们正犹豫不知用哪种好呢？

"要么，那你们把两种种子都试一下不就得了？"对我的这个建议，他们很赞成，我自己也很满意。因为我没有把答案直接告诉给学生，而是鼓励学生自主地去获取知识，满足自己对知识的渴望。实际上这只不过是生活经验，新鲜的花生种子要被点燃，就要先去掉其中多余的水分，只不过点火时间长点而已。

我继续在各小组间巡视，很快课室里弥散着烧焦的气味。原来很多小组已经开始食物的燃烧这一环节了。这一环节是最吸引学生的，也是整个实验最关键的部分，教室里气氛开始活跃起来，不时传来学生们一句句感叹："原来花生的种子真的可以燃烧的！""看，我们的核桃着火比你们的大！""温度计的温度开始升高了"等等。有的顽皮学生更是按捺不住拿着火焰来吓唬女生，被我及时制止下来。看来课前的安全教育不可忽视。

突然，第八组的一个学生把我叫到他们小组，抱怨道："老师，点燃一粒种子要好多根火柴，我们的火柴都快用完了！"她接着又小声说道："其实可不可以用酒精浸一下食物，这样肯定可以很容易点燃，还可以节省很多火柴？"虽然明知这种方法不可取，但是对于学生能提出这个问题我还是很高兴，起码学生在实验过程中敢于发现问题，提出自己的见解。

"你都知道酒精可以拿来助燃了，说明酒精含有能量，那你说对你的实验结果有影响吗？"我点到为止，把后面的问题留给他们自己思考。

"老师，老师，快过来，你看我们的开心果点燃后，我们看到火焰，还感受到它释放的热量，哈，开心果里真的含有能量！"第七组刚刚发言的那个学生大声嚷道，看着她兴奋的样子，我真正体会到学生亲自获取知识的那种满足感。

正当我还沉浸在第七组同学的快乐中时，隔壁第六组的组长指着台上的实验装置沮丧地对我说："我们用的塑料汽水罐周围给烧熔了，怎么办？"我朝着他指的方向看，由于食物燃烧后放出的热量，导致整个胶罐都变了形，还发出难闻的焦糊味。

看来他们很担心实验进行不下去。我安慰道:"不尝试,你们怎么会知道用塑料胶罐不可取呢?这本身也是一种收获嘛!"为了让他们的实验能顺利进行下去,我把自制的易拉罐借给他们使用。

实验课的时间总是过得很快,转眼半个小时过去了,学生们亲自动手实验,提出了许多有探究价值的问题,这无疑令我很振奋。我真正体会到了探究性学习的魅力:它点燃了学生智慧的火花,使学生在无限的空间中不断地发展自我。同时,也使我深刻地认识到:师、学之导也,每一节课对教师都是一个新的挑战,教师要做好活动的引航灯,必须有备而战,在课前做好充分的备课。

离下课时间还有10分钟,我环顾了四周,第四组和第十组的学生还没有做完,看着他们焦虑的样子,我没有办法,为了继续下面的内容,我只得中止他们的实验,进入我们这堂课的最后一个环节:数据处理的讨论。

我用教鞭敲了敲黑板板书上的提示,希望能引起全班人的注意,提示上写着:1毫升水温度升高1℃,需要吸收4.2焦的能量。"大家按照这个提示,把你所测得的数值进行换算,看看结果与你们的假设是否相同,如果不相同,造成误差的原因是什么呢?"我把任务布置了下去。

各小组在忙碌地运算着。我走下讲台,在各小组间巡视,希望能给他们提供帮助。

过了5分钟,我确定大家都计算完了,于是我提问了第六组的一位学生:"你们小组测定的花生的能量是多少呢?"

"我们小组进行了3次测定,取它们的平均数。第一粒花生的重量是0.6克,燃烧完全后,温度计升高了32℃,量取的水有50毫升;第二粒花生的重量是0.8克,完全燃烧后温度计升高了36℃,量取的水有50毫升;第三粒花生的重量是1克,完全燃烧后温度计升高了38℃,量取的水有50毫升。通过这些数值,根据黑板上的提示进行换算。我们测得的100克花生的种子含有742千焦的能量。"虽然表达得不是很流畅,但我还是听明白了他们运算的整个思路过程。他看我没反应,下意识地把他们的运算纸拿给我看。我接过来,只见上面列有这样一个表格:

	花生重量/克	水的体积/毫升	水升高的温度/℃	100克花生的种子放出的能量/千焦
1	0.6	50	32	672
2	0.8	50	36	756
3	1	50	38	798
平均值	0.8	50	35.3	742

我边看边点头，对他们的数据处理过程表示满意，但是我相信很多同学还不能一下子听得明白，所以我就通过实物投影仪，把他们的运算过程投影出来，这样大家就可以一目了然，起到事半功倍的效果。

"显然你们的结果与你们的假设有很大的差距，主要原因是什么呢？"我继续发问。

"我想可能是点燃花生后，由于动作过慢，移到锥形瓶底部过程中有一部分能量跑掉了。也有可能是种子在燃烧过程中突然熄火，我们就以为种子烧完了。其实可能种子里还有一些能量没有释放出来。"我点点头，觉得他的分析有一定的道理。其实实验的结果不是最重要的，关键是要具有怎样去分析原因的意识和思路。

下课铃响了，我没有时间去了解其他小组对数据的处理情况了，至于讨论部分的问题，我也只能把它安排在课后，我给大家留下的讨论题是：

（1）怎样做到尽量减少花生种子燃烧过程中能量的丢失？

（2）这个探究实验只做一次，结果可靠吗？应该怎样做？

说真的，这个环节没有在课堂上进行，令我很遗憾。如果让学生充分发表自己的意见，那会很精彩。课后，我征询科组其他老师的意见，如果再上下一个班的课，我如何把握以下两个问题：

（1）各小组间学生能力发展不平衡，导致有的小组实验进度明显较慢。

（2）这堂课的时间如何分配，因为对于我来说，每一个环节都是那么重要，都是对学生不同能力的培养。

针对问题1，我们的科组长给我提了一个好的办法：在分小组时，最好考虑各小组成员能力的平衡，比方说，这个班的第四组和第十组可以适当分配一、两个综合能力比较强的学生。这是我一向没有考虑到的问题，对小组的安排，我一向按课室座位表去分配。对问题2，有的老师认为把讨论题放在下一节课进行没有什么不好，可以帮助学生回忆，巩固前面所学的知识。但是，我想这必定要占用下一节课部分时间来完成这一章节的内容，这必定会影响到教学进度；有的老师则认为，可以开放实验室，让他们能够利用课余时间完成进一步的探究活动，以培养他们的兴趣，促进学生个性的发展。我认为这个建议挺好，可行性也很大。

（广州市番禺区钟村中学　李彩红）

【点评】 使学生获得知识的渠道不仅局限于教师这单一途径。在信息时代，教师深感有一种无形的压力督促自己要不断进步，特别是生物学科的教师，同时也必须是一个知识多元化的教师。在本课的教学过程中，教师注重学生综合素质的培养，采用四人小组进行探究实验并进行讨论，大大促进学习动机的形成，激发了学生的学习兴趣，培养了学生良好的学习习惯。在分组的时候，要考虑学生之间的个体差异，尽量做到组内异质，组间同质。把组内学生之间的分工协作和组间之间的竞争机制引入课堂，形成生动活泼的课堂教学新格局。

　　探究性学习不是简单地给教师减负，让学生进行自学。教师的责任更为重大，应作为学生探究的舵手，为不同层次、不同能力水平的学生创设适合他们的问题情境，或采用小组研究的方法合理分工合作，使每一次探究活动都成为每一个学生发展的殿堂，使他们感受到成功的乐趣。要为学有余力的学生提供条件，比方说，开放生物实验室，进行小组长培训，让他们能够利用课余时间完成进一步探究的内容，这些学生或许能够成为分组实验的小老师，以带动其他同学顺利开展实验，提高学生分组实验的成功率，以利于更多同学享受到实验成功带来的乐趣，更好地去满足学生的学习兴趣，促进学生个性的发展。

第五章

 探究性资料分析

探究性资料分析是指学生在主动参与科学探究性活动的过程中进行资料收集与分析的科学探究方法。学生在探究问题的过程中获取知识、了解科学家的工作方法和思维方法,特别要了解科学家怎么开展科技文献的收集、资料的整理、观点的提取;怎么从众多资料中提取有用的信息,发现需要研究的有价值的新问题,形成综述,为今后的研究打下基础。这种课堂的教学模式也将发生根本性的改变。生物课将更多是学生的分析、讨论、论证、交流等活动。学生要由过去从学习概念、规律的学习方式转变成为通过各种事实和材料来发现概念和规律的学习方式,后者的核心是针对问题的探究。当学生面临各种让他们感到困惑的问题的时候,要引导他们对问题进行分析和比较,提取出具有探究意义和价值的问题,然后形成假设;要学会收集资料的方法、途径,并对获得的资料进行归纳、比较、统计分析,提取观点,得到结果;通过收集资料或证据来检验假设,形成对问题的合理解释,得出正确的结论;要能够通过讨论和交流,表明自己的观点,进一步澄清事实,解决问题;如果在探究过程中发现了新的问题,要能够对新问题指明研究方向。

第一节 探究性资料分析课型

观察、调查和实验、资料分析等都是科学探究活动。我们把科学探究活动中的资料分析称为探究性资料分析。以探究性资料分析为主要内容来开展教学活动的课堂,称为探究性资料分析课。

一、探究性资料分析的内容

探究性资料分析是基于课程标准理念下的,由教师给予学生一定指导的科学探究活动，不同版本的教材，在编写时都有体现。

人教版（2012—2013年版）初中生物学教材中探究性资料分析共安排有36项次。其中七年级上册有9项次，下册有11项次；八年级上册有5项次，下册有11项次。从内容的编排上看，整体上是由浅入深，由简单到复杂。七年级下学期是该项探究能力培养的重点，八年级下学期是该项探究能力达成的关键。

人教版高中生物学教材中探究性资料分析共安排了29项次，其中必修1有10项次，必修2有7项次，必修3有12项次。相对初中而言，其探究活动的层次分布与操作要求更为深入。

上述教材中大部分以资料分析栏目呈现，只有少部分放在技能训练栏目，如评价证据与假说，这个内容虽然属于技能训练，实际上也是开展资料分析探究活动必不可少的。此外，还有更多的内容是渗透在教材正文里面的，没有统计到上述数据之中。例如，人教版高中生物必修3第3章第一节"生长素的发现过程"，该教学内容实际上是培养学生科学设计实验方法和过程的资料分析内容，由于该内容十分重要，所以必须放在教材的正文中。

二、探究性资料分析课的课型结构特点

学生要学习科学家开展资料分析的方法。学习搜集、处理和归纳信息、解决困惑并形成观点的途径；学生也必须学会判断推理，对自己作出的假设和设计的方案进行评估，看看之前的推理是否合乎逻辑，由此形成的结论是否可靠，表达和交流是否正确。

生物学探究性资料分析课提倡以问题为中心，自主探索，小组交流，重在发展。它要求学生既要对所研究的课题开展学习活动，同时又要对探究的过程开展学习活动。若以生物学教学过程结构为主线来讨论这个问题，那就是探讨探究性资料分析课课型问题。其教学过程结构可归纳成下面的图解。

①新背景下发现并提出问题 → ②作出假设 → ③制订验证计划 $\begin{Bmatrix} A \\ B \\ C \end{Bmatrix}$ → ④验证与推理 $\begin{Bmatrix} A \\ B \\ C \end{Bmatrix}$ → ⑤得到结论 → ⑥表达与交流

显然，生物学探究性资料分析课从整体上应尽量体现上述六个环节。这是一种完全探究。只有这样，才能充分体现其一般课型特征。

但在课堂上，开展完全探究几乎是不现实的。因为在一节课的时间里，无法把

上述六个环节完整体现，或者即使能够体现，学生也不能全面掌握。比如提出问题这个环节，需要从一定的问题情景中去发掘；有时，提供的背景资料可能是零乱甚至矛盾的，这就需要结合学生已有生活经验，比较和分类这些资料，提出具有一定探究价值的问题，而不是教师直接提出问题，强加给他们。

完全探究活动一般安排在课外开展。教师可根据当时、当地以及课堂内外的实际条件来安排。根据教师自己对教材的理解和教学所需，机动灵活地安排一些选学或选做的课题，教师示范，学生（个人或小组）自主选题，学生课外自主完成课题并进行评比和交流活动。如某活动小组选择"野生动物邮票和资料的收集"活动。该活动虽然是突出探究性资料分析报告的撰写和交流这一环节，而实际上，它完全体现了探究活动的六个环节。

不同的探究性资料分析的教学内容有不同特点，培养能力也不尽相同。但是，在教学中也有其共性的东西，那就是，其教学原则基本相同。开设探究性资料分析课应该遵循以下教学原则：①支持并鼓励学生不平凡的想法，学会表达自己的见解；②接纳学生在学习过程中产生的错误和失败；③允许学生有足够的时间思考问题；④鼓励学生开展小组合作和共同参与探讨；⑤提供拓展知识的空间和实践机会；⑥使学生明白他们的推断能力在不断进步；⑦引进多元评价理论，鼓励学生的创造性思维和创新行为。

三、探究性资料分析课型的师生教学定位

在几年的教学实践中，我们发现还可以根据"探究性资料分析课"的教学中心内容，对其课型进一步分类。从该课型的中心内容来看，有的是对文献信息进行分析，有的是对相关数据进行解读，有的是对生物的生理结构和实验结果进行分析，有的需要学生将自己所学生物学知识运用于生产生活实践，也有的活动内容是对前面两种或两种以上情况进行综合。这样，就可以将探究性资料分析课型划分为文献信息型现、解读数据型、生理结构实验结果型、实践应用型、综合型五种类型。

上述五种分类课型，各有其教学过程结构和特征，比较理想的状态是每种类型都具备完整的课堂教学结构，即均具备六个基本环节，这样的话，我们发现，师生参与探究活动的教学地位是不相同的。表5.1.1是以初中生物教学中的五个典型课例，来确定师生在探究过程中的教学地位关系。明确了这种关系，我们就能比较容易地把握其教学特点，方便自如地开展教学活动。

表 5.1.1 师生在探究过程中的教学地位关系

类型 \ 过程参与者	发现并提出问题	作出假设	制订验证计划	验证与推理	得出结论	表达交流	课例
文献信息型	师（生）	师（生）	师（生）	师（生）	生（师）	生（师）	七年级上册教材中的资料分析
解读数据型	师（生）	师（生）	师（师）	生（师）	生	生	食物中的营养物质（七年级下册第2章第一节）
生理结构/实验结果型	师（生）	生（师）	生（师）	生	生	生	分析以下图文资料（七年级下册第2章第二节）
实践应用型	师（生）	生（师）	生	生	生	生	运用证据和逻辑推测（八年级下册第3章第一节）
综合型	生（师）	生	生	生	生	生	评价证据与假说（八年级下册第3章第二节）

注：表中"生"，表示学生（个人或小组）参与的教学活动；"师（生）""生（师）"均代表师生一起参与的教学活动，只不过后者表示教师的参与性少些，学生的主体作用更强一些。

在组织实施探究性资料分析教学时，应注意处理好师生角色地位关系。这种定位对于开展技能训练是很有必要的：

（1）师生在教学过程中，均有着举足轻重的角色地位，那就是学生的主体性参与地位与教师对教学过程的引导和反馈调控地位。学生必须积极投入到探究性资料分析的每一个环节中去；教师应激发学生的积极性，引导学生交流讨论，纠正错误，推广成功的经验，帮助学生学会正确的探究方法，寻求正确的结论。

（2）突出学生的角色地位，充分发挥学生在教学中的主体作用，是开展探究性资料分析必须遵循的首要原则。教学过程结构越复杂，学生在教学中的角色地位越重要。所以，开展探究性资料分析必须以学生的主体参与为前提，注意激发学生的学习兴趣，充分发挥学生的想象力、创造力，认真设计和实施探究方案，分享探究过程中成功的喜悦。

（3）培养学生探究性资料分析的能力要注意循序渐进。应先实施有较多的教师引导的探究性资料分析，如从文献信息型、解读数据型入手，逐步培养学生基本的探究能力，然后再安排一些学生参与性较强的探究性资料分析内容，如实践应用型、综合型探究活动等。

（4）同一种类型的课型，由于实施探究性资料分析的时间先后顺序不同，师生角色地位也不一样。一般来说，刚开始实施探究性资料分析教学时，教师参与的程度要高一些，只有在学生比较熟悉某种课型后，教师才可能顺利地转移到另一种课型的教学中去。

（5）做出假设、制订计划、得出结论、表达交流等环节，可以结合探究性实验、观察和调查等科学探究活动来统筹设置。

在教学过程中，教师应更多地给予学生创造性思考的机会，提供给学生更多的开展"资料分析"的背景材料，指导学生实施探究的方法和过程。如果学生具备了探究性资料分析的能力，又能反过来促进其阅读和理解能力、分析与综合能力、逻辑及推理能力的提高，为学生的终身学习与发展打下良好基础。

第二节　教学组织策略

随着课程教学改革的不断深化，教师提高了课堂教学的动态生成意识。但是，许多教师过分强调课堂的动态生成，夸大了动态生成的作用，忽视了课前的预设。他们认为课堂教学设计越简单越好，应该放手让学生自主学习，让生成决定课堂，甚至不用备课。因而许多教师对学生的了解疏忽了，对教材的研究粗浅了。

教学是有目标、有计划、有组织的师生活动。它需要教师做出周密的安排，制订详尽的计划，做好充分的课前准备。要想取得好的教学效果，提高教学质量，教师必须对自己将要开展的课堂教学进行充分的预设，特别是针对学习问题的预设尤为重要。

教师不仅要认真理解、分析和领会课程标准要求，而且还要明晰教材的知识体系，熟悉教材重、难点内容的编排方式，找准学科核心知识、主干知识，使得学习问题能够导向对学生生物探究能力的培养。只有预设好恰当、合理的学习问题，才能促进学生准确领会"探究性资料分析"的一般过程和方法。

因此，探究性资料分析教学的组织策略，其核心在于探究性学习问题的预设。本节以探究性资料分析的一般过程和方法为前提，分别从提问与假设、设计探究方案、验证与推理、探究结果或结论形成、激发学生认知冲突五个方面来探讨探究性资料分析教学中预设学习问题的有效途径。

一、从提问与假设的角度来预设

当学生面临各种让他们感到困惑的问题的时候，要引导他们对问题进行分析和比较，提取出具有探究意义和价值的问题，然后形成假设。

【例1】韭菜和韭黄是同一种植物，韭菜是露天生长的，它的叶片呈绿色；韭黄是在遮光条件下生长的，它的叶片呈黄色。大葱埋在土中的部分是白色的，而暴露在阳光下的部分是绿色的。有关的科学研究证实，黄白色的叶中没有叶绿素。读了这段文字，你有什么问题需要探究？

(1) 你提出的问题是_____？
(2) 你做出的假设是_____。

【例2】在一次"讨论当前环境状况与生物生存状况之间关系"的活动中，小明对同学们说："我爸爸说在他小时候，村边的小河里有许多鱼、虾，稻田中也有不少黄鳝和泥鳅，而现在河里和稻田中几乎没有鱼、虾了。"

(1) 根据小明所说的事实，请你提出一个值得探讨的问题_____？
(2) 根据上面的问题，请你做出假设。_____。

像这样，结合生活经验，要求学生运用所学基本知识，来预设探究性学习问题或做出假设，通常是考查学生提问与假设能力的重要途径。

二、从设计探究方案的角度来预设

如今已经进入互联网时代，资料或信息资源十分丰富，必须让学生学会收集资料的方法、途径，并对所获得的资料进行归纳、比较、统计分析，提取出正确的观点。

【例3】课前一周，布置学生对七年级上册"生物圈"一课中各内容的资料进行收集。课堂上，让学生根据各自收集的资料，以4人为一小组，对老师提出的有关生物圈的问题进行讨论，然后小组长把小组的意见和资料向全班进行展示，其他小组补充。要能够通过讨论和交流表明自己的观点，进一步澄清事实，解决问题。提问的时候，尽量照顾到各个小组都有发言的机会。这样，每一位同学的意见都能通过小组所选派代表的发言，参与到课堂上进行交流。师生共同总结收集资料的方法，并利用这堂课所学习的知识，解决如下问题："你养过花吗？怎样才能满足植物生活所需要的各种条件？给你一棵不认识的花苗，你将如何种植？"

【例4】吃过酸的水果或酸菜时，人的唾液腺会分泌唾液吗？请同学们以4人小组为单位收集相关资料，一周后将收集到的资料在班上表达交流。注意，你的交流内容包括：假设是什么？收集资料的计划、方法与途径是什么？收集到了哪些资料？怎样对这些资料进行分类？每类资料分别对应你的哪种假设？每类资料分别说明了什么问题？

收集资料的途径有许多，可以访谈，可以调查，也可以到网上搜索。网络上的资料太多了。例3、例4这两个实例说明，要引导学生提出有价值的问题，形成假设，然后要求学生带着问题到网络上去查找资料。要教会学生根据收集到的资料提取观点，找出主线，形成思路，尝试验证自己的假设是否正确，从而得到正确的结果与结论，能有说服力地去解决先前提出的问题。

三、从验证与推理的角度来预设

通过收集资料或证据来检验假设。运用生物学的原理和方法，甚至是数学物理化学等学科的相关知识，来对每一项所收集的事实或资料进行判断和推理，提取有用信息，形成观点；将各个观点整理后按照逻辑关系排序，来检验自己先前提出的假设是否正确，形成对所探究问题的合理解释。

【例5】在例4中，比如要探究反射的种类，可以通过一些日常生活中的例子引导学生思考这些反射是生来就有的还是通过生活经验的积累而形成的？进而归纳简单反射与复杂反射的主要区别。另外，用"吃过梅的人见到梅流口水"和"吃过梅的人谈起梅流口水"这两个例子，引导出在复杂的反射中，与语言、文字有关的反射是人类特有的。通过有意编排的相关内容的对比训练，使学生更深刻地理解它们之间的主要区别。

【例6】生活中会发生很有意思的事件。如果母猪A生下小猪崽后就病了，那它就不能喂养它的小猪崽了，以免把病传染给小猪。于是人们可以让另一头喂奶母猪B来喂养母猪A所生的小猪崽，前提条件是要先在那几只小猪崽身上涂抹喂奶母猪B的尿液。请据此简要分析说明：（1）在该事件中，小猪崽的嘴巴碰到母猪B的乳头，就立即产生吮吸现象，这是为什么？（2）人们把喂奶母猪B的尿液涂抹在那几只小猪崽身上的目的是什么？（3）用生物学原理来解释，在小猪崽身上涂抹喂奶母猪B的尿液，能起到什么作用？（4）喂奶母猪B为什么能够去喂养母猪A生下的小猪崽？（5）喂奶母猪B的这种行为是由什么因素决定的？（6）随着时间流逝，小猪崽们的生活习惯也会逐渐跟母猪B接近，这是为什么？

例5是运用生物学知识验证假设的典型例子。例6是运用推理的方法推导出小猪崽们的生活习惯逐渐跟母猪B接近的原因和道理。所以，从验证与推理的角度来预设学习问题，使得学生的学习能力朝着教师先前预设的教学目标一步步靠近，最终实现原先设定的教学目标。

四、从探究结果或结论的角度来预设

这里所说的探究结果或结论,有两层意思。一是科学上有结论的发现,二是指学生自己在实践中的发现。这种带有故事情节的情景或感情意愿的结果和结论,最能吸引学生注意力,也最能激发他们的探究意愿。

【例7】科学家在某处发现了一些动物的化石,其中有三种动物的头部化石保存比较完整。科学家经过研究认为这三种动物的食性各不相同,有食虫的、有食肉的,还有食草的,请仔细观察对比下列三幅图片并分析回答相关问题:

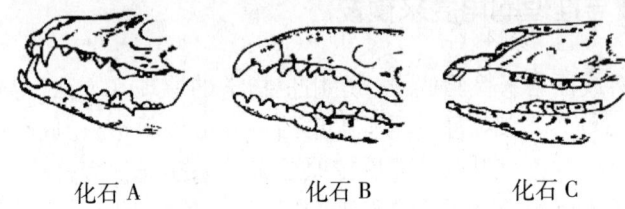

   化石 A   化石 B   化石 C

(1) 形成化石 A 的动物的食性怎样?判断的依据是什么?
(2) 形成化石 B 的动物的食性怎样?判断的依据是什么?
(3) 形成化石 C 的动物的食性怎样?判断的依据是什么?

【例8】蔼欣同学发现市桥河的水渐渐失去了澄澈之美,有时还闻到阵阵臭烘烘的味道,水中的植物也不见了影踪。这是为什么呢?她经过询问老师、上网搜索、查阅相关资料后得知,人们排放的生活污水可以影响和改变植物生存的环境,甚至导致植物死亡。

【例9】下面是小明同学设计的"唾液对淀粉的消化作用"有关实验和相关实验记录。

试管号码	1	2	3	4
加入物质	馒头碎屑、清水	馒头碎屑、唾液	馒头碎屑、唾液	馒头碎屑、唾液
温度	37℃	37℃	100℃	0℃
时间	10分钟	10分钟	10分钟	10分钟
实验现象		不变蓝	变蓝	变蓝

(1) 若以1、2号为一组实验,这组实验的对照组是____,这组实验的结果是什么?_____。

（2）若以2、3、4号为一组实验，实验中的变量是____，该组实验得出的结论是什么？_____。

例7是从科学性发现入手来预设探究性学习问题；例8、例9是从学生自己的探究结果或结论的角度来预设探究性学习问题的。虽然例9是探究性实验的实例，但同时把它看作探究性资料分析的内容，依然是恰当的。因为探究性实验和探究性资料分析的教学方法和过程，在许多时候基本是相似或相近的。况且，把这个探究性实验的设计表当成一种资料分析也是妥当的。

五、从激发学生认知冲突的角度来预设

认知冲突就是当个体意识到个人认知结构与环境或是个人认知结构内部不同成分之间的不一致所形成的状态。在教学过程中，教师应善于制造认知冲突，提出富有探究性的学习问题，引起学生的思考，从而达到逐步培养学生的学习兴趣，实现课堂教学优化的目的。认知冲突的设置离不开教师对教材的精致解读，离不开教师的精心预设，离不开教师对学情的精确分析，离不开教师的教学智慧。

【例10】（A）盛夏的一天，几位同学正在一个大鱼池旁欣赏金鱼。突然，李刚用手指着水中浮动的小白点说："这是什么？它为什么在动？"经过思考，李刚首先提出了一个探究性问题。

（B）王强觉得这个问题值得研究。他认真地思考着生物与非生物的区别，他拉着李刚的手肯定地说："我觉得这不是一般的粉末，而是动物。"为了证明他的猜想，王强决定和李刚一起探究。

（C）经过讨论和修改，他们各自写出了探究活动计划。

（D）于是，王强用滴管吸取一滴池水，做成玻片标本，用显微镜认真观察，肉眼所见的这些"小白点"在显微镜下都有相似的结构，都能进行规律性的运动。王强又用滴管在盖玻片一侧小心地滴加了一滴食盐水，发现"小白点"都游向了另一侧……

王强和李刚还做了一个对照实验：向1、2号试管中各加入10毫升池水，1号试管口用一层塑料薄膜密封，2号试管口用一层纱布做同样处理，放在水池旁边适宜的相同环境下。3小时后发现，1号试管中的小白点全部不能动了，而2号试管中的小白点却照样可以运动。

（E）他们对照生物课本草履虫的结构图，最后判断浮动的小白点原来是一种单细胞动物——草履虫。

（F）后来，他们还发现，如果投入的食物过多，几天后，水池中的小白点就变多了。

根据上面的叙述，请你回答以下问题：

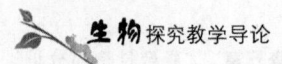

(1) 李刚在步骤（A）提出的探究性问题是_____？
(2) 以上叙述哪个步骤是假设？（　　　）（填字母）
(3) 以上叙述哪个步骤是实施计划？（　　　）（填字母）
(4) 王强和李刚的探究结论是什么？_____。

例10中，中小学生一般会认为，漂浮在水面上的小白点就是粉末或花粉。但李刚见到的小白点是可以运动的，这与孩子们以前的认知发生了冲突；王强根据观察到的事实与产生的疑问，做出了一个假设：小白点不是粉末而是动物；于是他们产生了强烈的探究意愿：设计探究方案并开始着手验证自己的假设。可见，在教学中恰当地设置认知冲突，能激发学生的探究欲望，帮助学生充分经历探究过程，发展学生解决问题的能力。巧妙设置认知冲突的课堂，必定充盈着生命的活力，洋溢着师生灵动的智慧，成为促进师生共同发展的快乐殿堂。

上面的事实说明，探究性资料分析教学中对学习问题的预设的要求不是降低了而是提高了。教师不但要预设学生的"已知"问题，还应该注重预设学生的"未知"问题。因此，教师应尽可能多地了解学生，预测学生自主学习的方式和解决问题的策略。这就要求预设能真正关注全体学生的全面发展，为每个学生提供主动积极参与活动的机会，让不同层面的学生得到不同程度的发展。

当然，课堂教学是千变万化的，再好的预设也不可能预见课堂上可能出现的所有情况。面对课堂上的提问，孩子们从各自的视角出发，总有着一份属于自己的发现。当学生的回答偏离了教师的预设，就需要教师根据实际情况灵活选择、整合乃至放弃原有的预设，随之生成新的教学方案，使静态的预设方案变成动态的、富有灵活性的实施方案。

第三节　探究性资料分析课堂

收集和分析资料是科学探究常用的方法之一。收集资料的途径有多种，可以去图书馆查资料、可以上网搜索。资料的形式包括文字、图片、数据以及音像资料等，对获得的资料要进行整理和分析，从中找出问题的答案，或者发现探究的线索。在教学过程中，教师必须有计划、有目的地开设探究性资料分析课。

一、利用教材开展资料分析

教材中的每个资料分析，都是针对某个或其中少数几个环节分步开展资料分析的训练，属于不完全探究。书本中提供的该项内容有限，教师要根据教学的需要，适当取舍和补充，积极实施，保证学生能够掌握探究性资料分析的一般方法和过程，这在七年级生物学教学中尤其重要。经过一个学期或一个学年的教学，学生对资料分析的六个环节都熟练掌握了，教师就可以组织实施完全探究活动。

示例 5.3.1

人教版八年级上册"两栖动物的生殖和发育"教学案例

"两栖动物的生殖和发育"教学过程

教学内容	教师活动	学生活动
导入	提问：听到的是什么动物的声音？（青蛙的鸣叫声）	引起兴趣并急于回答。
新授 1. 青蛙的生殖	1. 陈述：今天老师给大家带来了一段一种动物的生活录像，是关于两栖动物的。下面就请同学们认真地观看，记住要仔细地看，看完了还要回答问题哦。教师投影所提出的问题： （1）在录像中大家看到了哪种动物？ （2）录像中这些动物的生活环境有什么特点？ （3）它为什么被称作两栖动物？ 教师播放录像。	1. 学生认真观看教学录像，并思考录像中所播放的内容。 2. 学生认真思考并回答问题。 3. 学生争先恐后地回答问题。
	2. 教师鼓励学生发现问题并提出问题。 陈述：老师刚才提出的问题，同学们回答得都很好。那么你们在观看录像的时候还发现了什么问题，而老师又没有提出来，你们可以提出来与大家一起探讨。 这个问题提得很好，说明大家观察得都很仔细。答案老师先不告诉你们，因为学习了今天的内容以后，我相信你们自己会找到答案的。下面我们就来学习第三节两栖动物的生殖和发育。	学生回忆、思考，然后提出问题："录像中青蛙产出的卵都在水中，而青蛙也能在陆地上生活，那为什么青蛙不在陆地上产卵呢？" 此问题如果学生没有发现和提出，教师可以有目的地引导学生关注青蛙的产卵问题，从而发现这个问题并提出来。
	3. 陈述：大家都听过这样一句诗吧："稻花香里说丰年，听取蛙声一片"，诗中描述的是，有蛙的叫声，农民就有播种的希望，有蛙声就有收获的喜悦和欢乐！蛙的叫声原来是如此的美好，那我们现在就来学习有关青蛙的知识。	3. 听教师的陈述，并对教师的描述产生兴趣。急于想学习后面的知识。

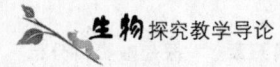

续上表

教学内容	教师活动	学生活动
新授 1. 青蛙的生殖	4. 要求学生根据青蛙的生活图片描述青蛙的外部形态特征。 陈述：青蛙呱呱的叫声，草绿色的皮肤，轻盈的跳跃，都是我们所熟悉的，而青蛙的生殖发育过程对我们来说却很陌生。大家想不想知道青蛙是怎样产出小蝌蚪的，而小蝌蚪又是怎样变成青蛙的呢？下面我们就来学习青蛙的生殖和发育。	4. 描述：青蛙会"呱、呱、呱"地叫。青蛙既会跳跃又会游泳，蛙泳就是模仿青蛙游泳的姿势而得名的。青蛙的皮肤是绿色的，而且还黏黏的、滑滑的。 青蛙还会生小蝌蚪。 回答：想知道。
	5. 陈述：下面我们先来看一段青蛙生殖和发育过程的录像。请同学们仔细观看并思考。 6. 陈述：录像中显示青蛙到了繁殖的季节，雄蛙不停地鸣叫从而引来了雌蛙，然后雄蛙会与雌蛙紧紧地抱在一起，这叫作抱对。接着就会发生生殖作用。 投影提问：（1）在录像中的雌蛙和雄蛙分别排出了什么？又排在了什么地方？ （2）卵细胞与精子在水中发生了什么变化？ （3）卵细胞与精子结合形成了受精卵，它已经是一个新个体了，意味着生殖作用的完成，那么青蛙是以何种方式生殖的呢？为什么？ （4）青蛙在生殖过程中进行体外受精。请同学思考为什么是体外受精呢？ 教师播放教学录像。	5. 学生认真观看青蛙的生殖和发育过程的录像。 6. 回忆录像内容，对教师所提的问题简单书写出答案，小组内交流答案。 各小组派代表回答： （1）雌蛙向水中排出了卵细胞，雄蛙向水中排出了精子。 （2）卵细胞与精子在水中结合形成了受精卵。 （3）青蛙是有性生殖，因为雌雄蛙有抱对现象，卵细胞与精子结合形成了受精卵。 （4）因为雄蛙将精子排在水中而不是排在雌蛙体内，雌蛙也将卵细胞排在水中，精卵的结合在水中进行而不是在雌蛙体内进行，所以是体外受精。
	7. 有关青蛙生殖的文字小结。	7. 学生适当笔记记录。
新授 2. 青蛙的发育	1. 陈述：受精卵在水中形成后紧接着就是发育的过程了。 展示青蛙的生殖和发育图。 提问：想想有没有感到困惑不解的地方？	1. 回答： 学生提问并解决问题。
	2. 想一想这种发育过程被称作什么呢？ 3. 有关青蛙发育的文字小结。	2. 这种发育叫作变态发育。 3. 同学适当笔记记录。

续上表

教学内容	教师活动	学生活动
新授 3. 两栖动物的生殖发育与环境	1. 陈述：随着科技的发展，工业的前进，人类生存的环境也面临着许多的问题。如全球气温升高、南极冰川的融化、臭氧层空洞、大气污染等。这些问题也影响了我们人类的生存，如臭氧层空洞使人类的皮肤病发生率上升，大气污染使人类的呼吸道疾病增长，淡水的缺乏迫使一些缺水地区的人们搬迁，等等。 　环境的变化对我们人类造成了如此大的影响，那么环境的变迁对两栖动物的生殖发育有没有影响呢？ 　教师在陈述问题的过程中放映一些相关的环境问题图片。 　请同学们阅读教材第 14 页的资料进行分析总结。附加资料 4，是关于两栖动物部分种类已灭绝和部分濒临灭绝的资料。	1. 学生观看图片的同时认真听教师的陈述并思考。 　学生阅读教材上的资料并总结： 　资料 1 说明了水源影响了青蛙的生殖发育。 　资料 2 说明了气候、水域和食物的变化影响了两栖动物的生存。 　资料 3 说明水中的物质变化会引起青蛙的变异。 　资料 4 说明两栖动物已灭绝和面临灭绝的数量不少，我们该保护它们，特别是要保护它们的生存环境。
	2. 提问：两栖动物的生殖和发育在水中进行，幼体要经过变态才能在陆地生活，这是导致两栖动物分布范围小、种类少的重要原因吗？还有其他原因吗？	2. 回答：是一方面原因。同时还有许多的原因会导致两栖动物分布范围小、种类少，例如全球气候的变化，水资源的缺乏与污染，植被状况的变迁，等等。
	3. 提问：环境的变化影响着整个生物圈，我们如何才能在这个生物圈内更好地生存呢？	3. 回答：我们必须从自身做起，爱护环境，保护动植物的生存环境，保护生物的多样性。
新授 4. 保护青蛙爱护环境	1. 提问：我们的周边（如南沙地区）近几年来青蛙的数量如何？导致青蛙数量变化的主要原因是什么？	1. 青蛙数量少了许多。环境的污染和人为的乱捕抓等等。（同学课前已调查）
	2. 提问：（1）同学们，你们觉得青蛙对我们人类有益吗？我们称它为"庄稼卫士"好吗？ 　（2）请问你们吃过青蛙肉吗？现在你们觉得吃青蛙对吗？ 　（3）那以后你们会怎么做呢？ 　（4）你们不去吃青蛙肉了，很好，但是还有很多的人在捕食青蛙，怎么办？	2. 回答问题。 　我们要告诉身边的人，青蛙是我们的朋友，我们要尽力劝阻他们捕食青蛙。

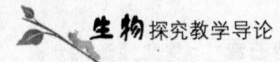

续上表

教学内容	教师活动	学生活动
新授 4. 保护青蛙，爱护环境	小结：同学们说得很好，我们不但要从自身做起去保护环境，也要教育我们身边的人一起来爱护环境，爱护我们共同的家园。	
本课总结	这节课我们主要学习了青蛙的生殖和发育，以及环境变迁对青蛙生殖发育的影响。重点掌握青蛙生殖过程中的体外受精和变态发育过程，并且要意识到保护环境，保护动物就是保护我们人类自己。	
	巩固练习（略）	

（广州市南沙区南沙中学　梁艳彩）

【点评】　本节课通过图片或录像片段来展示青蛙生殖和发育的过程。通过观察和开展问题讨论，使学生了解两栖动物的生活环境，明确了两栖动物的概念，增加了学生的学习兴趣。通过观察、分析青蛙的生殖方式，提高了学生联系生活、开拓思维的能力。

有关两栖动物的生殖与环境的关系，可引导学生通过资料分析或调查活动等来获得结论。学生分析的信息资料除了教材提供的之外，教师还可以多提供一些。也可以鼓励学生通过查阅报纸、杂志，或网上查询来收集资料，探讨两栖动物在发展史上的兴衰过程，了解两栖动物的兴衰与生活环境变迁之间的关系。也可以让学生调查身边的两栖动物，如蛙种群数量的变化，以及导致这一变化的原因，从而培养学生保护环境、关注环境变化的意识。

二、利用互联网开展资料分析

对于刚接触生物学的初一学生而言，激发他们学习生物学的兴趣相当重要。他们对于初中的学习方法和技能的掌握仍处于很稚嫩的阶段，因而要求教师把各种能力和学习方法的教学安排在教学设计中，让学生学会学习。利用初一学生好动热情，求知欲强，对新知识兴趣浓厚的特点，在《我们共同的家园——生物圈》课堂教学过程中应该多安排动手、表演、讨论、演说等形式的活动，让学生自主地参与到学习中去。既正确地认识生物学的有关知识，又从中得到"收集和分析资料"的技能训练。

要引导学生提出有价值的问题，形成假设，然后带着问题到网络上去查找资料。要教会学生根据收集到的资料提取观点，找出主线，形成思路，验证自己的假设是否正确，从而得到结论，能有说服力地去解决之前提出的问题。

示例 5.3.2

人教版七年级上册"生物圈"资料分析教学案例

一、教学策略

本课使用的教材是人教版《生物学》七年级上册课本，教学内容是第一单元第二章第一节"生物圈"。本章介绍生物圈是所有生物共同的家，所以对生物圈的初步介绍是必不可少的。收集和分析资料探究方法的学习，是本章重点，收集和分析资料是科学探究中常用的方法之一。学生开展科学探究活动，需要对图片、文字和数据资料进行分析、处理。

（一）教学方法的选择和教学情境的设计

课前布置同学分组任选一种收集资料的方法：到图书馆去查阅报纸杂志、到网上搜索资料、到农民家进行访谈，对"生物圈"一课内容的资料进行收集。课堂上，让学生根据各自收集的资料，以 4 人为一小组，对老师提出的有关生物圈的问题进行讨论，然后小组长把小组的意见和资料向全班进行展示，其他小组补充。

提问的时候，尽量照顾到各个小组，使每一位同学的意见都能通过小组代表的发言，参与到课堂的交流。最后共同总结收集资料的方法。利用现有的上网条件，同学在课堂上展示上网收集资料的方法。最后利用这堂课所学习的知识，解决生活中遇到的实际问题。

（二）教学媒体的设计

随着科学技术的发展，多种电教媒体越来越广泛地运用于教学活动。本节课主要使用以下几种媒体：

1. 计算机课件的使用。可以提高教学效率，节约板书时间；展示丰富真实的图片，增强形象性。

2. 互联网的参与使用。让学生走上讲台，给其他同学演示上网查阅资料的方法，教给了学生正确的上网技能。

3. 实物投影。可以展示同学们自己收集的有关资料，如报纸杂志、相片、科普书、上网查找的打印资料等。

计算机、打印机、互联网都已经是学生生活的一部分，教会学生正确使用这些现代化的设备，也是教育工作者的职责所在。

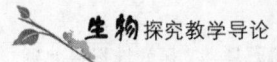

(三) 教学重难点的突破

对于"生物圈为生物生存提供基本条件"知识点，同学们可以通过对各种图片资料的分析而得到深刻的了解和认识，收集和分析资料是本章重难点。课前布置同学对相关生物圈的资料进行收集，是上好这一课、顺利完成教学任务的关键。可以给予适当的奖励，例如，收集得较好的给予加平时分，或是当作业加以评分。课堂上给予这方面的训练，有助于学生掌握资料分析法。

二、课堂教学过程设计

学习内容	教与学的活动过程		预期教学效果
	学生活动	教师活动	
生物圈的概念	观看老师准备的图片（火星与地球的表面照片）。发挥想象力，说出地球上的生物（森林里，海洋里，天空中，城市里……）共同总结生物圈的概念。	展示课件。引导学生总结出生物圈的概念。	通过对比，激发同学们对地球的热爱之情。培养学生的想象力和概括能力。
生物圈的范围	阅读有关生物圈的内容并展开讨论：(1)根据自己收集的资料总结出生物圈的范围？(2)生物圈可分为哪几个圈层？分层的依据是什么？各圈层有什么特点？(3)各圈层是否截然分开？说明理由。(8分钟) 总结出生物圈的范围。学生到讲台展示收集的各个圈层的资料，描述三个圈层的特点。共同完成练习。	组织学生讨论。与学生共同总结出有关生物圈的范围，三个圈层的特点。展示练习题。	通过讨论，培养学生的群体合作性和沟通能力。锻炼总结归纳能力。到讲台展示自己的资料，大大地调动了学生的主动性和积极性，使学生处于学习的主动地位，增强了口头的表达能力和动手表演的能力。
生物圈为生物生存提供基本条件	讨论书本P13的问题（10分钟），分组回答问题。描述访谈农民的经历，介绍有关作物生长情况。归纳总结生物圈为生物生存提供基本条件。	组织学生讨论。鼓励学生介绍访谈经历。与学生共同总结出：生物圈为生物生存提供基本条件。	通过讨论，培养学生的群体合作性和沟通能力。培养同学们对社会、农业、大自然的热爱之情。培养总结归纳能力。

续上表

学习内容	教与学的活动过程		预期教学效果
	学生活动	教师活动	
收集和分析资料	介绍自己查阅资料的方法（上网查资料的方法）（15分钟）。	介绍与组织。介绍怎样上网查找自己感兴趣的资料，整理资料，提出问题，说明观点。	让学生展示自己的计算机和上网技能，一来表现自我，增强自信心，二来引导学生把优越的学习条件正确用于学习上。
作业	讨论生物圈资源问题。思考总结，拓展知识层次。	组织讨论	增强同学的环保意识，加强对社会时事的关心。

（广东番禺中学　李楚明）

【点评】　课程标准的重要理念是让学生成为学习的主体，让他们自主积极地参与到教学中去。本节课在这一理念的指导下，选择恰当的教学情景和教学方法。由于学生生活在比较富裕的番禺市桥城区，计算机、打印机、平板电脑、互联网等现代化设备都已经是学生生活的一部分。本课安排了有条件的学生利用互联网查阅这些资料，旨在教会学生正确地利用这些现代化教学资源，成为学生学习的好助手。

现今的初中生物学教学，已不仅仅局限于教材的要求。教师应根据学生的实际学习要求，自主地选择教学资源，不拘泥于教材的教学内容安排，搞好校本教材及教学资源的利用和开发。利用自学、讨论、分析、总结等多种形式，贯穿于教学的各环节中，让学生自主学习课本的内容和参与某些实用技能。本课以资料的收集和分析这一常用的探究方法作为学习的主线，把各知识点归集到这条主线上。

三、体验和感悟资料分析课堂

课堂是由教科书和其他教学材料、教师与学生、教学情景、教学环境等构成的一种课程生态系统。这里的课程已经不仅仅是"文本课程"，而是"体验课程"，能被师生实实在在地体验到、感受到、领悟到。这意味着在特定的教育环境中，每一位师生对给定的教学内容都有自身的解读，使给定的教学内容转化为"自己的课程"，把教学过程转变为学生与教师共同参与的课程开发过程。

示例5.3.3

人教版七年级下册"神经调节的基本方式(第一课时)"课堂教学实录

一、由生活经验导入新课

师:展示图片"电脑打字图",然后提问"用电脑打字时,身体的各个部位为什么能够协调一致?"

生:通过神经系统来调节。

师:对。无论是简单还是复杂的活动,我们都要通过神经系统来调节。那么,神经系统调节的基本方式是什么呢?今天,我们就来学习这个内容。

出示课题:神经调节的基本方式——反射

【用电脑打字,是生活中熟悉的活动,是一种直接的经验,容易引起学生的共鸣。这种导入方法不仅能唤起学生对已有知识的回忆,而且能启发他们积极参与问题的发现与思考。】

二、教授新课

1. 反射的概念

师:什么是反射呢?我先来举两个例子。(用图片和动画演示婴儿排尿和眨眼的动作)【图文并茂不仅趣味性强,能形象生动地展示生物的各种生命活动,而且还提高了教学效率,使枯燥的知识生动化、抽象的知识形象化,它是诱发学生学习兴趣,提高教学效率的必不可少的条件。】

下面,我们来做两个反射活动,我要请一位同学出来帮忙,谁愿意?

生:纷纷举手。

师:找一位同学到前面来,用布蒙住他的眼睛,并要求他双手向前伸直,教师拿出牙签扎他的手。

参加活动的学生:大叫一声,并把手缩回去。

其他同学:大笑。

师:谢谢这位同学的参与。刚才我用牙签扎他的手的时候,他的手有什么反应?

生:缩回去。

师:这也是一种反射活动,叫缩手反射。

师:(拿出解剖针)现在,再请一位同学做同样的实验,但改用解剖针,谁愿意参加?

生:摇头。

师:为什么不愿意?

生：怕痛。

师：你们看到解剖针就害怕了，不愿意出来，这也是一种反射活动。下面，我们一起来做一个膝跳反射。

师：边演示课件"膝跳反射"，边讲解注意事项。

生：两人一组做实验。

【传统的课堂教学，学生主要是"听中学"和"看中学"——学生听老师讲解，学生看老师提供的教具、图片或录像，在听或看的过程中思考记忆。课程改革提倡"做中学"。让学生在活动中，在操作实验或深入实际生活的过程中学习，让学生从自己的直接经验中学习。这种学习方式提高了学生发现、获取新信息和提出新问题的能力。】

师：（实验后，提问）你是经过思考以后，小腿才跳起的吗？

生：不是。小腿跳起后，我才发现的。

师：你认为膝跳反射要有大脑的参与吗？

生：我认为没有。

师：好，请坐。反射不一定要有大脑的参与，它到底是一项什么样的活动呢？下面，我们一起来分析刚才的几项反射活动，你能找出它们的共同点吗？请大家4人一组进行讨论。

（屏幕显示讨论题：你能概括出反射是通过人体的什么系统、什么原因引起的，具有什么特点的反应吗？）

生：分组讨论。

【"聊中学"（即讨论中学习，又说又听又想）培养学生的多种能力。】

师：巡回指导。

2分钟后，得出讨论结果。

生1：刚才这些反射都是通过人体的神经系统来调节的。

生2：都是受到刺激而引起的。

生3：这些反应都是有规律的。

师：归纳讨论结果。那什么叫反射呢？

一、反射的概念

　　人体通过_____，对外界或内部的各种_____所发生的_____的反应，就叫作反射。

　　屏幕显示：

生：人体通过神经系统，对外界或内部的各种刺激所发生的有规律的反应，就叫作反射。

师：下面，我们一起做一道练习题。
（屏幕显示练习）

> 练习：
> 1. 下列属于反射活动的是（　　）。
>   A. 草履虫游向食物　　　　　B. 植物的根向水生长
>   C. 鱼游向食物　　　　　　　D. 白细胞吞噬病菌

生：思考后得出正确答案C。
师：你是怎样分析的？
生：因为草履虫、植物和白细胞都没有神经系统，所以它们的活动都不是反射活动。而鱼是因为它看到食物后通过神经系统做出游向食物的反应，所以这属于反射活动。

【把探究式课堂教学理解成"只重过程，不重结果"的观点是极端错误的。真正的科学探究既重过程也重结果。在教学活动中，及时准确地掌握学生学习情况的反馈，是产生良好教学效果不可缺少的一个重要环节，也是会教、会学的重要前提。】

师：分析得很好。人和动物都有很多反射活动，你们能举出一些实例吗？
生：举例。

【关于反射的概念这部分内容，是通过分析"排尿反射""眨眼反射""缩手反射"和"看到解剖针就害怕"以及分组完成膝跳反射的实验，由学生总结出来的。这样探究是符合学生的认知规律的。课程标准要求我们关心学生的不同个性特点，要用多种方法来强化学习效果。考虑到学生学习方式的差异，所以"反射的概念"的教学中设计了不同的学习方式、活动方式，这样可以使学生能选择学习方式。学生是通过观察、思考、亲身体验，得出结论，找出规律，从而完成学习任务。】

2. 反射的种类

师：有些反射是生来就有的，而有些是通过生活经验的积累而形成的。思考以下的例子属于哪一类。
（动画演示：①一群女孩在跳舞；②抓脚心大笑；③新生儿第一次接触奶嘴就有吮吸动作；④一朝被蛇咬，十年怕井绳；⑤动物表演。）
生：依次说出答案。
师：下面，我们再做一道练习题。
（屏幕显示练习）

2. 对以下的反射活动进行分类：
A. 缩手反射　　B. 看到解剖针就害怕　　C. 听到上课铃声回到课室
D. 眨眼反射　　E. 排尿反射　　F. 听口令做操　　G. 咳嗽反射　　H. 膝跳反射
(1) 生来就有的反射有_____。
(2) 通过生活经验积累而形成的反射有_____。

生：思考并找出正确答案。
师：所以，我们把反射分成两类：简单的反射和复杂的反射。

二、反射的类型
{ 简单的反射：生来就有的。
  复杂的反射：通过经验的累积而形成的。

师：你认为哪种反射是受大脑控制的呢？
生：复杂的反射是受大脑控制的。
师：对。这是两种反射的根本区别。下面，请同学们思考以下的例子属于哪种反射类型。
（依次打出三幅图片：①吃梅时分泌唾液；②吃过梅的人，看到梅就分泌唾液；③吃过梅的人谈起梅也分泌唾液。）
生：依次说出答案。
师：刚才三个例子中，有两个都是复杂的反射，到底引起这两种反射的刺激有什么不同呢？
（屏幕显示：看梅分泌唾液和谈梅分泌唾液的对比图。）
生1：看梅分泌唾液是由于受到了视觉的刺激。
生2：（在老师的引导下才答出）谈梅分泌唾液是由于受到了语言刺激。
师：与语言、文字有关的反射是人类特有的。下面这个小故事就是一个典型的例子。
（屏幕显示望梅止渴插图和文字说明。）
生：看屏幕显示的故事。

【关于反射的种类，是通过一些日常生活中的例子引导学生思考这些反射是生来就有的还是通过生活经验的积累而形成的，进而归纳出简单反射与复杂反射的主要区别。另外，用"吃过梅的人见到梅流口水"和"吃过梅的人谈起梅流口水"这两个例子，引导出在复杂的反射中，与语言、文字有关的反射是人类特有的。通过有意编排的相关内容的对比训练，使学生更深刻地理解简单反射与复杂反射之间的主

要区别。】

3. 探究实验：测定反应速度

师：现在，我们一起做个复杂的反射。

生：在科代表的带领下，一起做相反动作（全体起立开始，做错的自觉坐下，最后产生胜利者。每次一分钟，重复两遍。）

【这个活动让学生有点出其不意，但这是围绕学习科学概念进行的。把游戏与学习内容交融在一起，使课堂变得愉快，学习更轻松，课堂教学变得更加开放，教学内容更贴近生活，教材与学生的距离拉得更近了。】

师："做相反动作"这个活动是比赛谁的反应速度快，我们班谁的反应速度快呢？接下来，我们一起来测定反应速度。对于这个课题，你能提出什么问题呢？注意：提出的问题要与"反应速度"有关。

生：纷纷提出问题。

生1：人的反应速度与注意力集中有关吗？

生2：喝酒前后反应速度一样吗？

生3：受刺激的强度与反应速度有关吗？

生4：不同的人反应速度一样吗？

生5：反应速度与情绪有关吗？

……

师：四人一组，选一个课题进行探究。

生：小组讨论，开始探究活动。

师：（马上就要下课了）请大家利用课余时间考虑：怎样才能完成这个探究实验？下节课我们一起来交流。

【①学生提出了许多问题，可见学生的好奇心很强。由于问题是学生自己提出的，所以很有兴趣找出问题的答案。学生在解决问题的过程当中，尽可能对问题进行假设、推理、分析，再通过观察、实验来收集事例，从而找到答案。学生由过去被动地接受知识变为主动地通过实验发现规律。从教学过程来说，教学改革体现了对学生素质的整体培养。通过引导学生对课题的探究，培养了学生分析问题、解决问题的能力。由于学生主动积极地参与，所以他们的主体性得到了最大程度的发挥。学生在小组活动中相互合作、相互学习，不但培养了他们的合作精神，也培养了良好的个性品质，使他们获得了健康的交往经验以及学习技能。学生学习生物学的兴趣也得到了比较充分的激发。

②学生不可能在短短几分钟就把这个探究实验完成。这样处理使他们有充足的时间去探究。从而打破了课堂教学的封闭性，拓展了教学的时空。

③回想以往的教学方式，总是围绕着概念来进行，或一定要进行一个颇为残忍

的脊蛙实验来演示。教师掌握着"话语霸权",学生只是被当作一个个容器,等着教师往里面灌东西。课程标准则要求我们要善于倾听学生的发言,特别是学生所提出的问题。

④在教学上课程标准比传统意义上的课程更突出了"学"字。课堂上坚持以学生为中心,培养学生学习兴趣为目的。因为产生了兴趣,学习就会事半功倍。教师在传授知识过程中首先考虑的问题是,学生在怎样的状态下能积极准确、高效持久地接受知识,教师如何做好一名促进者。以往的教学经验表明,只有学生思想高度集中,才能收到理想的教学效果。过去是教师通过强调课堂纪律,强迫学生集中注意力。现在是通过活动和探究,使学生产生兴趣。对学生而言,前者有很大的被动性,而后者完全是主动性。教师与学生是一个学习的共同体,这是一种观念,更需要行动!

(广州市番禺区石碁第三中学 李焕弟)

【点评】 为了激发学生学习生物学的兴趣,利用初一学生好动热情、求知欲强,对新知识兴趣浓厚的特点,在教学过程中多安排实验、讨论等活动形式,让学生自主地参与到学习中去。本节从学生常见的或亲身体验过的生活现象入手并引导学生积极参与,这既紧扣人与环境相互关系的主题,又容易引起学生的共鸣,符合学生的认知规律。此外,图文并茂更是培养初中学生学习能力的好形式,适当安排一系列图片、动画演示,动态和静态结合,更能吸引学生学习注意力。

教材往往是以文本的形式呈现给学生的,所以这种文本形式的正文经常可以当成资料分析的资源。本节内容虽然介绍了几个实验,学生要知道操作的程序,首先要组织学生开展阅读,了解操作的过程是什么,每一步都要阅读、归纳关键的操作要领,这显然是一种资料分析与加工的过程。根据需要,这种文本常常是训练学生开展资料分析的好时机。教师对教材资源理解不错,把握也比较到位,教程的设计也比较合理,无疑是符合课程标准要求的。

探究性学习方式是指学生在学习中自主探求问题的一种学习方式,是一种积极的学习过程。本节的探究性学习,不但要求学生开展测定反应速度的活动,而是更加注重培养学生提出问题的能力,引导学生根据书本资料的提示,尝试设计实验方案,并由此增强学生探究活动的自主性。在整个教学过程中,教师是学生学习的合作者、引导者和参与者。教学过程是师生交流、共同发展的互动过程。

第六章

 探究性教学评价

教学评价是依据教学目标对教学过程及其结果进行价值判断并为教学决策服务的活动。我国传统的教学只重视学生学习成绩的测验，分数面前人人平等，以分数高低论英雄。课程改革强调建立学习结果与学习过程并重的评价机制，在评价学生学习成绩的同时更加关注学生的学习过程，如学生学习方法的习得、学习能力的培养等。这就要求教师转变传统的过分关注学生纸笔测试成绩的评价观，在进行学习评价时不但要注重学生的学习结果，还要注重学习过程以及在实践活动中所表现出来的情感、态度和价值观。在评价过程中要关注学生在学习活动中的行为表现与反应，并给予恰当的、及时的鼓励性或指导性评价，倡导并尝试使用一些新的评价方法和评价技术。

第一节　发展性教学评价

从理论上讲，教学评价的目的，总是希望学生能够认识自己的优势，释放学生的发展潜能，促进学生的发展，使得评价者和被评价者加深对教学评价的认识。通过评价，促进双方合作共赢。课程标准提倡不仅要关注学生的现实表现，更为重要的是一定要重视全体学生的未来发展，重视每个学生在本人已有水平上的发展。为此，教学评价就要从评价"过去"和"现在"，转向评价"将来"和"发展"的理念。因此，教师在教学评价中的地位和作用，已经发生了根本性的改变。作为教师，必须跟上教学评价的发展潮流，把握教学评价的发展规律，掌握教学评价的一般技术、原理，能够根据教学评价的不同目的，设计各种评价方案，综合使用各种评价方法和手段，对教学过程及其结果进行科学的、有效的评价。

一、教学中的评价、测验和测量

评价是在获取关于学生表现的信息时所使用的各种方法的总称。它包括传统的纸笔测验、开放性问题（如论述题）以及对真实性任务的操作（如到实验室实验）。评价所要回答的问题是："个人的表现如何？"

测验是在相同的条件下，通过施测同一套问题来测量一个行为样本的工具或系统的方法。测验是评价的一种特定形式。测验也回答"在与其他人比较时，个人的表现如何"这一问题。

测量是对个体具有某一特征的程度进行量化描述的方法。测量所回答的是"程度"问题。

评价、测验和测量这三个术语很容易被混淆，因为它们可能被包含在同一个过程中。评价是一个更为一般化的术语，它包括获取与学生学业有关信息的所有方法（观察、行为表现或项目评价、纸笔测验等），也包括学生学业进步的价值判断过程；测验是评价的一种特定的形式，通常是由一组要求在固定时间内完成的题目组成，并在相同的条件下对所有学生施测；测量是指依据特定的规则对测验或其他评价方式的结果进行量化的方法和过程。

与测量或测验相比，评价是一个更全面的、涵盖面更广的术语。测量限于对学生的定量描述，即测量结果总是用数字来体现。它既不包括定性的描述，也不含有对所得结果的价值判断。而评价则不同，它可以包括对学生的定量描述（测量）和定性描述（非测量）两个方面。评价不一定要依据测量的结果。当以测量为基础时，它已超越了单纯的定量描述的范围。

二、发展性教学评价的基本内涵

在评价的方法论上，一直存在着两类不同的体系，即"实证评价体系"和"人文评价体系"。与此相对应，也存在着两种不同的运作模式，分别是指标—量化模式和观察—理解模式。两种体系和模式各有其优势，也各有局限性。我国早期的教育评价，在很长的历史时期里，对教学的评价方法都是更多地注重对被评价者的整体概念和印象，缺乏对评价要素的细致分析。古代的教育评价注重对被评价者进行文章（如八股文）与人品（回答一定的问题，类似于个人访谈）的考察。到了20世纪后叶，引入了现代教育评价方法后，以评价指标的方式对学生或学生群体进行较为精确的测量，采用的方法就是考试或统考卷（使用比较规范的试题来进行测验），其实就是通过阶段性的区域性测验的方法，将不同学科之间的分数按照一定比例累加起来（有的地区甚至施行规范的标准分），对测验的数据或事实进行量化或二次量化处理。在教育测量上，"指标＋权重"的定量评价方式逐步成为中小学教学评价的主要操作模式。

然而，有的学校或地区把定量评价发展到不恰当的程度，或者机械地运用于一切评价场合，这样就走入了歧途。由于它过多地强调选拔和划分等级的功能，造成一部分学生，特别是学习困难的学生无法认识自己的潜能，容易丧失自我发展的动力。事实上，人的素质的某些要素是很难进行量化处理的，不可能也不应该采用整齐划一的评价指标体系来对待千变万化的被评价对象，也不能完全依靠定量评价手段，去处理创新个性或创新人格等非智力因素的价值判断问题。

发展性教学评价承认学生在发展过程中存在个性差异，也存在不同的发展水平。它提倡更重视学生的学习态度的转变、学习过程的体验、方法和技能的掌握，重视学生动手实践和解决问题的能力培养，学生个体之间的情感交流与合作；它提倡不仅要关注学生的现实表现，更要重视全体学生的未来发展，重视每个学生在本人已有水平上的发展。

开展发展性教学评价需要汲取指标—量化模式和观察—理解模式这两类方法论体系的优点，使之相互配合，互相借鉴，分别应用于不同的评价指标和评价范畴。比较科学的评价方法是：可以量化的部分，使用"指标＋权重"的方式进行；不能量化的部分，使用描述性评价、实作评价（使用多种评价形式考核学生在真实情景下的能力表现）、档案袋评价、课堂激励评价等多种方式，以动态的评价替代静态的一次性评价，视"正式评价"和"非正式评价"为同等重要，把期末终结性的测验成绩与日常激励性的描述性评价紧密地结合在一起。

三、可测量的发展性课堂教学评价技术

发展性课堂教学评价是与课堂教学过程并行的，并渗透于每一教学环节之中，它非常重视对教学过程的评价与调控，达到促进发展与改进教学的目的。发展性课堂教学评价多采用定量描述为主。定量描述是发展性课堂教学评价经常采用的测量方法。

1. 客观性测验与表现性评价

客观性测验在课堂教学评价活动中较为常见。它主要包括选择题、简答题、判断题、匹配题、解释性练习等，以具体的分数有效地测量事实性知识，可操作性很强。教师们非常熟悉，也十分乐于使用。但是，也不能过于夸大其教学评价功效，导致片面追求升学率。

表现性评价提供了一种评价学生多种表现的手段，包括论述题，口头交流，构建模型、表格、图表或者地图、工具和仪器（打字机、计算机、科学仪器或音乐器械）的使用等。表现性评价很少有单一正确的或最佳的答案，常以等级形式来评价学生行为表现的过程和结果。

表6.1.1将客观性测验与表现性评价的优点进行了比较。客观性测验与表现性评价都能提供有价值的关于学生成就的证据，但也都有自己的长处和不足。因为在备考时，学生必须留心客观性测验要考查的具体学习成果，还要关注表现性评价所测量的综合的表现性学习成果。所以，有些情况下使用客观性测验是恰当的，但有时使用表现性评价可能更合适。考虑到这两者的相对优势，我们不要走极端。最好是兼收并蓄，使得两种评价都能用来测量各自最适合的学习成果。

表6.1.1 客观性测验和表现性评价的比较

比较要素	客观性测验	表现性评价
测量的学习成果	能有效地测量事实性知识。某些题型（如选择题）也能够测量理解、思维技能和其他复杂的学习成果。但不适合测量选择和组织观点的技能、写作能力或某些问题解决技能	能够测量理解、思维技能和其他复杂的学习成果（尤其是创造性的）。测量与现实贴近的教学目标比较有效，但不适合用来测量事实性知识
问题的准备	测验所需的题目总数很大，准备耗时且难度大	只需几个任务
课程内容取样	因为测验中所包含的题目较多，所以能够获得广泛的样本	课程内容的取样由于评定中包含的任务有限而受到限制
对学生反应的控制	完全结构化的任务限制了学生反应的类型，能防止欺骗行为的出现及写作技能的影响，尽管选择题有猜测的嫌疑	可以按照自己的方式自由发挥，使学生的创造力得以表现，而且使猜测的可能性最小化
评分	客观	主观判断评分
对学习的影响	通常鼓励学生对具体的细节有全面的掌握，并且能够区分细节。如果设计得好还可以鼓励学生发展理解能力、思维能力以及其他复杂的学习成果	鼓励学生关注大的内容单元，并特别强调组织、整合及有效表达思想的能力
信度	测验设计得越严谨信度越高	信度通常较低，主要是因为评分标准不一致，任务样本有限
举例	选择题、简答题、判断题、匹配题、解释性练习等	论述题，口头交流，构建模型、表格、图表，工具和仪器的使用等

论述题是表现性评价最常用的题型。扩展型论述题和限制型论述题都可以用于各种目的的测验。扩展型论述题中，学生可以自行确定他们认为最相关的事实，选择自己的组织方法，而且可以按照自己的理解想写多少就写多少。因此，这类问题一般能考查学生评价观点的能力，发现观点间联系以及简洁表达观点的能力。从中我们也可以看到个体在态度、观念和创造能力上的差异。限制型论述题将一些扩展型论述题的缺点最小化了。这种题型便于测量事实性材料，在某种程度上也使评分难度降低了。具体使用哪种类型的论述题，主要取决于待测的学习成果以及一些操作上的因素，如评分的难度等。

2. 课堂教学测评分类

学校内所使用的诸多评价方法可用多种方式进行分类和描述，系统地掌握各种评价方法，有利于熟练地运用相关的教学评价技术。

表6.1.2 对课堂评价方法的描述

分类	评价类型	评价的功能	工具举例
评价的性质	最佳表现	确定当尽最大努力时个体的表现	能力倾向测验、成就测验
	典型表现	确定在自然情景中个人将做什么	态度、兴趣及个性调查表；观察法；同伴评价
评价的形式	客观性测验	对知识和技能的有效测量	标准化的选择题测验
	复杂的表现性评价	在一定情境中，对个体在解决他自认为有价值的问题上的表现的测量	动手的实验室实验、设计、论文、口头表达
在课堂教学中的用途	安置性	确定必需的准备技能、对课程目标的掌握程度和最佳学习模式	预备测验、能力倾向测验、对课程目标的预测、自陈量表、观察法
	形成性	确定学业进展、提供反馈并纠正不良学习习惯	教师自编的测验、教科书出版者应教师要求特制的测验、观察法
	诊断性	确定造成持续学习困难的原因（智力的、生理的、情感的、环境的）	出版的诊断测验、教师自编的诊断测验、观察法
	总结性	确定课程结束时的成就，其目的是打分或证明对目标的掌握程度	教师自编的调查测验、表现性评价、作品评价
解释结果的方法	标准参照	依据明确定义的学习任务（如个位整数相加）的具体范围对学生表现进行描述	教师自编的测验、向教科书出版者定制的测验、观察法
	常模参照	依据在已知群体中的相对位置（如在30人的班里排名第10）对学生表现进行描述	标准化的能力倾向测验和成就测验、教师自编调查测验、兴趣调查表、适应性调查表

3. 一般课堂教学测评过程

课堂测验和评价可用于多种教学目的,对此我们可以按照教学阶段的顺序来进行描述:①在课程或教学单元开始前,检查学生准备情况的预备测验,有助于教学设计及对学生进行更好的安置;②教学过程中的测验和评价可以改善和引导学生的学习,并且对学习中存在的问题进行诊断和矫正;③教学结束的测验和评价可用来评分,证明学业成就或进行教学评估。每一种类型对于测验题目和任务取样的要求都不同,所使用的解释类型也不一样(标准参照或者常模参照的解释)。对各种课堂测验所做的总结见表6.1.3。

表6.1.3 课堂测验和评价的基本过程

功能	教学前		教学中		教学后
	准 备	安 置	形 成	诊 断	总 结
测量重点	必备的起始技能	课程或单元目标	预先计划好的教学内容	常见的错误	课程或单元目标
样本特性	所选技能的有限样本	所有目标的大样本	学习任务的有限样本	特定错误的有限样本	所有目标的大样本
题目难度	通常难度水平较低	通常难度范围广	随不同教学内容而变化	通常难度水平较低	通常难度范围广
施测时间	课程或单元开始时	课程或单元开始时	教学过程中定期进行	教学过程中需要时	课程或单元结束时
结果应用	补救起始技能不足或分配学习小组	教学计划和高级安置	通过及时的反馈改善和指导学习	治疗与持续的学习困难有关的缺陷	评分、证明学习成就或评价教学

四、非测量的发展性教学评价技术

跟定量描述的发展性教学评价一样,定性描述的发展性教学评价也经常要用。定性描述的发展性教学评价,一般是非测量性质的,所以发展性评价技术还需要非测量性质的评价来拓宽渠道。表6.1.4列出了学生的典型行为类型,虽然并不完整,但是所包含的行为非常广泛,同时表明纸笔测验亟需通过其他测量技术来补充。

表 6.1.4　非纸笔测验的评价内容

内容	代表性行为
技能	听、说、读、写、实验操作、画画、演奏乐器、跳舞、体育运动、工作技能、学习技能和社会技能。
工作习惯	计划的有效性，时间运用，仪器操作，资源的利用，表现出动机、创造力、坚持性和可靠性等特点。
社会态度	关心他人的幸福，遵守法律，尊重他人的所有权，对社会问题比较敏感，关心社会机构，有通过工作促进社会进步的愿望。
学业自我概念	对特定学科（如数学、阅读等）学业自我的认识，愿意尝试新的问题。
兴趣	对各种教育、机械、艺术、科学、社会、娱乐和职业活动等表现出兴趣。
欣赏	对自然、音乐、艺术、文学、体育技能和杰出的社会贡献表示欣赏和愉悦。
适应	同伴关系，对表扬和批评及对权威的反应，情绪稳定性，社会适应能力。

实际上，学生的学习结果和发展的各个方面可以通过如下方法来补充评定：(1) 学校、学生及家庭相结合的学生成长记录袋技术；(2) 观察学生活动来描述或评价学生的行为（评价学生和其他学生的交往）；(3) 向学生同伴询问有关信息（评价社会关系）；(4) 直接向学生提问（评价学生所表达的兴趣）；等等。

虽然成长记录袋技术、观察技术、同伴评价和自我报告等方法都比较主观，都具有一定的随意性，而且运用这些方法要比可测量的纸笔测试评价方法需要花费更多的时间和精力，但它们却是评价学生多种重要行为不可多得的有效手段。

（一）学生成长记录袋技术

学生的成长记录袋能促进教师与家长及其他有关人员进行交流。它是对学生作品有目的的收集，也可以说是学生个人成就的描述。成长记录袋便于与课堂教学结合起来，能激励学生发展自我评价技能、为自己的学习负责，并成为反思性学习者。要求学生对具体的内容和整个成长记录袋进行自我反思和自我评价是必要的。

表 6.1.5　生物学科成长记录袋的总体评价

学科理解能力的发展	不令人满意的进步↔显著的进步
●从开始到最后在问题提出方面的进步	1　2　3　4　5
●阐明和解决问题能力的提高	1　2　3　4　5
●计算错误的减少	1　2　3　4　5

续上表

学科理解能力的发展	不令人满意的进步↔显著的进步				
●发现事件之间关系的能力的增强	1	2	3	4	5
●同他人交流学习结果能力的提高	1	2	3	4	5
●估计并检验推理结果能力的提高	1	2	3	4	5
●运用图表技能的提高	1	2	3	4	5

表6.1.5提供了具体的评价标准。它强调了在不同时间段成长记录袋内容之间的比较。成长记录袋一方面能够记录学生的成长过程，真实反映他们在成长过程中的成功与失败，让学生体验成功，感受成长与进步；另一方面，也为老师、家长和其他人提供了更加丰富多彩的评价材料，使老师能够更加开放地、多层面地、全面地评价每一个学生。为规范成长记录袋技术，对其所收集的内容、类型以及最低数量等方面进行规定和指导是必要的。为保护个人隐私，应明确规定成长记录袋可能的参阅者。

成长记录袋也有明显的不足，其一是需要花费教师相当多的时间来计划、管理以及为学生提供反馈；其二是评分很难有较高的一致性；第三，如果将成长记录袋用于学生之间的比较，会存在评价的公平性问题。随着计算机的普及应用，为制作学生成长记录袋起到了很好的促进作用。我们倾向于教师、孩子本人和家长分别制作孩子的成长记录袋，进行经常性的交流与沟通。这实际上是从多角度来跟踪孩子的成长，纠正孩子行为方面的片面记录，更有益于孩子自身的成长。

（二）观察法——轶事记录法

观察法可用于评价其他客观方法无法评价的行为，如言语表达能力、显微镜操作能力、写作能力等，用等级评定或作品分析可能更为有效。对实际行为的记录适合于评价一个学生在自然环境下的典型行为表现。一个学生在各种自然情景中的言语和行为表现反映了他的态度、兴趣、品味、习惯和适应模式，而这些却不能用其他方法来评价，这些行为是我们在做轶事记录时需要特别关注的。

轶事记录既要面向所有学生，还要特别关注少数特殊的学生，比如学习阅读很吃力的学生、被拒绝的学生、具破坏性的学生和学习失能的学生等。对这些学生的综合性的观察有助于我们理解学生的困难并制定有效的教育策略。只有我们一次观察一两个学生时，才能获得完整和有用的信息。在观察过程中，我们最好将注意力集中起来，不去记录其他学生的一些情况。轶事记录法的缺点是要完成一个系统的观察，就需要花费较多的时间，之后再做好观察的记录也是很花费观察者时间和脑力的。

（三）同伴评价

同伴评价比较适用于评价人格特点、社会关系以及其他典型的行为方式。在群体同伴中的社交互动，为学生提供了一个独特的观察和判断同学行为的机会。由于同伴评价是依据自身的经历，这对成人来说不容易获得。因此，同伴评价的信息对教师观察有着重要的参考价值。

1. 猜人技术

获得同伴评价的最简单的方法之一是运用猜人技术。具体做法是呈现给学生一系列简短的行为描述，要求学生写下最适合每项描述的同学的姓名。描述可以是积极的特性，也可以包括消极的行为。

猜人技术是以同伴提名法为基础。其计分方法简单。例如，如果某位学生在友好项目上得到的提名是12次，在不友好项目上得到的提名是2次，那么该生在友好项目上的计分就是10分。计分模式表明每个学生在同伴群体中的声誉。表6.1.6所显示的项目可以用来评价七年级学生的问题解决能力。当然，对高年级学生进行评价应当使用更详细的陈述。

表6.1.6 评价学生的问题解决能力

1. 谁陈述的问题最有条理？
2. 谁问的问题最好？
3. 谁最乐意探索更多的信息？
4. 谁提出的建议最好？
5. 谁最乐意考虑不同的解决办法？
6. 谁提出的计划最完整？

猜人技术的优势在于它的实用性。对所有年龄水平的学生来说，整个过程需要的时间很短，并且计分非常简单，只需要数一数所有提名的次数。它的主要局限性在于不利于收集有关害羞和退缩学生的信息，因为这些学生在群体中往往没有声望，在评价的过程中往往会被忽略。

2. 社会测量技术

社会测量技术是用来评价单个学生或小组的社会接纳性的方法。依据小组情景下和小组活动时所选择的同伴，学生所得到的被选择次数可以作为他的社会接纳性的一种指标，他所选择的社会关系网络可以用来描述团体的社交结构。建议每位学生选择的数量为不多于5个。若大于5个，社会关系网络图就会变得很复杂，而其信度却不会增加，费力不讨好。

社会关系网络图类似于练习射击的靶子圆环形（图6.1.1）。被选择次数最多的学生编号放在靶子中心，最少的学生编号放在最外边，其余学生编号则按照被选择的次数分别放置在靶子对应的圆环中。该图中的12、11、14、18和20号五位女生形成一个非常有凝聚力的小圈子，有许多人都互相选择，在这个小圈子的五位女生中有三个都拒绝了19号女生，这些都是非常有用的信息。13、16、17号三位女孩形成了一个三角形。10、8、6号三位男生形成了一个互相选择链，4号和5号男生互相选择，在拒绝别人的同时，也被其他几位男生拒绝。除此之外，在男生和女生之间似乎存在交往的裂缝，只有6号男生有两个跨性别的互相选择。1、15、19号被孤立在小组之外，并且19号被四位同学拒绝。

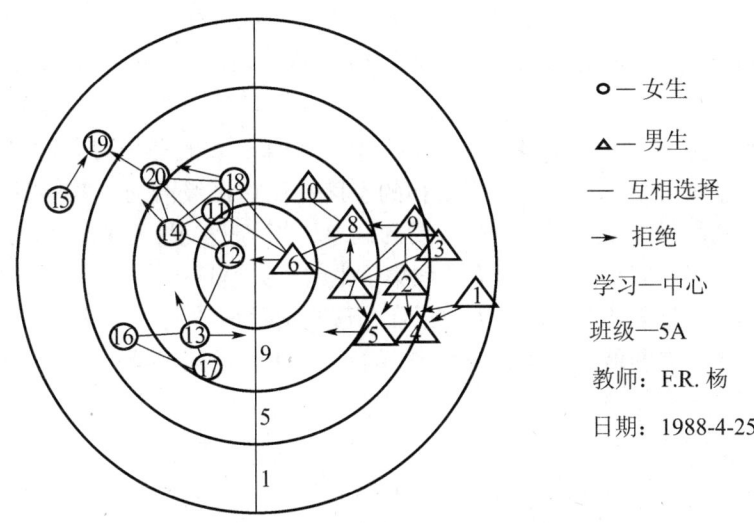

图6.1.1 描述学习伙伴选择和拒绝的社会关系网络图

社会测量方法可以通过两种方式来改进团体结构。首先，它有助于确认团体中的小圈子、社交裂缝以及学生之间的关系。其次，它为按照一定方式重新组织团体提供了有用的信息，从而有可能形成一个有凝聚力的团体模式。一个分裂的班级结构，表现为有过多的小圈子、裂缝和受孤立的学生，一般来说会导致较低的团体士气和比较差的学风。

（四）自我报告技术

自我报告的前提是个体不仅自愿，而且要能够准确地报告。如果学生不愿意透露自己的真实想法，那就很容易造假。另外，若学生对过去的记忆不够准确，他们的自我记录也会存在偏差。

1. 个人访谈

从个体那里获得信息的最直接的方法是个人访谈。面对面的访谈作为一种自我报告的方法具有以下几个优点：首先，访谈者可以澄清问题，进行追问，以及给访谈对象说明或扩展他们答案的机会，比较灵活；其次，访谈者可以对访谈对象进行观察，注意与他们的答案相联系的感情或他们似乎想要回避的主题，以及他们最健谈的领域；第三，访谈不仅可以收集来自访谈对象的信息，而且可以与访谈对象分享信息，就像咨询访谈一样，面对面的接触可以作为促进发展的基础。

个人访谈一直是获得学生自我报告信息的理想方法。但是，个人访谈非常耗时，而且获得的信息往往并不规范。因此，为了同时满足灵活性和信息的可比性，问卷调查经常用来代替个人访谈。问卷由特定行为领域中一系列标准化的问题组成，在标准化的条件下让学生回答和计分，使其成为一种标准化的、书面的访谈形式，从而在短时间内收集大量的信息，并对所收集的资料归纳出比较客观的结论。

2. 态度测量

在一些情况下，态度本身就是重要的教学结果，如科学态度。在其他情况下，我们可能希望了解学生对待一系列事物的态度，比如班级活动、教科书、实验室实验或者教师的教学，据此可以进行必要的调整。当然，一些关于态度的信息可以通过观察发现，但更完整的评价还需要收集学生的有关信息作为补充。

在解释态度量表的结果时，需要记住，这些结果是学生个人报告的感受和观点。教师要与学生建立和谐的关系，并且坚信学生的回答是其坦诚反应。只有这样才有助于提高测量的有效性。

利克特量表是用来测量态度的一个简单的，而且得到广泛使用的自我报告方法，它清晰地罗列出一系列期望得到学生反应的陈述，要求学生在下面的五点量表上对每个陈述作出回答：非常同意（SA，strongly agree）、同意（A，agree）、不确定（U，undecided）、不同意（D，disagree）、非常不同意（SD，strongly disagree）。利克特量表是根据发明者的名字命名的，该量表非常容易编制和计分。

表 6.1.7 测量生物课程态度的利克特量表

指导语：在适当的字母上画圈，表明你在多大程度上同意或不同意下列的陈述。
其中：SA—非常同意　A—同意　U—不确定　D—不同意　SD—非常不同意
SA　A　U　D　SD　1. 生物课是非常有趣的。
SA　A　U　D　SD　2. 生物实验问题是枯燥而又令人厌烦的。
SA　A　U　D　SD　3. 探讨生命科学问题是非常有趣的。
SA　A　U　D　SD　4. 课堂活动比较好。
SA　A　U　D　SD　5. 阅读教科书是浪费时间。

续上表

SA　A　U　D　SD　6. 到实验室做实验比较有趣。
SA　A　U　D　SD　7. 绝大多数课堂活动单调无味。
SA　A　U　D　SD　8. 我喜欢阅读教科书。
SA　A　U　D　SD　9. 我们学习的东西并不重要。
SA　A　U　D　SD　10. 对于学生物，我没有太大的兴趣。

利克特量表（表6.1.7）的计分是根据量表上的每个位置从1至5进行加权。赞同的项目，可以从非常同意到非常不同意，分别加权为5、4、3、2、1。不赞同的项目，如表中的第二项，应该进行反向计分，从非常同意和非常不同意，分别加权为1、2、3、4、5。个体在该量表上的总分是所有项目得分的总和。高分表明更赞许的态度。

3. 兴趣调查

在测量态度的同时，教师也可以设计简单的自我报告工具，收集有关学生的兴趣与爱好方面的信息。

在非正式的兴趣调查中可以使用多种回答方法。简单的喜欢—不喜欢回答方法还可以扩展成多个计分点，比如喜欢、一般、不喜欢或者非常喜欢、喜欢、一般、不喜欢、非常不喜欢。当测量的项目相对较少时，学生可以按照最喜欢到最不喜欢对这些项目进行排序。表6.1.8是一个阅读兴趣调查的示例。

表6.1.8　阅读兴趣调查表

对于下面列出的各种类型的书，如果你喜欢阅读某种类型的书，就在"喜欢"上画一个圈；如果你不喜欢，就在"不喜欢"上画一个圈。你还可以在表格后面列出你喜欢的而表格中没有列出的其他种类图书。

喜欢	不喜欢	1. 探险	喜欢	不喜欢	10. 神秘小说
喜欢	不喜欢	2. 动物	喜欢	不喜欢	11. 政治
喜欢	不喜欢	3. 艺术	喜欢	不喜欢	12. 心理学
喜欢	不喜欢	4. 传记	喜欢	不喜欢	13. 传奇文学
喜欢	不喜欢	5. 划船	喜欢	不喜欢	14. 科学
喜欢	不喜欢	6. 汽车比赛	喜欢	不喜欢	15. 科幻小说
喜欢	不喜欢	7. 历史	喜欢	不喜欢	16. 社会学
喜欢	不喜欢	8. 业余爱好	喜欢	不喜欢	17. 运动
喜欢	不喜欢	9. 音乐	喜欢	不喜欢	18. 西部文化

你喜欢的其他种类图书：_____　_____　_____　_____

在中学和大学得到广泛使用的一种兴趣调查方法是斯特朗—坎贝尔兴趣调查法。主要根据个体所表达的兴趣与个人参与的具体职业之间的相似性进行计分与解释。答案写在可以机器评分的答题纸上。

中学经常使用的另一种兴趣调查方法是 J. 霍兰德和 A. 鲍威尔编制的自我定向调查法。适用于初、高中学生。报告采用霍兰德制定的两字母编码，以突出学生在六个一般性的职业领域中所选择的最感兴趣的两个。六个职业领域度是：现实的（R, realistic）、研究的（I, investigative）、艺术的（A, artistic）、社交的（S, social）、不断进取的（E, enterprising）和传统的（C, conventional）。例如，在现实和研究维度上得高分的学生可以用字母 RI 来编码。

值得注意的是，小学生和中学生的兴趣和爱好具有不稳定性。在大约 17 岁以前，儿童和青少年的这种不稳定性是积极的，这表明我们通过学校教育来发展学生的兴趣和爱好是很有机会获得成功的。对于决定学生未来的职业，我们应当依赖于学生在高中最后两年或以后的兴趣测量结果。

示例 6.1.1

发展性评价，让"丑小鸭"蜕变成"白天鹅"

"师者，所以传道、授业、解惑也。"老师是每个学生学习时的精神支柱，也是学生心中认定的权威。作为学生谁都渴望得到老师的夸奖和赞赏。可是，过去，我们从老师那儿得到的往往是写在练习本或考试卷上那个鲜红的分数。那冷漠的、死气沉沉的分数，成了同学们的命根子。得到一个好分数，你就能博得老师的宠爱，父母的欢欣，同学的佩服。可我却总与那高分无缘。虽然我也曾努力过，但分数却总是给我一次次无情的打击。正是这种可怕的分数效应的影响，使我慢慢地成为一个不敢在课堂上发表自己见解，不敢在同学面前展现自己的自卑的丑小鸭。

直到那一年，我终于迎来了人生的一次重大转折。

一、老师的评价让我跃跃欲试

进入初中，我开始接触一门新学科——生物学，生物老师是一位很爱让同学们异想天开地去猜想、去提问题、去谈自己想法的老师。而我发现，每次同学们的回答，不管答得好不好，她总能找到一些闪光之处，总能给予恰当而热烈的表扬，例如，你的分析很有道理、你的想法很独特、你的见解很精辟、你很有科学家的头脑、你具有成为科学家的品质……因而课堂上同学们总是热情高涨，大胆地想，勇敢地说。在这样的氛围之下，我也很想勇敢地站起来，说出自己的思考，表达自己的想法。但这种念想就像闪电,在脑际一划而过。"冷静!""别冲动!",自己多年在学业上的得分都低,"即使答对了,成绩上不去依然是白搭!"这种屡屡失败造成的心理阴影,强烈地抑制着自己答题的冲动。于是我冷静了,强迫性地把自己定位在一个观众,一个在璀璨舞台中被遗弃在角落的角色。但说实在的,谁都想得到这个老师的肯定,我也很想,而且在我的心底里总是有一种渴望,总是有很想抢答的那种跃跃欲试。"刚才这个问题我也会啊!只是我不抢答而已。"每次我都这么自我安慰。

二、同学的评价让我突破自己

这是一节探讨人类的神经调节的课。老师请了十几个同学到讲台玩一个"做相反动作"的游戏,我就是其中的一员。游戏让教室充满了欢声笑语。一轮一轮的比赛,同学们一个一个被淘汰下来了。大家也在玩乐中体会到了不同人的反应速度确实有差异。这时老师顺势提出了她的疑问:"到底人的反应速度与哪些因素有关?同学们你能根据日常生活中的现象提出一些值得探究的问题吗?最后,我们还要评出最佳问题若干个,给予奖励,不过,这次不是由老师说了算,而是由全班同学分成小组当评委。"老师话音刚落,同学们马上行动起来了。一阵苦思冥想之后,一只只手迫不及待地举了起来,这个说:"人的反应速度与性别有关吗?"那个说:"人的反应速度与年龄有关吗?""人的反应速度与人的智力有关吗?""人的反应速度与运动能力有关吗?"……不知是因为刚才参与的游戏让我仍处在兴奋之中,还是以前总想抢答题目的那种渴望的爆发,总之,忽然我就有了强烈的表达的念头,有了要把自己的想法告诉大家的冲动。我高高地举起那从来不愿意举起的小手,响亮地说:"人的反应速度与身高有关吗?"

同学互评的时间到了,各组经过一阵热烈的讨论,纷纷派代表对刚才所提的问题作评价。而出乎意料的是,我的问题竟然获得各组的一致好评。这个说:"我们组觉得文倩提的问题最有研究价值,因为如果我们发现人的反应速度与身高有关的话,在挑选运动员的时候就要对身高认真考虑了。"那个说:"我们组也觉得文倩的问题提得好,因为我们从来没想过人的反应速度可能与身高有关。"还有人说:"事实上,人越高,他神经元的轴突越长,他的反应就越慢""是啊,脚比手离脊髓远,脚的反应就比手要慢"……同学的发言,每一句话都让我心里头热乎乎的,每一句话都让我的自信心在增加。自己的见解能得到别人的肯定是一件多么令人振奋的事啊!这是一次蜕变,它让我发现自己不再是丑小鸭,而是让人羡慕的白天鹅,以前只是自己埋没了自己。从此之后,我像换了个人,每一节课,我都积极地投入,大胆地发表自己的想法。同学的评价给了我极大的鼓舞,让我突破自己,让我不再当丑小鸭。

后来,妈妈又给了我另一次欢欣鼓舞的评价。

三、妈妈的评价让我充满自信

记得在又一节生物课上,老师说:"下面我们品酸奶,互评价"。顿时,全班的气氛一下子沸腾起来，全班同学热烈地讨论着。"你闻闻，他做的多香！""不，她的更特别，还有一股幽香的香蕉味。""哇，文倩做得很香很醇，喝起来还格外顺滑呢。"我把喜悦藏在心底。全班弥漫着一股芳香的气息，很多小小美食家在品尝着一杯又一杯佳酿。"哇，好臭！"忽然，从那边传来大声的呼叫，我们闻声望去，只见几个同学捏着鼻子，指着一杯发臭了的酸奶皱紧眉头。果然，这回真让我们见识了什么是世界上最恶心的"芳香"了。尽管这样，我们却没有一个人嘲笑那组同学。老师鼓励这组同学："虽然这回和我们预计的有所不同，但是，你却让我们有了新的发现，而且，你在明知自己失败的情况下仍勇敢地将自己的成果展示给全班同学，而不是隐瞒，这种实事求是的科学精神是值得肯定的。"老师总是能从同学身上发掘到闪光点。老师引导我们一起客观地分析这些酸奶成功与失败的原因。

  课后，老师让我们把酸奶带回家给父母品尝，让家长和我们一起分享成功的喜悦，给我们作评价。同学的评价让我心有底气，我把"很香很醇"且"顺滑"的酸奶倒在杯里，递给正在看电视的妈妈。妈妈很迟疑地喝了一口，接着连喝了几口，疑惑地问："倩倩，这酸奶你在哪里买的？挺好喝的。""妈，这不是买的，是我自己做的，在生物课上，老师教了我们制作的方法。""啊？怎么我的女儿也会自己做酸奶！真是奇迹！真的是在课堂上学的吗？你真是太棒了！你那老师真了不起！"妈妈竟然开口夸奖我，还夸奖了老师！妈妈的夸奖从来都是十分稀罕的，而现在，我竟然能得到妈妈的夸奖，这也太不可思议了吧！"妈妈，我真的做得那么好吗？"我心中暗喜却明知故问。"真的，又香又好喝！""你真的进步了，继续努力！""教教我，我也想学做酸奶。"我心头一阵炽热，从前渴望得到赞赏的我，面对课堂掌声，只能望而生叹，现在，我居然可以得到妈妈的夸奖了！这真是一次令人感到欢欣鼓舞的评价！这不是梦，是现实！我相信，明天，我的路上将是一片掌声！我相信，我一定能学好的，我并不比任何人差！

  因为大家的鼓励和老师这种有教无类的教学方法让我终于勇敢地迈出了这一步，我发现自己的胆量提升了，对于学习生物的兴趣也随之而来。后来，就是在这样的学习氛围中，让我学会了大胆勇敢地发表自己心中的想法，学会在别人面前阐述自己的观点，力求让更多的人能够接纳自己的观点。老师、同学还有妈妈，几句简单的鼓励和肯定，它的作用却是其他再大的物质奖励也不能相提并论的，我很开心能够在这种让人欢欣的发展性评价氛围里各抒己见，互相学习，取长补短。

  我高兴地走出家门。啊，天空蔚蓝，阳光灿烂，一群美丽的白天鹅在翱翔！

（广州市番禺区市桥星海中学　张文倩　指导老师：赵雪梅）

第二节　探究性技能训练与评价

技能训练作为生物课程标准及依据生物课程标准而编写的有关教材内容，在当今中学生物学教学中，是全新的教学内容。怎样积极有效地开展教学，是一个全新的课题，它在教学活动中的地位和价值显然是非常重要的。

生物教学中必须组织学生开展技能训练。一般认为，学习者学习知识，主要依靠自己的理解和记忆能力；而学习者学习技能，除了需要理解和记忆之外，还需要通过充分和足够的反复练习，使自己的行动达到完全熟练甚至是自动化程度，这就是技能形成的独立操作性原理。我们要紧密结合这个原理，开创积极有效的技能训练教学的新型课堂。

一、技能训练与评价的教学含义

技能训练是指依据生物学课程标准编写的、在各版本教材中呈现的相应教学内容，旨在加强对学生的探究性技能加以训练，培养学生的科学探究能力；技能训练教学是指针对教材中的技能训练内容，开展积极有效的教学活动，培养学生的探究技能。由于教材编排的科学探究活动内容较多，而学校安排的课时相对较少，探究学习的过程在许多情况下都要被简化，以满足学生在较短时间内学到生物学的基础知识与能力、学科知识架构体系，以提升学科核心素养。因此，技能训练教学需要进行系统的研究、整体的安排、合理的设计，找出不同探究内容的侧重点，从可操作性的角度出发，分层次、分阶段地落实生物课程的探究性教学目标。

（一）理解科学探究

义务教育生物课程标准第二部分课程目标提出了四项能力要求，即：①正确使用显微镜等生物学实验中的常用工具和仪器，具备一定的实验操作能力；②初步具有收集、鉴别和利用课内外的图文资料及其他信息的能力；③初步学会生物科学探究的一般方法，发展学生提出问题、做出假设、制订计划、实施计划、得出结论、表达和交流的科学探究能力；④在科学探究中发展合作能力、实践能力和创新能力，初步学会运用所学的生物学知识分析和解决某些生活、生产或社会问题。

教学过程主要体现五点：①体验到科学探究是人们获取知识，认识世界的重要途径之一；②意识到提出问题是科学探究的基础，解决科学问题常常需要做出假设，并明确假设的可检验性；③认识到科学探究可以通过观察、实验、调查、资料分析等多种途径来获得事实和证据；④体会到科学探究既需要观察、实验、调查、资料分析，又需要进行分析、归纳、判断和推理；⑤感悟到科学探究的过程需要正确地表达，需要与人交流和合作，探究的结果、结论还可能运用于生活实际；等等。

（二）发展科学探究能力

义务教育生物学课程标准明确提出，在生物科学探究的过程中，需要着重培养的能力，具体参见表6.2.1。

表6.2.1　课标对发展科学探究的能力要求

科学探究过程	基本要求
1. 提出问题	尝试从日常生活、生产实际或学习中发现与生物学相关的问题。 尝试书面或口头表述这些问题。 描述已知科学知识与所发现问题的冲突所在。
2. 做出假设	应用已有知识，对问题的答案提出可能的设想。 估计假设的可检验性。
3. 制订计划	拟订探究计划。列出所需要的材料与用具。 选择控制变量。设计对照实验。
4. 实施计划	进行观察、调查和实验。 收集证据或数据。 尝试评价证据或数据的可靠性。
5. 得出结论	描述现象。 分析判断。 得出结论。
6. 表达和交流	撰写出探究报告。 交流探究过程和结论。

其实，我们还要考虑教学的延续性问题。义务阶段需要培养的能力，到高中阶段，还会有继承、发展和深化。阅读《普通高中生物课程标准》，它所提出的能力要求是非常清楚明白的。

高中生物学11项能力要求：能够正确使用一般的实验器具，掌握采集和处理实验材料、进行生物学实验的操作、生物绘图等技能；能够利用多种媒体搜集生物学信息，学会鉴别、选择、运用和分享信息。

课标要求通过高中阶段的教学，发展科学探究能力。初步学会：①客观地观察和描述生物现象；②通过观察或从现实生活中提出与生物学相关的、可供探究的问题；③分析问题，阐明与研究该问题相关的知识；④确认变量；⑤做出假设和预期；⑥设计可行的实验方案；⑦实施实验方案，收集证据；⑧利用数学方法处理、解读数据；⑨根据证据做出合理判断；⑩用准确的术语、图表介绍研究方法和结果，阐明观点；⑪听取他人意见，利用证据和逻辑对自己的结论进行辩护以及做必要的反思和修改。

因此，概括地说，科学探究中常用的技能，如观察、分析、评价实验、确定相互关系、计算、排序、绘制图表、解读图表、设计对照实验、提出假设、做出预见、评价假设、分类、测量、比较、概括、描述、鉴别差异、应用、运用推理解决问题、解读实验数据、建立模型等等，每一种技能都有专门设置的小活动进行训练。

在教材的前面部分，安排的是技能要求较低的活动，如观察、测量并绘制图表、计算等；随着教学内容的展开，陆续安排技能要求较高的活动，如应用、解读实验数据、运用推理解决问题等。一些大型的"学生活动"也按活动在教材中的前后顺序编排，这些活动侧重训练的技能，也具有由易到难逐渐递进的梯度。

（三）开展教学评价活动

课程教学与学习评价是一个动态的过程，教师要设计和把握每一个课堂教学评价的契机，要能够评估学生的学习状态，及时调整教学策略，把知识的获得、能力的培养真正落实到学生的身上。技能训练教学的教学评价也可以笼统地划分为客观性测验与表现性评价。

客观性测验能较为有效地测量动脑的技能，如解读数据。通过命题，检查学生对数据的解读能力，视学生纸笔答对情况而直接评分。其可操作性很强，过程简单易行，教师们也比较熟悉，在这里不赘述。

有时表现性评价也被称作真实性评价或替代性评价。他们强调的侧重点不同。替代性评价是与传统的纸笔测验相对而言的，真实性评价强调真实情境中完成真正的任务。我们倾向于使用表现性评价的表述，是因为它比替代性评价更形象，同时又不像真实性评价那样难以理解。

表现性评价既可以评价学生行为表现的过程，又可以评价学生行为表现的结果。不像对事实性知识的简单测试，表现性评价很少有单一正确的或最佳的答案。而且，有多种行为表现和问题的解决方案都可以被评定为优秀。

在技能训练与教学评价中，一些单纯依赖动脑的技能，如实验操作步骤的识记、仪器药品的配置与使用程序、实验设计的方法、解题的步骤以及解读数据的能力等，可以使用客观性测验来计分记录。学生之间的梯级差越小，评价结果的区分度也越清晰；而更多的手脑并用的动作技能训练与教学活动，如实验步骤的规范与熟练程度、实验器材的使用及规范操作等，比较适宜使用表现性评价的方法来记录学生等级结果，其评价结果的区分度相对来说虽然比较模糊，但也是切实可行的。

二、技能训练与评价的教学策略

从前面的分析可以知道，我国中学生物学教学提倡科学探究，在生物课程标准中有明确的阐述，这是课程标准对中学生物学课程的本质要求。怎样开展科学探究活动？其中极为重要的是，必须让学生掌握一些开展探究活动必备的探究技能。

1. 把握好技能训练的教学内容

在人教版教材中，就经常性地安排技能训练的教学内容。不管是七年级上、下册，八年级上、下册教材，还是高中生物必修1、2、3教材，都有统筹安排。这些内容都按照一定的规律，由易到难、由浅入深地编排到科学探究活动中去。而且初中阶段和高中阶段具有一定的连贯性。只有把握了教学内容，教师才可以根据自己的教学实际，灵活地组织学生开展教学活动。

（1）七年级上册的技能训练：①观察：找出相同点和不同点（p7）；②发现问题、提出问题（p24）；③做出假设（p31）；④比较：观察叶脉（p86）；⑤科学方法：实验组和对照组（p90）；⑥科学方法：抽样检测（p94）；⑦解读实验数据（p100）；⑧分析实验结果（p125）；⑨推理（p131）。

（2）七年级下册的技能训练：①区分事实和观点（p6）；②科学方法：做出假设（p21）；③科学方法：设置重复组（p22）；④测量和计算（p48）；⑤设计表格，记录数据（p65）；⑥观察与测量（p85）；⑦设计对照实验（p100）。

（3）八年级上册的技能训练：①综合和概括（p39）；②做出假设、设计实验（P58）；③计算（p74）；④评价实验方案（p82）：你所设计的实验，与实验逻辑的严密性的关系（这项技能训练是高考的难点）；⑤分类（p99）；⑥科学方法：生物分类（p101）。

（4）八年级下册的技能训练：共有4个，能力要求上已经与高中对接上了。①对提出的问题进行评价（p11）；②科学方法：推测（p51）；③运用数据和逻辑做出推测（p54）；④评价证据与假说（p60）。

此外，考虑到教学的衔接性问题，这里也把高中生物学必修教材技能训练部分内容分列出来，便于说明该问题。

（5）高中生物必修1技能训练：①设计实验（p36）；②解释数据（p56）；③解读图表（p73）；④解释现象（p114）；⑤分析数据（p124）。

（6）高中生物必修 2 技能训练：①设计实验程序（p7）；想象空间：子代从双亲各继承了半数的染色体，双亲对子代的贡献是一样的吗？细胞质中的什么结构含有 DNA？它会影响生物的遗传吗？（p25 旁栏）；②识图和作图（p25），类比推理的介绍（p28 正文）；③类比推理（p30）；④提出假说，得出结论（p71）；⑤分析图解（p122）。

（7）高中生物必修 3 技能训练：①构建人体细胞与外界环境的物质交换模型（p6）；科学方法：提出新的假说往往需要大胆的质疑和丰富的想象，有时，不同的假说都能在一定程度上解释某一科学事实，哪一个假说能够成为公认的理论，取决于进一步的观察和实验（p24 旁栏）；批判性思维：既然血糖是提供能量的，血糖越多，能量供应就越充足，血糖含量不是越高越好吗？对此你持什么观点？你的论据是什么？（p26 旁栏）②评价实验设计和结论（p49）；③分析和处理数据（p97）；④运用术语准确表达（p114）。

2. 结合本地资源开展探究性技能训练

新编的生物课程教材都给定一些探究性内容。这些内容可以帮助学生很好地了解科学探究的性质。但是，只有这些还不够，教师还要给他们引入一些根据当地实际情况提出的生物学探究课题，在解决实际问题的过程中，使他们更为接近真正的科学探究。

开展探究性技能训练是中学生学习科学探究的良好方法和途径。中学生应该能够以个人或小组为单位，自主地开展一些探究性实践活动。学生们应该结合身边的实际，自己提出课题、做出假设、设计探究方案、实施探究方案；他们也应该掌握科学探究的一般技能，如怎样收集数据、得出正确的结果和结论并能够表达和交流这些探究过程和结论。

探究性教学中，更为重要的是在于它的过程而不完全是它的结果。学生进行科学探究的真正意图，不仅在于掌握生物学知识本身，而更为重要的是要让学生通过对生活中许多现象的研究，发现问题，解决问题，从研究过程中体验到科学探究的一般方法，让他们亲身体会科学家是如何困惑于问题、如何假设问题的"答案"、考虑从哪些途径去解决问题，并以此渐渐地养成科学探究的态度、方法和思维品质。

学生还要参加各种活动，交流对问题探究的过程和结果。从一般的课堂讨论交流到举办各种形式的报告会，从出墙报、黑板报、手抄报到制作网页在校园网上交流，以及向家长、校友、学校来宾展示自己的创作成果等。通过这些活动，培养自己辩证的逻辑、严密的推理、正确使用科学术语、简约而流畅地表达交流探究过程和结果等。

显然，发生在学生身边的各种探究性活动都不一定很完整，且各有区别和侧重，但是这些训练并不是没有意义的。因为通过许多个这样的探究性活动的训练，经过教师的系统安排，其结果必然会使得学生熟悉探究性活动的每个环节，也就是使学生从整体上掌握好探究性活动的一般方法和过程。学生必须要认识到这一点。

3. 把握好技能训练的教学特征

知识与技能是对立统一关系，二者既有区别，又密不可分。技能的形成，必须以知识作为内容逻辑的组织者；而知识的掌握，一方面要依靠原有的技能，另一方面知识又必须在技能运用中才能巩固。知识与技能的学习方法是不一样的，人们学习知识，主要依靠自己对知识的理解和记忆能力；而学习技能，除了理解和记忆外，还需要有充分的练习，才能使得自己对技能的掌握程度达到完全熟练化。

许多情况下，技能的训练是通过操作的模仿和对动作的反复机械练习来完成的，这种技能就需要先理解动作技能的要领，并且使得操作的动作要达到行动的熟练自动化程度。比如显微镜的操作使用技能的形成。

如果技能是指动脑思维的话，就需要在理解动脑思维技能的固有思维定势的前提下，通过范例的展示，让练习者掌握要领，再进行适当的模仿练习，使得思维的技能得到进一步强化，从而让练习者在遇到新情景的情况下，也能够使得动脑思维的内部操作技能得以表达。比如实验设计的基本套路、坐标曲线题的基本解题思路、解读数据的基本方法、科学探究实验论文的表达交流方法（可参阅本书第八章收录的学生作品）等。这是最为高级的技能行为训练。

可见，要培养学生科学探究的能力，就要有计划、分阶段地对学生的探究技能进行专项的、有针对性的训练。

三、技能训练与评价的教学实践

技能训练与评价教学的目的，是要教会学生开展科学探究的方法，考查学生在探究过程中的操作表现、思维表现、学习能力表现等。如观察，要能找出相同点和不同点；如分类，要能站在合理角度，对事物分类；如归纳，先要收集很多资料，才可以归纳，还要对材料进行分析、比较、综合，才能归纳、概括，得出结论；如测量和计算，要学会使用测量工具，学会测量和计算的方法；如推理，要掌握推理的思维方法，注意推理的合理性；如实验探究，要学会设计对照实验、分析实验数据，得出正确结论，等等。

（一）在科学探究的分类教学中，突出技能训练教学

科学探究活动的技能是通过探究实验、探究性资料分析、观察和调查活动等这

些探究途径来培养的。

1. 在探究性实验教学过程中突出技能训练教学

加强对探究性实验实施的几个环节的针对性训练很有必要，目的是强化学生熟练掌握实施实验的技能和技巧。如提出问题，需要尊重学生多样化的提问和假设，学会判断怎样的问题才有价值，选择有价值的问题去研究、去探讨，而不是教师提出问题强加给他们；又如控制变量、设计对照，这是开展实验设计的基本要求，学生必须掌握，需要经常性地反复训练；再如记录实验数据、对数据结果进行处理等，要养成尊重客观事实，科学处理的工作态度；还有，科学探究的基本方法、技能，要通过多次实践来形成。具体的实施过程可以参阅本书第四章探究性实验。

2. 在"探究性资料分析"教学过程中突出技能训练教学

我们可以在"探究性资料分析"的六个教学环节中分步骤地渗透技能训练教学：①教师提供背景材料或学生从自己查找的资料中发现与生物学相关的问题，并以书面或口头形式表述这些问题。②应用已掌握的知识，对问题进行归纳，并对这些问题的答案提出可能的设想，估计假设的可检验性。③制订验证计划，列举证明假设所需要的文字材料与证据。④实施计划，将问题、假设一一对应。如果能够以表格的形式将它们列举出来，则更为理想和清晰。⑤通过逻辑和推理，对这些材料进行分析，寻求其内在联系，形成观点。⑥通过归纳和总结，得出合乎逻辑和规律的解释，形成结论，并学会评价这些材料和观点的内在联系以及可靠性。⑦撰写探究报告，口头或书面表达交流探究过程和结论。

不同的"探究性资料分析"的教学内容有不同特点，培养能力也不尽相同。具体的实施可以参阅本书第五章探究性资料分析。

3. 在科学观察教学过程中突出技能训练教学

观察法是指研究者根据一定的研究目的、研究提纲或观察表，用自己的感官和辅助工具去直接观察被研究对象，从而获得观察资料，得出结果和结论的一种方法。其技能训练教学过程要重点突出：①养成观察习惯，发现有价值的问题；②习惯于集中精力观察、多角度进行观察，善于观察与思考，形成假设；③学会制订切合实际的观察计划和提纲，列出观察内容、起止时间、观察地点和观察对象，学会制作观察表或卡片；④按计划（提纲）实行观察，能熟练、准确地做好详细记录；⑤最后整理、分析、概括观察结果，验证假设，做出结论。

科学的观察具有目的性和计划性、系统性和可重复性。学会借助各种现代化的仪器和手段，如照相机、显微录像机等来进行辅助观察。

在科学实验和调查研究中，学生实施观察法要力求做到扩大自己的感性认识，启迪思维，开拓视野，最终可能会有新的发现。

4. 在调查研究教学过程中突出技能训练教学

调查法是科学探究常用的方法之一。调查前要明确调查目的和调查对象，制订合理的调查方案，如实记录，对结果进行整理和分析，有时还要用数学方法进行统计学处理。其技能训练的重点是：①学会收集资料的方法，能够从众多资料中发现有价值的问题；②学会假设，在此前提下设计好将要开展调查的计划，预测调查过程中可能遇到的各种困难；③能够克服困难，实施调查计划，收集到研究课题所需要的第一手材料和数据，揭露现实存在的问题，暴露矛盾；④明了所研究问题的现状，发现新的研究问题、先进经验或存在的问题，并提出解决问题的新途径、新见解或看法；⑤能撰写出有一定质量的调查报告，并能用合适的形式表达交流。

学习运用访谈法时，要教会学生制订计划，列出谈话提纲，访谈时要善于与被调查对象面对面地交流，交流的话题针对性强，使获得的采访资料真实可靠，便于整理和归纳，能够验证原先的假设，形成正确的结论。

学习运用问卷调查法时，要教会学生养成做好周密规划的习惯，根据需要确定调查的主题，然后围绕主题，设立各种明确的问题，能根据需要设计包括选择法、是否法、计分法、等级排列法等形式的调查问卷，能对问卷调查收集到的资料，做定量和定性的研究分析，最终归纳出可靠的结论。

（二）知识与技能训练并举，把握"双基"教学

1. "双基"教学中出现的主要问题

"双基"就是指教学中要注重培养学生基本知识和基本技能。长期以来，教师对"双基"的认识和做法存在以下三个方面的问题：

（1）缺乏教学组织能力，"双基"教学变成了讲课。完成课程标准、教材规定的进度高于一切。教师长期使用讲授法或谈话法教学，课堂控制欲强烈，使得教学过程机械死板、整齐划一，课堂教学像军训，完全没有关注学生个性发展，学生在课堂的主体地位几乎缺失，学生的学习积极性完全丧失。"双基"教学只有教，没有学。学生没有学习的兴趣，导致知识和技能都没学到，这种教学效果最差。

（2）只教基本知识，不教基本技能。许多老师对基本知识理解透彻，所以，他们对自己熟悉的东西，在教给学生的时候就得心应手，所以基本知识的教学得到充分重视。基本技能是什么？虽然课标和教材中都有提到，但是毕竟不像知识那么具体，那么具有系统性。再加上教师对技能训练的教学特征和作用不甚了解，怎样去开展教学？教师感到无从下手。于是对学生在课堂内外的技能训练只有忽略。这样，就使得"双基"教学变成了"单基"教学。这种教学效果差。

（3）缺乏技能训练的方法，技能训练变成了背诵。许多教师不能把握技能训

的教学方法,把技能教学当成了知识教学,有的教师只教不练或者有练但练不到位,使得学习技能得不到及时的训练与补偿,或者没有达到自动熟练化的程度,吃了"双基"中技能的夹生饭。日积月累,学生由背诵或死记程序或步骤而得到的技能终将退化,背了又忘,忘了又背,导致许多学生进入技能学习的恶性循环,造成两极分化。教学效果较差。

2. **技能训练教学的主要内容**

基本技能包括学生身体的外部操作技能和动脑思维的内部操作技能。身体的外部操作技能主要是指生物实验技能,这可以通过学生实验课来训练,训练次数越多,学生的操作就越熟练;动脑思维的内部操作技能主要是指学生学习中,一些解决问题的方法、思维途径、解题步骤等,具有一定的思维程序,也具有一定的规范,教师通过呈现范例,让学生进行模仿练习,最终能让学生得到解决问题的方法。

教师对动脑思维的内部操作技能的教学活动几乎缺失,有的老师甚至本身就可能缺乏这种技能,怎么能去组织好这方面的教学活动呢?比如解题技巧是一种技能,在复习课或讲评课中经常遇到。其目的就是要教给学生解答问题的方法和步骤。一般来说,学生没有具备一定的基本知识,当然对题目不能做出解答,所以解题能力是以基本知识的掌握程度为前提的;但是令人奇怪的是,往往学生已经知道了这些基本知识,却对这些知识怎么组合运用来解答题目不甚了解。因为他们不会在新情景下去提取这些已有知识,不会按照特有的程序有逻辑地排列组合,他们不具备解决这类题目的逻辑思维能力和技巧。所以,解题技巧也是需要训练的,教师虽然已经教给了学生知识,但实际上做得还远远不够,教师还必须教给学生利用知识解决新情景下问题的能力,即解题的思维能力。

学生的"双基"和解题能力的表现,经常是在限时条件下训练完成的。有人说没有限时要求就没有解题技能,这不无道理。教学中要确保技能训练要限时、要突出主干,讲究高效。在这里,"变通式"的训练应该是动脑思维的内部技能形成的关键。

3. **把握"双基"教学**

各级教学研究部门和各级教科所,非常重视总结"双基"教学中的问题、经验和规律。他们甚至试图通过教学评价来促进"双基"教学,规范"双基"教学中教师教的行为和学生学的行为。这种尝试应该值得肯定,而且其教学导向十分明确(表6.2.2)。

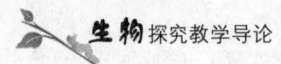

表 6.2.2　广东省教研院"双基"课堂教学评价

项　目	有（是）	没有（否）
目标与评价		
联系——新旧知识联系、练习题之间联系		
先讲后练与先练后讲的结合		
解放优生（听课与练习）		
照顾差生（是否有适合差生做的题目，是否有计划对 4～5 名差生进行辅导）		
全过程练习与重点内容的局部练习相结合		
限时（提出练习的时间要求，学生记录实际完成练习的起始与终结时间）		
多练少评或多练不评		
少口答		
少举手		
少板演		
基本上笔不离手		
课堂练习的竞争机制		
课外作业布置（限时，局部训练）		
总评：这节课是否以突出技能训练为主？		

所以，"双基"教学在生物教学中显得非常重要。生物学本质上是实验科学，生物学教学课堂必定是"双基"的教学课堂。绝对不能只重视基本知识的传授而忽视实验能力的教学，这已形成了基本共识。我们还要把这种认识进一步推进到更深层次。就是在生物学教学中，不但要重视生物学实验的操作技能的教学，更应该重视生物学学科思维、方法等动脑思维的内部操作技能的教学。只有真正做到了这些，教师才算把握好了生物学课程教学的本质。

（三）创新技能训练教学，探索教学评价多元化

由于我市初中生物课程不参与高中阶段的选拔性评价，因此，质量监控主要关注客观性评价与表现性评价相结合的评价形式，建立过程性评价与终结性评价相结合的教学评价体系。于是我市建立了市、区、校三级网络化的学习过程质量监控体系。初中生物课程评价施行市级开放性考试学生优秀作品评选、全市生物学实验考试宏观调研与抽查、八年级生物学全市纸笔测试等三者相结合的教学评价制度。

1. 领会发展性教学评价内涵，搞好平时成绩评定

平时成绩是根据学生平时课堂学习表现、实践活动表现、平时作业、平时测验

评价等来确定的。在终结性评价中所占权重为10%。

课堂学习表现是一种非正式评价，可以通过学生平时参与课堂的学习态度与情感表现、勤奋与认真表现、小组参与状况、合作学习表现、问题意识及思维表现等情况来综合评价，学生在生物学实验教学中的表现也归属此类；实践活动表现是一种真实性评价，可以通过学生对真实活动的参与度、积极性、完成工作量情况、工作效率等方面来评价；平时的作业评价也是一种表现性评价，可以通过是否按时提交作业、作业的完成程度、完成任务的正确率、思维的创新情况等方面来评价；平时测验也回答"在与其他人比较时，个人的表现如何"这一问题，可以通过学生参与测验的积极性、答对率及其思维表现等方面来评价。

给学生评定平时成绩，突出了教师评价的主导地位，是教学评价赋予教师的权利和义务。教师要坚守职业道德，认真负责地收集学生各种表现资料，做好教学笔记，观察和记录每位学生在教学过程中的思想动态、行为表现和学习能力表现，站在公平、公正、公开的角度，给予自己所任教班级的所有学生做出客观判断，逐一评分，按时提交评价结果。如果在初中两年的教学中，有多位老师任教，那么提交的结果应该是综合各位老师对学生在两年内学习表现的总的评价结果。

2. 改革纸笔测试的命题方式，实践技能训练评价

广州市生物学纸笔测试是一种把知识考查与能力考查有机结合起来，在考查知识的同时，考查能力与方法的评价手段。如识图能力，图文转换能力，信息的提取和利用能力，简单的实验分析与设计能力等。八年级下学期生物学纸笔测试成绩在终结性评价中所占权重为70%，考试内容为课程标准规定的全部七、八年级的教学内容。但是，七年级上、下学期及八年级上学期不开设全市统一考试，而把这三个学期的质量监控的权限下放到各区县教育局。

在区级质量监控体系框架下，番禺区中学生物学科尝试将学生对生物科学探究技能的掌握程度纳入七年级上、下学期及八年级上学期的教学质量抽测试题中。平时也开展技能训练试题的编写和积累。内容涵盖比较全面，基本能够考查学生应该具备的基本探究技能。其中比较认可的能力考查有：①观察与思考能力；②图形与数据的转换能力；③预测结果并做出解释的能力；④提出问题，做出假设，预测结果得出结论的能力；⑤设计实验方案，预测结果的能力；⑥评价实验方案的能力；等等。

下面以人教版教材八年级上册为例，提供部分试题来说明。每一道例题，都是以考查学生相应的一种或两种以上能力为立意目的的。

【例1】考查观察与思考能力的命题（2006学年上学期八年级考试题62）

动物园里有一个小型水族箱，据图回答：

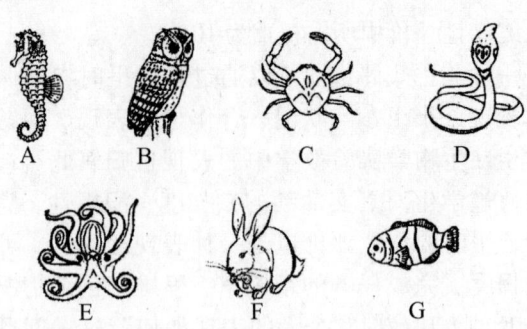

(1) 哪些生物能在水族箱中生活？（用图中字母填写）_____；
(2) 若把 A 和 G 归为同一类，用什么分类单位最恰当？_____；
(3) 列出图中的所有脊椎动物名称：_____；
(4) B 和 F 在生物结构上有什么差别令它们分属两类？（写出三点）a _____ b _____ c _____。
(5) 写出 G 适应水中生活的重要结构特点：a _____，b _____。

【例2】预测（1）（2）的结果并解释（2006 学年上学期八年级考试题61）

小明采集了一些蚯蚓，将其平均分成三组，放在甲、乙、丙三个瓶中分别饲养，在放蚯蚓之前，甲瓶装有潮湿泥土，乙瓶装有干燥泥土，丙瓶没有泥土。请预测（1）（2）的结果并解释。

(1) _____瓶中的蚯蚓最先死去，原因是_____。
(2) _____瓶中的蚯蚓生活得最好，原因是_____。
(3) 如果探究"蚯蚓在干燥的土壤中能生活吗"？则实验组应选__瓶，对照组应选_____瓶。你推测实验结果是_____。由此得出的结论是_____。

【例3】考查解读实验数据的能力（2006 学年上学期八年级考试题57）

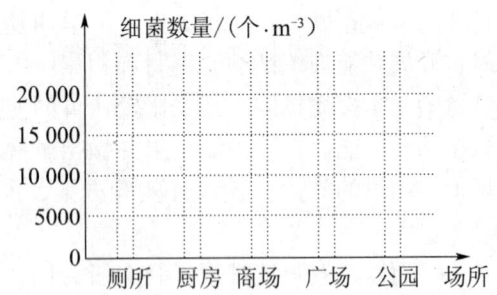

场所	细菌数量/(个·m^{-3})
家庭厕所	20 000
酒店厨房	10 000
购物商场	8000
休闲广场	2000
城市公园	800

上左表列举了春季几个地点采集细菌样本的密集程度：
(1) 请在上右表中画出细菌样本密集程度柱形图。
(2) 请推测，空气中细菌的密集程度可能与哪些因素有关（写三个）？

【例4】设计实验方案，预测结果（2004学年上学期八年级考试题37．实验探究题）

将菜青虫卵隔离饲养，并等幼虫长到一定大小。现有10条这样的幼虫，实验所需的新鲜白菜叶和芹菜叶。请你设计一个简单的探究实验。

（1）你提出的问题是_____？
（2）你的假设是_____。
（3）你的实验方案是_____。
在这里，实验组是_____，对照组是_____。
（4）你预期实验结果可能是_____。

及时回收各校学生测试分数和试卷分析，建立数据库。番禺区从2003学年开始，已经不再进行学校排名次。但我们将数据整理好，将全区平均分、难度值、各分数段人数、各分数段学校的间数予以通报，便于学校领导和任课老师了解自己学校的教学成绩在全区的基本位置，做出相应的调整决策。此外，我们还采用抽样的办法，回收部分已评试卷，了解纸笔测试中发生的具体情况和问题，如学生答卷情况和教师的教学意见与建议，便于命题者改进下一年度的命题工作，控制好试题难度。

3. 规范非纸笔测试形式，突出表现性评价

非纸笔测试包括生物学实验考试与开放性考试（有时也称开放性考查），其实施均以表现性评价为主。生物学实验考试由区统一命题，各校组织考试，重点考查学生实验操作技能；生物开放性考试也由学校自行组织，要求每位学生在7～8年级两年学习时间内完成1或2件开放性作品，通过自评、小组互评和教师及家长参与评价，得到每件学生作品的得分，再通过小组内互评得出每位学生的成绩。学生在生物学实验考试与开放性考试的成绩可以互换，以最高分记入到结业成绩中去，在终结性评价中所占权重为20％。

（1）规范初中生物学实施开放性考试。由于开放性考试在形式上有其自身特点，这就决定了它的评价过程的特殊性。一方面，强调其考试特征，必须是特定年级的所有学生均须参加这一评价项目；另一方面，又提倡其考试形式的灵活性，学生可以独立完成，也可以小组合作完成，学生可以自主选题，可以选择书本里的题目，也可以选择自己生活中发现的课题，表达形式也没有过多限制，可以是模型、标本制作，也可以是实验报告或探究报告，可以用纸质文字表达，也可以用手抄报或计算机课件与网页表达。这种考试形式深受学生欢迎。

近年来，番禺区教研部门十分重视教学评价的导向功能，倡导学生积极创作和撰写实验报告、探究报告、调查报告、生物学实验小论文等探究性学生作品,在区域评价中获奖等级和数量都朝这个方向倾斜,更加突出了考查学生的探究技能。当然,因为实施开放性考查本身也包括了应用许多实验技能,所以,只要参加了开放性考查的同学,可以选择参加或不参加实验考试。具体实施可参阅本章第4节开放性学生作品评价。

（2）积极实施生物学实验操作考试。生物学实验操作教学过程中,在评价学生的行为表现时,我们可以综合使用各种评价学生行为的应用技术（表6.2.3）,来促进学生的发展。特别是这些评价内容和评价指标在实验考试时有广泛运用,这点要让学生们所知悉。

表6.2.3　生物学实验教学中综合评价学生行为的应用技术

评价内容	评价指标举例	评价技术
关于实验程序的知识	描述相关程序、区分仪器和用途、批评有缺陷的实验	纸笔测验 实验室区分测试
设计实验的技能	计划并设计要执行的实验	关注结果的表现性评价
实施实验的技能	选择仪器、安装仪器、进行实验	关注过程的表现性评价
观察和记录技能	描述所使用的程序、正确地进行测量、组织并记录结果	表现性评价 （分项评分与报告）
解释结果的技能	发现有意义的关系、确定数据中的缺陷、得出有效的结论	表现性评价与口头提问
工作习惯	有效操作仪器、迅速完成工作、清扫实验现场	关注过程的表现性评价

值得一提的是,评价学生行为的应用技术中,有的技术实施起来比较容易,如纸笔测试和口头提问只要根据学生答对率就可以评分,还有观察和记录的技能,只要学生在实验过程中,做正确了就可以给分;但有的技术实施起来比较困难,如设计实验的技能,属于动脑的程序技能,既有固定套路又有课题选择的灵活性,需要在多次训练和练习中来考查,所以需要老师经常调整原来给学生的评分结果。再如实施实验的技能,就牵涉到选择仪器、安装仪器、进行实验操作等动作技能,还牵涉到学生的工作习惯,所以要特别关注过程的表现性评价。

实验操作考试特别重视学生常规实验中每一步的操作技能表现,而且每一步都有明确的权重来评分。过程性评价得到进一步强化。

根据广州市教育局文件要求,每年5月,由区教育装备中心和各教育指导中心组织巡考,各学校教导处组织参加实验操作考试的学生在本校考试。考试范围是全日制九年义务教育初中生物学科课程标准中所规定的必做实验。区教育局教学研究室组织学科专业人员(保密)提前 3 个月已经命制了 ABC 三套实验考试题(试题 A、试题 B、试题 C)。参加实验考试的学生,应根据实验考试范围进行准备,在考查当天实验考试前 20 分钟通过 3 选 1 抽签决定具体的考试题目。每个学生最多可以参与实验考试 1 次,对于不及格的学生,1 个月后再提供补考机会 1 次。

如 2015 年试题 A《制作并观察植物细胞临时装片》评分标准,就实验准备、制片、染色、观察与绘图、结束实验等中学生需要掌握的操作技能步骤详细列出评分标准。监考老师根据这个标准来对学生的操作行为表现逐一评分(表 6.2.4)。

表 6.2.4 试题 A《制作并观察植物细胞临时装片》评分标准

考核点		分值	成绩记录		
			全	半	零
准备	1. 用洁净的纱布将载玻片和盖玻片擦拭干净,在载玻片中央用滴管滴一滴清水	2 分			
制片	2. 用镊子从洋葱鳞片叶内侧撕下一小块薄膜——内表皮,把内表皮平展于载玻片的水滴中	2 分			
	3. 正确盖上盖玻片,装片无气泡	2 分			
染色	4. 在盖玻片的一侧滴碘液,用吸水纸从另一侧吸引,使碘液浸润全部标本	2 分			
观察、绘图	5. 正确使用显微镜(对光正确,镜筒先降后升)	2 分			
	6. 装片中的表皮正对中心,压片夹压住装片	2 分			
	7. 左眼看目镜,双手移动装片,寻找物像	2 分			
	8. 结果:视野清晰,图像正确(视野中有洋葱表皮细胞)	4 分			
结束实验	9. 显微镜擦拭干净,物镜偏到两旁,将镜筒下降到最低,把显微镜送还原处;整理使用过的材料和用具,清洁实验桌	2 分			
合计得分(总分满分 20 分)					

考虑到既不能加重学生负担,又能评价学生的实验操作能力,实验考试的成绩与本年度或上一年度进行的开放性考查的成绩可以互换,从这三个成绩中,选取最高成绩作为学生非纸笔测试的结业成绩。

四、值得思考的问题

几年来，开展学生学业评价，特别是施行有关科学探究与技能训练内容评价的尝试，对于改变教师的教学行为和学生的学习方式，落实课程教学理念，应该说，起到了一定的积极推动作用。但实践中也发现一些问题，这是不容回避的。

1. 关于"技能训练"的内涵问题。

教材中安排了许多技能训练的内容，这些内容中有不少与学生开展科学探究活动密切相关，如高中生物必修1中的解读图表、解释现象、分析数据，高中生物必修2中的识图和作图、提出假说得出结论、分析图解，以及高中生物必修3中的解读数据、分析和处理数据、运用术语准确表达，等等。我们认为，所有这些都属于技能训练。但是在教学中，技能训练并不一定是专属于科学探究的，生物学常规实验中，如许多验证性实验、演示实验等，也有许多操作性的技能需要训练学生去掌握的。科学探究与技能训练之间的教学相关性怎样？应该怎样处理它们之间的关系？这无疑也是值得探讨的。

2. 关于运用纸笔测试来检测学生探究性技能的问题思考。

通过纸笔测试来检测学生对于知识的掌握程度，是教学评价活动中常用的方法。但是，通过纸笔测试来检测学习活动中学生对于探究技能的掌握程度，这是教育评价中公认的难题。比如开展纸笔测试，就需要命制有关科学探究与技能训练内容的试题，哪怕是每学期考试中，命制出2～3道这样的题，也感觉难度很大，特别是一些数据和命题情景，也要耗费命题者许多时间和精力，有时挖空心思也难以找到好的材料和命题情境，命制出称心如意的好题来。

番禺区从2006学年上学期开始，发动高三教师开展生物学原创题的征集与评比活动，也发动初中教师积极命制考查学生技能掌握程度的试题。但感觉不够理想，依然有很大的发展空间。这本身也是一种教研，准确地说，是一种资源开发与利用的有益活动。此外，学生开展了许多科学探究活动，在他们所写的探究报告中，不乏优秀的作品，一些数据和情景自然可以成为探究性考题命制的新资源，这些资源完全是可以利用起来的。

使我们感到欣慰的是，施行有关科学探究与技能训练内容的考核来导向教师教学行为的尝试，也经常得到一些一线教师的鼓励和支持，他们反映，哪些题目出得好，有新意，哪些题目受到学生的欢迎，哪些题目有问题或表达不清，哪些题目学生不好作答，还有改进的空间。他们的这些鼓励和支持，说明我们的技能训练方面的探讨还有很大的研究空间，以后我们还需继续努力。

第三节　纸笔测试评价实验探究能力

　　中学生物探究性实验是由教师给予学生指导的科学探究活动。学生参与探究性实验各主题内容的教学活动掌握得怎样？一般的做法是通过表现性评价，比如广州市通过开放性学生作品评价的方式，考查学生实验探究能力能否运用于生产或生活实际中，考查学生作品是否具有操作性，其实验思路或作品结构是否合理，严谨规范等。这些都是很有说服力的评价倾向和方法。

　　除此以外，我们也尝试运用纸笔测试的方法进行探究性实验教学效果的检测。将生物探究性实验的一般内容、实验设计原理和方法结合起来开展纸笔测试，有利于评价学生的提问与假设能力、简单的实验设计与分析能力、信息提取和转换能力等。以此促进探究性实验教学的深入开展，以期转变学生不求甚解，死记硬背教材内容，不认真观察，不参与实验等不良的学习习惯。

一、考查学生提问与假设的能力

　　要求学生在一定背景材料中发现与生物学相关的问题，并以书面或口头形式表述这些问题，描述已知科学知识与所发现问题的冲突所在；应用已掌握的知识，对问题的答案提出可能的设想，估计假设的可检验性。

　　【例1】17世纪中叶，荷兰人列文·虎克利用自制显微镜观察到了细菌。但直到19世纪中叶，人们仍然不知道细菌是从哪里来的。当时一些著名的科学家认为细菌是自然发生的，例如肉汤里就会自然形成细菌，使肉汤变质。如果要你进行探究，你会提出什么问题？_____做出怎样的假设？_____。

　　根据学生答卷情况，很容易考查到学生在新情景下实验探究活动的提问和做出假设的能力。

二、考查学生设计实验方案及其可行性的能力

　　要求学生能够制订探究计划，提出实验步骤，列出所需要的实验材料与用具，选择控制变量，设计对照实验。特别要明确对照实验是在研究一种条件对研究对象的影响时，除了这种条件不同以外，其他条件都要相同，并排除偶然因素的影响。

　　【例2】为了证明微生物对植物遗体的分解作用，设计了一个探究实验方案：实验前，先将_____（选填"同一种"或"不同种"）树的落叶分成等量的甲乙

两组，甲组放在_____条件下进行培养，乙组接种某腐生细菌后也放在无菌条件下进行培养。在实验过程中对两组树叶都滴加蒸馏水，使树叶保持湿润。该实验的实验组是_____；对照组是_____。

显然，例2要考查学生选择控制变量，设计对照实验的能力。

再如实验设计时要考虑生物与其所生活的环境的关系。

【例3】某实验小组认为鼠妇具有避光性，于是设计了两组对照实验方案。甲方案是：将20个鼠妇放在盛有少许等量潮湿泥土的A、B两支小试管内，将A试管放在太阳下暴晒，将B试管放在避光处，连续观察A、B两支小试管内鼠妇的生活状况并记录鼠妇死亡数量；乙方案是：做个一边遮光一边见光的 $0.3m \times 0.6m$ 长方形小木箱，底部铺一层潮湿的泥土，将盛有20个鼠妇的小试管放在小木箱的中间并打开试管盖，每隔一段时间观察并记录木箱内见光处和阴暗处鼠妇的数量。你觉得甲、乙两同学的实验方案哪个更合理？请说出理由。

例3不仅要考查学生选择控制变量，设计对照实验的能力，还要考查学生关于生物离不开其所生活环境条件的生命理念。

三、考查学生实施方案及记录实验结果的能力

重点在实施实验方案，观察实验现象，收集实验数据，评价这些实验现象和数据的可靠性。

【例4】巴斯德设计了下表中的探究实验方案并付诸实施：

烧瓶	直立，保持与空气连通，细菌可以落入肉汤中	放入半瓶煮开过的肉汤	几天就腐败了
鹅颈瓶	直立，保持与空气连通，细菌只落在鹅颈瓶弯曲处	放入半瓶煮开过的肉汤	四年也没腐败

在巴斯德的实验装置中，实验变量是_____。如果不小心把鹅颈瓶的长颈打断了，实验结果将会怎样？_____；如果鹅颈瓶内的肉汤没有煮开过，实验结果会怎样？_____。

本题考查实验设计在实施时可能遇到的意外情况。所以在设计实验时，要充分考虑实验设计的可行性和实施时需要关注的操作要点。那么，在实际操作时一定要按照操作规程来进行，尽量避免实验失败。

当然，评价实验方案的合理性也很重要。最好能够从多个设计方案中优选出最切合实验生物生活环境的实验方案。这样实施起来遇到的问题与麻烦将大为减少。

【例5】将菜青虫卵隔离饲养,并等幼虫长到一定大小。现有20条这样的幼虫,取等量新鲜白菜叶和芹菜叶分别放在实验台上相距20厘米的A、B两处。方案甲:将10条幼虫放在A处,另10条幼虫放在B处,过一段时间后记录A、B两处的菜青虫数量;方案乙:将20条幼虫放在离A、B两处等距离的位置,一段时间后记录A、B两处的菜青虫数量。请你评价甲、乙两个方案哪个更合理?_____为什么?_____。

四、考查学生根据实验结果得出探究结论的能力

描述实验现象,处理实验数据,得出合乎实验的解释,形成结论。也要能够根据实验过程及结果来撰写实验报告,口头或书面表达交流探究实验过程、结果和结论。

【例6】晚上,将金鱼藻放在盛有水的试管中,将试管放在离白炽灯不同距离处,观察试管中产生的气泡数目。得到如下的数据表。

试管与灯的距离/厘米	10	20	30	40
每分钟产生的气泡数/个	60	25	10	5

金鱼藻和光源的距离与其产生的气泡数目之间有什么联系?_____
从中可以得出什么结论?_____
如果将这个试管放在黑暗中,你能预测实验结果吗?_____。

五、考查实验探究过程、方法及与其相关知识的联系

以上运用纸笔测试评价学生实验探究能力的尝试,是通过探究实验的各个分解环节来阐述考题的命制方式的。实际上这类考题还可与考题背景相关的书本知识或原理紧密联系起来进行综合命制。

【例7】某厂家声称,他们生产的快餐饭盒与市面上使用的塑料饭盒不同,是以淀粉为原料制成的环保型饭盒,可以降解。为鉴别该厂家说法的真实性,某同学设计了一个探究实验。

(1)请你完善实验步骤:
①取大小相等的两个玻璃缸,编号A、B。
②从同一块肥沃菜地取等量土壤放入两个玻璃缸中。
③将100克塑料饭盒放入A缸,将_____放入B缸。

④用等量土壤掩埋饭盒后，A 缸放在 30℃恒温箱中，B 缸放在_____。
⑤实验过程定时喷洒等量蒸馏水，使土壤保持湿润。
⑥每隔一个星期，分别检查两个玻璃缸中饭盒的分解情况，并记录实验现象。
（2）请你回答以下问题：
①如果 B 缸为实验组，则 A 缸为_____。
②实验过程定时喷洒蒸馏水，使土壤保持湿润的目的是_____。
③用淀粉制成的饭盒埋入土壤中能降解，是因为土中的细菌和真菌将淀粉分解成为_____、_____和水。
（3）该实验探究的问题是什么？_____。请写出实验假设_____。

该题不仅考查了学生对实验探究过程和方法的理解与运用程度，也考查了与试题背景材料相关联的生物学知识和原理，属于以能力立意的考题。

我们认为，开展纸笔测试评价学生实验探究能力的效果是明显的。该类型试题的命制方式新颖独特，考题立意清晰明了，所考查的内容重点突出，且是生物核心知识、主干知识，使得考试的评价功能导向重视实验探究操作和技能的培养。教学中要特别加强对知识的理解和运用能力培养，避免学生读书死记硬背，不求甚解。

番禺区考试的目的是强调教学质量的监控，促进各学校和老师改进教学方法，找准努力方向，制订新的奋斗目标。我们的经验是，在每个学期的期末考试卷中命制 1～2 道这样的考题是比较合适的，从一开始就得到了一线教师的充分认同，也得到了省市相关专家的充分肯定。纸笔测试完成后，及时回收各校学生测试分数和试卷分析，建立区域性数据库。我区已完全摒弃直接性的学生、教师或学校以分数高低排名次。但我们将数据整理好，及时公布全区平均分、难度及信度值、各分数段人数、各分数段学校的间数等，精确到每个学科、每题、每个得分点、每个知识板块等，便于学校和老师了解自己学校的教学情况在全区的基本位置，修正各学校的教学目标，做出相应的改进决策。

第四节　开放性学生作品评价

广州市初中学生生物学科结业评价是对学生在七年级和八年级两年的学科学习中所做的一个总体评价，其成绩构成有三部分：纸笔测试 70%、非纸笔测试（开放性考试或实验考试）20%、平时成绩 10%，三者之和为初中学生的结业成绩。初中生物学科实施开放性考试和实验考试，是一种全新的教学评价改革与实践。随着该项教学评价活动的深入开展，已对学生的学习行为和教师的教学行为产生了积极深远的影响。

一、开放性考试的内容

初中生物学科开放性考试是一种任务型的考试方式。开放性考试要求学生依据《生物学课程标准（2011版）》和现行教材内容，自主选择一项适合其个性特长发展的项目，参照课程学习主题开展研究，并以实验报告或小制作等"作品"为呈现方式（见表6.4.1），提交给学校或年级来进行评价。

表6.4.1 供学生选择的作品呈现方式

分类	表达形式	作品性质	学习主题	完成时间	完成主体
内容	文字类作品	探究报告、调查报告、实验报告、实验小论文等	初中生物科学探究活动"健康的生活""人与生物圈"	七年级或八年级（以较高成绩入档）	个人独立或小组合作（2~5人）
	制作类作品	生物标本、模型、电脑课件（网页）、手抄报等			

开放性考试体现了课程标准倡导的自主性和选择性的教学理念。学生可以从上表所列类别中任意选择自己比较喜欢或比较有能力解决的项目，作为结业成绩评定的依据。学生可以自由选择在七年级或八年级完成，也可以两个年级都参加；可以个人独立完成，也可以小组（5人及以下）合作完成。近年来，通过各个学校老师的组织与发动、悉心指导，番禺区学生开放性作品逐渐导向到以学生探究性报告、调查报告、实验报告、实验小论文等自主探究意义更为浓厚的作品。其作品的表达形式，可用A4版面纸质呈现，也可用手抄报、电脑网页等形式呈现；当然也不排斥生物标本、模型等优秀作品的制作。正因为这样，其教学评价不像纸笔测试那样具备客观的评分标准。所以，必须对初中生物开放性考试的评价问题开展积极探索，建立科学而合理的评价指标体系以及切实可行的操作规范。当然，科学而合理的评价指标体系，又可以反过来为学生的学习和行为提供导向、启发和参考。

二、建立评价指标体系的原则

开放性考试力求综合考查学生的多元智力、个性发展的层次水平以及表达交流的能力，要能体现教师教学的弹性，更要能体现教学评价的灵活性、操作起来简单方便。因此，在建立评价指标体系的过程中，必须突出导向性、科学性、简约性等基本原则。

1. **导向性原则**

导向性原则就是以促进师生发展为宗旨,注重教学过程、强调质性评价,提倡评价目标与主体多元,强调参与和互动,关注个体差异等特征。按此建立起来的评价指标体系不仅是评价者评价的依据,而且也是被评价者设置活动计划、培养科学思想、改进学习方法、提高学习能力和行为的参照。

2. **科学性原则**

科学性原则是指建立的评价指标体系要遵循其自身的内在规律,突出评价活动的主体特征。需要进行要素分析或过程分析,要有统一的分类基准,各项指标之间互不相容、不重叠、不交叉,提高评价的信度与效度。

3. **简约性原则**

简约性原则是指评价是一个动态的生成过程,评价很难全部反映这个过程的诸多因素及所有情况。因此,评价的指标体系要能够抓住主要矛盾,突出评价重点,而不应该面面俱到。内容要简约,便于理解和操作。

三、对学生作品的价值评判

可以根据科学探究活动的性质、特点和一般规律来分析评判学生作品的价值。科学探究包括观察、实验、调查、资料分析或模型建构等,其一般过程包括提出问题、作出假设、制定方案、实施方案、得到结果与结论、表达交流等。教学评价具有导向性,不仅仅是方便教师去评价学生提交的作品,也要有利于学生设置活动计划、改进创作方法、提高作品质量。

1. **提出问题的价值**

提问的价值判断是指学生能在日常生活或学习情景中发现自己要探究的问题,所提出的问题要有一定的探究价值。如某学生提出问题:电池废弃后给人类环境带来了污染,废电池对动物生活有哪些影响?显然,该问题是具有探究价值的。

2. **作品的科学性、创新性价值**

假设和检验假设的思路要正确,主题明确,观点鲜明,计划详细,符合实际,方法恰当,材料选择优化,结果与结论之间符合逻辑,这是科学性的价值体现;针对某种情景问题开展有价值的探究,得到的作品形式新颖,或者制作(或实验)方法有创新,不落窠臼,有自己的见解,这是创新性的价值体现。这两种情况的例子能列举很多,这里不再赘述。

3. **作品的实践与规范性价值**

通过作品能表达学科知识与生产或生活实际的结合点,反映学科教学中的概念、原理或规律等，研究（操作）过程切实可行，数据真实（有原始记录），或可操作性强，思路（结构）清晰，结构合理，严谨规范。比如学生制作一个尿液形成过程的模型，他能将肾小球滤过作用和肾小管重吸收作用的书本文字，通过建构模型来表达，体现学生对书本知识的理解、运用和再加工能力，具有实践价值。

4. 学生独立（或合作）工作能力表现

能够体现学生独立工作的能力。若是小组完成的作品，能够体现明确的分工与合作能力。

5. 表达方式的合理性

将自己的探究活动或制作过程，通过恰当的方式表达交流，比较容易地被倾听者或参observe者接受；布局（制作）合理，美观整洁，节能环保。如用废纸、落叶等制作模型，比用绿豆、大米或橡皮泥更环保。

评价是一个动态的生成过程，评价要反映该过程中较多的影响因素。力求建立科学而合理的评价指标体系，来评价学生作品质量的优劣。

四、评价的指标体系

评价的指标体系是通过使用一定的评价量表来实现的。我们要对影响评价的各要素进行综合分析归纳，抓住主要矛盾，突出评价重点，建立统一的分类基准，让各指标之间逻辑层次清晰，互不重叠，内容简约，方便师生操作和评分。由于学校（或年级）和区县（或市）对学生作品质量评价的侧重点不同，建议分别采用两种不同的评价量表。

（一）学校（或年级）评价量表

为了使得评价结果更为客观，缩小差异，我们一般不建议开展以班级为单位的评价，而是组织学校（或年级）评价。此量表不但要对学生的作品质量加以评价，还要对学生参与开放性考试的过程加以评价，适宜采用连续的数字计分。评价项目包括科学性、创新性、实践与规范性、独立（或合作）能力、交流与表达能力等。学生自评、小组互评、教师及嘉宾在评分时可依据如下的评价量表（见表6.4.2）。

表6.4.2 学校(或年级)评价量表

编号:＿＿＿＿ 分类:＿＿＿＿ 题目:＿＿＿＿
＿年级＿班 学生姓名:＿＿＿＿ 指导老师:＿＿＿＿

一级指标	权重	二级指标	学生自评	学生互评	老师评价
科学性	5	目的明确、主题鲜明、计划周详、方法恰当、结论符合逻辑、无科学性错误			
创新性	5	提出的问题有价值、作品新颖、有自己的见解,制作(或实验)方法有创新,材料选择优化			
实践与规范性	5	切合实际、数据真实、有原始记录、可操作性强;满足探究性活动的一般步骤要求,结构清晰、合理			
独立(或合作)能力	2	体现独立(或合作)工作的能力			
交流与表达能力	2	选择恰当的表达方式,节能环保			
其他	1	布局(制作)合理,美观整洁			
总评	20				

1. 表中的学生自评、学生互评都不是指学生个人,而是以每件学生作品为单位的评价;
2. 因非纸笔测试占结业成绩的20%,故表中总评权重预设为20。

(二) 区县(或市)评价量表

只需对学生作品的优劣进行评价,而对学生参与开放性考试的过程,似乎不必过多关注。虽然每个学生都提交有反映制作过程的体会,但其主观性强,只能给评委参考。根据可测量的表现性评价理论,区县(或市)学生作品的评价量表比较适宜采用间断的五个等级评价。评价项目包括作品的科学性、创新性、实践与规范性等。根据实际操作经验,我们设计并使用如下的评价量表(见表6.4.3)。

表6.4.3 区县(市)评价量表

评价内容	评价标准	等级				
		优秀(A)	良好(B)	中等(C)	较差(D)	差(E)
科学性	目标明确、主题鲜明、计划周详、方法恰当、结论符合逻辑、无科学性错误					
创新性	作品新颖、有自己的见解、制作(或实验)方法有创新、材料选择优化					
实践与规范性	切合实际、数据真实、有原始记录、可操作性强; 基本满足探究性活动的一般步骤要求,结构清晰、合理					
其他	布局(制作)合理,美观整洁					

五、学校(或年级)评价量表的使用及后续处理

开放性学生作品在学校(或年级)层面的评价要注意倡导评价目标与主体多元,强调互动参与。学生作品完成后,要求学生对照评价量表(表6.4.2),经小组讨论评估后,在自己作品的右上角写出自评分。可以预定某周或某天,学生将各自作品送至校内某个指定地点,按年级分区分班集中展览。组织者要在每个作品的左上角统一编号,再根据编号印制作品清单簿(表6.4.4)。

表6.4.4 开放性学生作品清单及得分表(Excel电子表格)

作品编号	作品名称	年级	班	学生姓名	小组自评	学生互评	老师评价	合计	平均分

邀请学校领导、任教老师、家长及社区人士参与,成立由若干人组成的评委会。为了考查学生的表达交流能力,学习小组可以合作与分工,通过演示、操作、讲解等方式推介作品的价值与创新点,甚至邀请评价者或观众参与操作。这里要明确评价的主体,体现小组的意志。学生也可以小组为单位参与评价,给每个作品打分或推荐优秀作品。组委会收齐所有作品清单簿,经数据处理后得到每件学生作品的平均分。

当然,如果某个作品是学生个人独立完成的,评价的结果就是学生个人的非纸

笔成绩；如果某个作品是学习小组合作完成的，则评价的结果只能代表这个作品的得分。这时该小组还要根据作品的得分进行小组再评价，来确定每位学生的非纸笔成绩，这也是小组内个人之间互评、自评与反思的过程。

各学校按照每班1份的比例挑选优秀作品参加区县级作品评选活动。

六、区县（或市）评价量表的使用及后续处理

区县（或市）级开放性考试学生作品评比的组织工作包括展厅布置、作品收集、评委打分、作品成绩统计等。为了评委打分和统计的方便，应该统一各学校送展作品的数量与标签的规格，还有作品编号、电子表格规格、作品上送要求、时间、地点、送展作品的学校代号等。还要成立专门的专家评审组，一般由本区域特约教研员和骨干教师组成，他们的专业水平较高，在区域教学中具有一定的影响力，其评价结果易于被人接受。一般是特邀评委9人，分3个小组实施评价。区县级组织评比后还要将评比结果加以公示，并按规定比例选送优秀作品参加市级评比。

区县（或市）级评价量表（表6.4.3）的统计比较复杂。由于每位评委给学生作品的评价是等级分，所以，不能以简单的数字相加来求算术平均数的方法，而应该运用教育统计学的方法来解决这一问题。

（一）学生作品等级的评定

我们可以使用"平均等级的数量化分数"的方法。这是因为，有时对某些作品或事物的评定，虽然有严格的频度标准，但它却不像客观性测验或统考评价那样，对于答案的正误、优劣有十分明确的界限。由于受到评定者主观因素（如审美观或对评分标准的把握不完全相同）的影响，对同一作品或事物，不同评定者会给予不同的评定等级。例如，在2013年开放性考试作品评比活动的120件学生作品中，甲、乙、丙三位教师分别给A作品评定为优、良、中，B作品评定为良、优、中，请问哪件作品质量更好一些？

A、B两件作品各得到三位评委优、良、中三个等级各1次，表面上看其成绩是一样的，其实不然。我们可以运用正态分布曲线，先求出120件学生作品的等级数量化分数，然后再求出A、B两件作品的平均等级的数量化分数。这样就能够比较A、B两件学生作品的质量高低。

三位教师对120个编号连续的学生计算机作品的等级评定情况见表6.4.5。

示例 6.4.1

学生作品等级评定

表 6.4.5　三位教师对 120 个编号连续的学生作品的等级评定情况

等级	各位教师所评定的作品数/个		
	教师甲	教师乙	教师丙
优	30	12	0
良	60	30	36
中	15	36	60
较差	15	30	24
差	0	12	0
总和	120	120	120

1. 请将表中数值转化成数量化分数。
2. 若甲、乙、丙三位教师分别给 A 作品评定为优、良、中三个等级，B 作品评定为良、优、中三个等级，请计算 A、B 两个作品平均等级的数量化分数，并说明哪件作品的成绩更高一些？

这是一个典型的教育统计学问题。依据教育统计学原理，我们可以将教师甲的评价数据做如下几步的计算。

（1）计算教师甲所评定的各等级人数比率，见表 6.4.6 中第（3）列；
（2）计算本组 1/2 面积与本组以下面积之和，见表 6.4.6 中第（4）列；
（3）计算本组面积的平分点至 $Z=0$ 之间的面积，即表 6.4.6 中第（4）列的各组数值与 0.5 之差，见表 6.4.6 中第（5）列；
（4）求平分各块面积的中位数（即等级数量化分数），见表 6.4.6 中第（6）列。

表 6.4.6　等级数量化分数的计算表

评定的等级（1）	评定者（教师甲）				
	人数（2）	比率（3）	本组 1/2 面积和（4）	本组 1/2 至 $Z=0$ 之间的面积（5）	等级数量化分数（6）
优	30	0.25000	0.87500	0.37500	1.15
良	60	0.50000	0.50000	0.00000	0.00
中	15	0.12500	0.18750	0.31250	-0.89
较差	15	0.12500	0.06250	0.43750	-1.53
差	0				
总和	120				

同理，可以将乙、丙两位教师的评价数据计算成等级数量化分数（过程略）。于是，得到表 6.4.7 的数据。

表 6.4.7　三位教师对 120 件学生作品评价的各等级数量化分数

教师	各等级数量化分数				
	优	良	中	较差	差
甲	1.15	0.00	-0.89	-1.53	
乙	1.64	0.76	0.00	0.76	-0.64
丙	0	1.04	-0.13	-1.28	

A 作品被评定为优、良、中三个等级，我们可以求得其平均等级的数量化分数为：$(1.15 + 0.76 - 0.13) \div 3 = 0.59$

B 作品被甲、乙、丙三位教师分别评定为良、优、中三个等级，我们可以求得其平均等级的数量化分数为：$(0.00 + 1.64 - 0.13) \div 3 = 0.50$

所以，两作品相比，A 的质量要优于 B。

这是因为在正态分布上，A 作品 $Z = 0.59$ 之下的面积 0.722 240（查正态分布表，得 $P = 0.222240$，再加 0.5）大于 B 作品 $Z = 0.50$ 之下的面积 0.691 460（查正态分布表，得 $P = 0.191460$，再加 0.5）。

显然，比照上述方法，我们可以将上面问题中的 120 件作品分别计算出其平均等级的数量化分数。不过，这一计算过程比较复杂。我们不妨借助计算机软件来完成这一工作，并将每件作品的平均等级的数量化分数从大到小排列，从而可以知道 120 件作品从优到劣的排序。据此排序，我们可以确定每件学生作品的评价等级。

在区级评比中，通常有 460～500 件学生作品参评。依此方法，可以确定每件学生作品的评价等级。

实际操作中，我们发现，在开始评价打分前，向每位评委提出各等级学生作品的参考比例（如一等 10%，二等 15%，三等 30%），可以缩小不同评委之间的评分误差，使得评价结果更为合理、准确。

（二）对评价者的再评价

这一问题的提出，源于某位教师的一封投诉信。该教师认为，他所选送的学生作品质量很高，只被评为二等奖，而另一件学生作品，质量一般却被评定为一等奖。于是，他对评审小组成员的评定结果是否公平提出了质疑。这就提出了对评价结果要进行再评价的问题。

区县级评价以各评委回避本学校本任教年级的原则来交叉分组。各评委相互监督，严格地按评价量表对学生作品逐个独立评分。不存在故意拉抬或压低某件学生作品评分的情形。

我们可以运用统计学原理来解决这个实际问题。当具备相关关系的两个（或两个以上）变量以等级次序表示时，可以通过肯德尔和谐系数来描述这些变量之间的一致性程度。以上述投诉为例，我们可以把有疑问的一等奖学生作品为中间项，抽取前后序列中连续 5 份，采用对肯德尔和谐系数进行校正的方法，检验三位评委评定结果的相关程度。

✱ 示例 6.4.2

评定结果的相关性

以该教师投诉中提到的对一等奖有疑问的学生作品为中间项，抽取前后序列中连续 5 份，得其等级评定结果如表 6.4.8 中（1）、（2）列。试问三位评委评定结果的相关程度如何？要解答这个问题，可按如下的计算方法。

1. 计算如下数据

（1）赋予等级：共有 5 件作品，其排名应为 1、2、3、4、5。第一位评委给 2 号作品评定 1 等，则 2 号作品实际排名为 1；给 3、4 号作品并列 2 等，其理论等级应为第 2 或第 3，则 3、4 号作品的实际排名均为 $(2+3) \div 2 = 2.5$；而 1、5 号作品并列 3 等，其理论等级应为 4、5，则其实际排名均为 $(4+5) \div 2 = 4.5$。同理，可求得第二、三位评委给 5 件作品的实际排名，得到表 4 中第（3）列。我们还可以先后计算出 R、R^2，于是得到表 6.4.8 中第（4）、（5）列。

表 6.4.8　三位教师对连续 5 份学生作品的等级评定结果

学生作品 $n=5$ (1)	评委 $K=3$ (2)			实际排名（等级）(3)			R (4)	R^2 (5)
	1	2	3	1	2	3		
1	3	5	3	4.5	5	4.5	14	14^2
2	1	2	2	1	2	2.5	5.5	5.5^2
3	2	1	1	2.5	1	1	4.5	4.5^2
4	2	3	2	2.5	3	2.5	8	8^2
5	3	4	3	4.5	4	4.5	13.5	13.5^2
总和							45.5	492.75

2. 计算 S_{SR}

$S_{SR} = \sum R^2 - (\sum R)^2 / n = 492.75 - 45.5^2/5 = 78.7$

(3) 计算 $\sum T$：(运用公式 $T = \sum (m^3 - m) \div 12$，$m$ 表示相同等级的个数)

第二位评委的评价中没有相同等级，则 $T2 = 0$；第一、三位评委的评价中有 2 个 2 相同，2 个 3 相同，则：$T1 = T3 = (2^3 - 2) \div 12 + (2^3 - 2) \div 12 = 1$。

于是 $\sum T = T1 + T2 + T3 = 1 + 0 + 1 = 2$。

(4) 求校正的肯德尔和谐系数：

$r_w = \dfrac{S_{SR}}{(1/12) \times K^2 \times (n^3 - n) - K \times \sum T} = \dfrac{78.7}{(1/12) \times 3^2 \times (5^3 - 5) - 3 \times 2} = 0.937$

3. 相关系数的显著性检验

(1) 提出假设：$H_0: \rho = 0$（无相关性）； $H_1: \rho \neq 0$（有相关性）。

(2) 计算检验统计量的值：

检验统计量为：$X^2 = K(n-1)r_w = 3 \times (5-1) \times 0.937 = 11.24$

(3) 统计决断：

根据自由度 $df = n - 1 = 5 - 1 = 4$，查 X^2 值表，寻得 0.05 及 0.01 显著性水平的 X^2 临界值分别为 $X^2_{(4)0.05} = 9.49$，$X^2_{(4)0.01} = 13.28$，而实际计算出的 $X^2 = 11.24^*$，$X^2_{(4)0.05} = 9.49 < 11.24^* < 13.28 = X^2_{(4)0.01}$。根据 X^2 检验统计决断规则，$0.01 < P < 0.05$，于是在 0.05 显著性水平上拒绝 H_0 而接受 H_1，其结论为：三位教师对 5 件作品的等级评定结果从整体上说是一致的（相关的），此结论的可靠度为 95%。事实说明，各位评委的评价结果从整体上说是一致的。

统计决断表明，各评委的评价结果整体上是一致的。这样，对投诉者提出的疑问就可以做出恰当的解释。如果不一致，必须组织评委重评。

区县级开放性考试作品评比，必须对各评审小组的评审结果进行相关性检验。

七、问题与展望

在实践过程中，我们发现，在初中生物学开放性考试的评价工作方面，也出现了一些问题。

1. 对评价性质认识模糊

开放性考试有别于学科竞赛，但个别学校指定一些学生制作作品参加区级评比，把它当成学科竞赛来对待，这违背了我市初中学生学业成绩评价的基本要求；有的学校老师放弃开放性考试，只搞实验考试，虽然并不违背上级文件要求，但学生的探究能力得不到应有的发展。

2. 对课程结构的认识误区

在广州地区，生物学是非中考科目。有的学校领导认为，该项考试占用课外时间，影响中考科目成绩；个别学校乐于调用非生物教师任教生物，导致结构性缺编，这些教师难以对学生进行有效的专业指导；或者生物教学设备配置不够，难以有效地开展教学实践组织与评价活动。

3. 组织工作面临较大困难

学生制作的许多作品是在课外完成的，有些野外活动存在学生安全问题；学生的自评、互评和教师评价时，数据处理量比较大，需要教师具有较强的计算机操作能力，也考验教师的敬业程度和工作责任心。

瑕不掩瑜，初中生物实施开放性考试，顺应了课程改革的发展，促进了教学评价机制的革新，促进了学生学习能力发展和教师教学专业发展。番禺区正加强检查与督促，积极推进该项工作纳入学校综合评估指标体系，使得这一教学评价方式不断深入和完善。

第七章

 探究性课程资源利用与开发

长期以来，中学生物学课程文化资源的结构比较单一，在课程文化资源的载体上，偏重于教科书，忽略了开发多样化的课程文化资源载体。课程文化资源的开发主要依靠少数专家特别是学科专家，他们开发的课程在内在的学术性品质上可能是很好的，但就课程反映不同地区、不同学校和学生的差异性与多样性方面来说，他们是难以顾及的；而且班级课堂成为实施课程的最主要条件，学生学习方式和内容主要集中在学科内容的课堂教学上，比较缺乏各学科知识的相互渗透与融合，远离学生的生活经验，相对缺少包括研究性学习、社区服务、社会实践以及劳动与技术教育相结合的综合实践活动的形式。

2001年12月和2003年4月中华人民共和国教育部分别制定义务教育和普通高中《生物课程标准》（实验稿）。随后，广东省中学阶段全面实施。在课程的实施过程中，学校领导及教师们最感为难的是，教学中可供利用的现成的生物课程资源不多，教师为了设计好课堂，需要花费许多时间去准备，查阅许多资料，设计教程，自发地开展课程资源利用与开发工作。而且这种利用与开发处于一种无序状态，某些内容重复开发，而某些内容无人开发的现象十分常见。所以，迫切需要教育教研部门引导教师有组织、有计划、有系统地利用与开发。

一个地区文化资源的丰富程度，取决于该地区的历史积淀，以及经济与社会发展水平。每个区域都具有深厚的地方历史底蕴，区域性文化资源十分丰富，特色文化凸现，文化名人辈出，人文资源极为丰富；区域还具有优越的地理优势，自然资源十分丰富，特别是改革开放以来，产业结构得到了合理调整，工业、农业、第三产业布局比较合理，社会经济得到了飞速发展，人们的精神面貌焕然一新，涌现了大量的新人新事新现象。丰富多样的区域性文化资源，为我们开展中学生物学区域性课程文化资源的利用与开发研究提供了丰富的素材。

一、资源开发的目的与意义

课程资源是指课程设计、实施和评价等整个课程教学过程中可利用的一切人力、物力以及自然资源的总和。课程资源是决定课程目标能否有效达成的重要因素。我们开展中学生物学区域性课程文化资源的利用与开发研究的价值主要体现在以下几个方面：

一是有利于确立与学习化社会相适应的课程观念，从而为中学生物课程的实施提供条件保障，为课程目标的实现提供物质保证；为三维课程目标的实现提供可能性，为学生探究式、开放式、合作式学习提供支持系统；为在家庭、社区、社会范围内开发新的教育与学习资源提供途径、方法和范例，从而发挥校外社会教育场所和设施的教育作用，拓宽学校教育的范围，加强学校教育在教育内容层面上与社会各个系统的联系。

二是有利于更好地促进学生个性的全面发展，提高学生学习的主体性地位，使学生的实践能力、学习兴趣、创新能力等得到全新的发展。

三是有利于生物教师专业化成长，对教师开发课程能力、教学视野、教学技能等起到积极的推进作用，对于改变"知识为本"的单一教育模式具有积极的实践意义。通过生物学课程文化资源的开发和积累，多学科知识的交汇与融合，使课程内容更加丰富，更好地推进课程的实施。

在实施中学生物课程标准的过程中，各校领导和教师深刻地认识到，生物课程文化资源的匮乏，是推进课程标准实施的主要障碍。因此，利用与开发生物学区域性课程文化资源，具有重大的现实意义。

二、利用与开发的内容

课程与文化之间有着密切的关系，课程的内容来源于文化，是文化的组成部分。一方面，文化造就了课程，文化作为课程的母体制约并决定了课程内容的性质；另一方面，课程又创造和形成着文化，课程作为文化的一种重要手段和媒体，为文化的增值、创新及其育人意义的形成、育人标准的定位，提供核心与导向性的途径与机制。

文化资源是课程文化资源的基础与素材，但并非所有的文化资源都能成为课程文化资源，只有那些进入课程，与教学联系起来的文化资源才能成为课程文化资源。通过有效地利用与开发区域性课程文化资源，可使资源具有更多的教育附加值，进而开阔教师的视野，拓宽中学生物校本课程开发领域，为实施课程标准提供更为丰富的课程文化资源。

课程文化资源的内容是十分广泛的，其分类也是十分复杂的（表7.1）。通过对表7.1进行比较分析后可知，中学生物学课程文化资源适合根据资源的来源这个角度去分类。校内课程文化资源是实现课程目标，促进学生全面发展的最基本、最便利的资源；校外课程文化资源可弥补校内课程文化资源的不足，为学校实施课程标准提供有力的支持和保证。

表 7.1 课程文化资源分类

分类依据	类型	含义和特点	内容举例
资源的功能特性	素材性资源	用于课程，并能成为课程的素材或来源	知识、技能、经验、活动方式与方法、情感态度和价值观及培养目标等
	条件性资源	用于课程，在很大程度上决定着课程的实施范围和水平，而非形成课程本身的直接来源	人力、物力、财力、时间、场地、媒体、设备设施和环境及实施者对课程认识的状况等因素
资源的来源	校内资源	存在于学校范围之内的，具备校内特色的课程资源	教材、教具、仪器设备等有形的物质资源，学生已有的知识和经验等
	校外资源	存在于学校范围之外，是校内课程资源的补充	家庭、社区乃至整个社会中可用于教育教学活动的设施、条件（包括丰富的自然资源和文化资源），还有家长和社会的支持态度等无形资源
资源的呈现状态	显性资源	是看得见、摸得着的资源，可直接用于教学之中	客观存在的实物资源，如学校的所有硬件设施设备等
	隐性资源	潜在的，如施加即可以产生影响的课程文化资源	属于认识观念、意识形态方面的，如学校和社会风气，师生关系等

中学生物学课程文化资源非常丰富。首先，每间中学的校内生物学课程文化资源十分丰富，各校校内各种场所和设施，如图书馆、实验室、学科专用场室、信息中心、生物园、校园绿化、实践基地等一应俱全，校园文化、人文环境各具特色，与教育教学活动密切相关的各种活动，如实验实习、座谈讨论、文艺演出、体育比赛、典礼仪式等丰富多彩；其次，区域内社区生物学课程文化资源也丰富多彩，活动场所很多，如社区的图书馆、科技馆、博物馆、纪念馆、气象台、地震台、水文站、工厂、农村、部队、科研院所以及动物园、植物园、森林公园、学生劳动基地等不一而足，各种社区文化绚丽多彩，如地方饮食文化、运动与健身文化、特种生物栽培（或种养）与赏识文化等五花八门；还有，在教学活动中，生物学教师对生物学教材资源、家庭资源、多媒体网络资源、学生自身资源等方面，都有独到的见解和别致的利用与开发。

(一)教材类课程文化资源的利用与开发

教材类课程文化资源包括教材、教师用书和相关的教辅材料等。教科书能够体现课程标准的基本思想和内容要求,是主要的课程文化资源。

为了达成三维课程目标,教材在生物课程标准基础上进行了再创造。但教师不能照本宣科,而应对多种版本教科书的内容进行选择和重构,以符合学生身心发展特点和认知规律;将中学生物学区域性课程文化资源引入课堂教学,以补充教材的不足,这些资源要注重反映本地区社会、经济、科技的发展需求;选择和重构的内容应呈现多样性、生动性、系统性,反映地方特色,贴近学生生活实际,提高学生的学习兴趣和运用学科知识解决实际问题的能力。

❋ 示例7.1

"生命活动的主要承担者——蛋白质"教学过程设计

一、对知识点的归纳与设计

运用问题引导资料分析法,以问题的形式引导学生,运用观察、比较、归纳等方法,分析资料,捕获信息,进行自主学习。

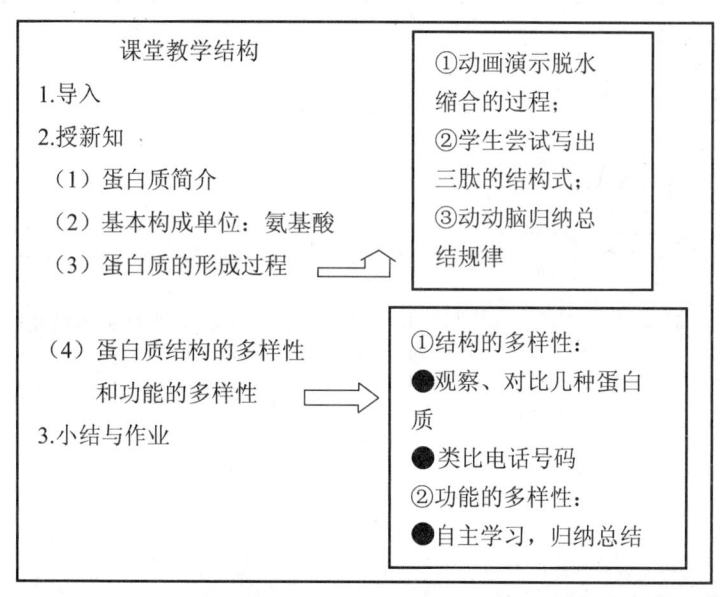

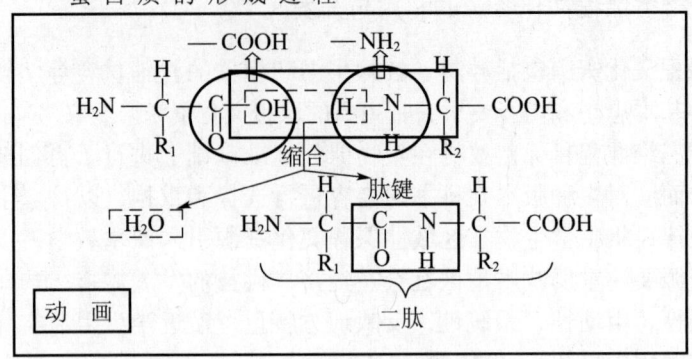

蛋白质的形成过程

二、有关探究性练习题的设计（学会掌握资料分析法）

运用点面结合的方法，先通过资料分析（如数据资料、文字资料、图片资料等），让学生对蛋白质有一个面上的认识，然后进一步进行点上突破。

1. 根据数据资料1完成思考练习

名称	水	硫酸	牛胰岛素	血红蛋白
分子式	H_2O	H_2SO_4	$C_{254}H_{377}O_{75}N_{65}S_6$	$C_{3032}H_{4816}O_{872}N_{780}S_8Fe_4$
相对分子质量	18	98	5700	64500

思考：

（1）组成蛋白质的元素有哪些？

（2）与水和硫酸相比较蛋白质的相对分子质量有何特点？

2. 根据结构简图回答问题

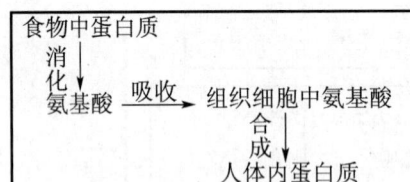

思考：
为什么人每天都要补充蛋白质？目的是为了从中获得什么？这说明了什么？

3. 根据图片资料回答问题

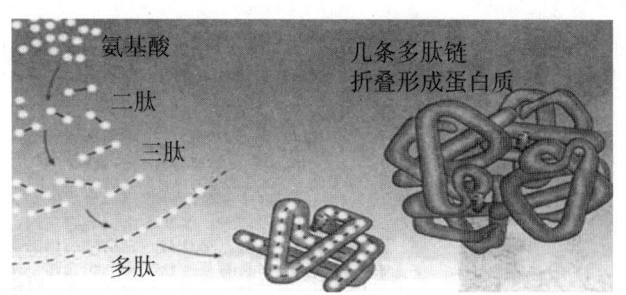

> 试一试:
> 说出蛋白质的结构层次。
> 想一想:
> (1) 氨基酸结构怎样?
> (2) 氨基酸是怎样构成蛋白质的?

在本案例中,教师比较注重教材资源的有效利用与开发。一方面,教师能够充分发挥教材资源在教学中的重要作用,注意引导学生的学习活动主要通过围绕教材来开展,包括培养学生的阅读能力、归纳能力、提出问题和分析与讨论问题的能力等;另一方面,教师还充分利用教学参考书中提供的视听资源,通过对多媒体教学辅助课件的充分利用与开发,使课堂声情并茂、生动活泼,课堂教学效率大为提高。

(二) 学校课程文化资源的利用与开发

学校课程文化资源基本能反映学校的教学理念、办学特色,在教学中占有重要地位。学校应当积极创造条件,不断丰富生物学课程文化资源。

除各学科通用的课程资源外,还应当设置足够的生物学实验室和仪器设备,配备生物学图书及报刊、教学挂图、投影片、音像资料和教学软件等。有条件的学校还应按要求建设生物园、校园网、电子阅览室等。校园中的生物也是应当充分利用的课程文化资源。从一个学校的生物课程文化资源情况,可以基本了解该校生物科组建设的大致情况。教师和学生要充分利用学校课程文化资源开展科学探究活动。

示例 7.2

对蜗牛生活习性的探究

蜗牛是一种背着贝壳的小动物,在我们生物园,经常可以看到它们。它们行动缓慢,受到刺激,很快就会把整个身体缩进壳里面,直到确信没有什么危险,才会把两条触角伸出来,继续爬行。据我们观察,蜗牛大多生活在阴暗潮湿、疏松多腐殖质的地方。蜗牛怕光吗?它们对环境的变化敏感吗?我们小组的两个同学决定通过实验一起来探究。我们把想法告诉了老师,老师肯定了我们的想法,同时启发我们,如果只是探究光对蜗牛的影响,似乎不够,能不能用同样的方法对蜗牛整个生活习性都进行探究呢?我们想,影响蜗牛生活的外界因素,除了光照以外,温度、水分、空气、食物等也应该可以探究。于是,我们采用对照的方法,对探究实验做了设计,并且实施,得到了一系列的数据,通过数据分析,我们得出了正确的结论。也许我们的探究还不够准确和成熟,不过我们运用了生物学的实验方法,去解决自己发现的问题,体验到了生物探究的乐趣。

(广州市南沙区榄核第二中学王嘉欣、麦佩玲
指导教师　邓锡坚)

示例 7.3

探究咸潮对生物生长的影响

2004年10月22日某报报道:"持续干旱遭遇罕见的咸潮"。"水稻花卉、绿化苗木等作物受到严重影响,政府决定投入120万元'防咸抗旱'"。来势凶猛的咸潮威胁着我们。咸潮对生物有什么危害?我们选择利用学校现有条件开展探究活动。

1. 探究咸潮对植物生长的影响

在老师的指导下,我们设计并实施了三组探究实验,分别采用生菜、菠菜、大蒜作为材料。根据自来水公司提供的有关资料和数据,我们利用井水作为母液配置出氯化钠质量浓度分别为 250mg/L、500mg/L、1000mg/L、7000mg/L 的 4 种溶液,并以井水作为对照液,这样就产生了五个不同咸度梯度的溶液。我们每天定时、定量用 30mL 实验液灌溉植物,放置在室外相同条件下,观察和记录它们的生长高度。通过 10 天的探究后,我们根据实验现象得出相关的数据表(三个数据表略)。通过统计和分析,我们得到了结论:咸度越高对植物生长的影响就越大。

学生在做实验观察、记录　　大蒜对照组的高度差异　　生菜对照组的高度差异

2. 探究咸潮对种子萌发的影响

通过实验探究五种溶液对种子萌发的影响。我们挑选了油菜、玉米、水稻、香瓜、菜豆五种种子，设置了五组浓度对照组，每天统计和登记发芽率。通过一周的观察和记录，发现咸度越高种子的发芽率越低，而不同种子的抗咸能力又有不同，其中玉米、水稻种子的抗咸能力较强，菜豆种子的抗咸能力最弱。具体数据见下表。

不同氯化钠质量浓度下五种种子的萌发率比较（第七天）

溶液 发芽率 种子	井水 （对照）	A. 250mg/L 氯化钠溶液	B. 500mg/L 氯化钠溶液	C. 1000mg/L 氯化钠溶液	D. 7000mg/L 氯化钠溶液
玉米	93%	90%	90%	66.69%	46.6%
稻谷	83.3%	86%	76.6%	60%	40%
香瓜	80%	86.6%	80%	46.6%	36.6%
油菜	93%	80%	73.3%	40%	16.6%
菜豆	70%	46.6%	10%	0%	0%

3. 咸潮对淡水养殖的危害

我们同样利用氯化钠质量浓度分别为250mg/L、500mg/L、1000mg/L、7000mg/L的4种溶液，以井水作为对照液，形成五个不同咸度梯度的溶液。通过实验探究这五种溶液对淡水鱼类（青鱼、草鱼、鲢鱼、鳙鱼、金鱼）生长的影响。每天观察和记录状况。通过一周的观察和记录，发现咸度越高对这些鱼类的生活影响越大，而不同鱼类的抗咸能力又有所不同，其中草鱼抗咸能力较强，而金鱼对咸度最为敏感，当水中氯化钠质量浓度达到或者超过250mg/L时它们都会死亡。

五个不同咸度的对照组

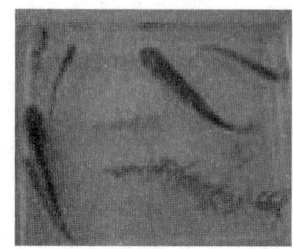
实验前生机勃勃的鱼

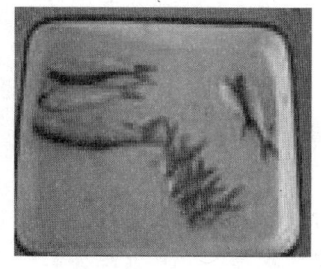
因咸度过高而死亡的鱼

综合分析各个实验的数据，我们得出了结论：咸潮对生物的生长有严重的影响，不同的生物对咸度的反应不一样。

（广州市南沙区黄阁中学　陈嘉宝
指导老师　吴培娇　黎金玉）

显然，每所学校现有的生物学实验室和仪器设备，是重要的课程文化资源，它既可以用于课堂教学活动，也可以用于课外科技活动、综合实践活动。示例7.3探究咸潮对生物生活的影响，基本的实验设计与实施都是在学校实验室完成的。此外，学校还配备了生物学图书及报刊、教学挂图、投影片、音像资料和教学软件等，许多学校还按要求建设有生物园、校园网、电子阅览室等，所有这些都是宝贵的生物学课程文化资源，应该充分利用和开发。

（三）社区课程文化资源的利用与开发

结合具体教学内容的学习，发动学生走出教室，走向自然，走向社会进行调查研究，分析社区提供的有关资料等，是利用社区课程文化资源的主要方式。

聘请有关生物学专家和个体养殖专业户来校演讲、座谈，参观访问养殖与栽培生产基地，生物制品和药品生产与销售部门，医院、环卫、旅游、城管等机构部门；市场现场考察与调查，有毒有害物质的使用调查；观察社区或公园中的动、植物，调查社会发展进程中生物资源的变迁、环境变迁，考察本地区农业生产、作物栽培、花卉栽培、饮食习惯、风俗习惯、水资源等环境问题；另外还可以利用社区文化资源开展综合实践活动，培养学生实践能力和社会责任感等。

示例7.4

鳄鱼公园的科学探究活动

鳄鱼属于爬行类动物，鳄鱼公园是番禺区著名的旅游景点，附近的学校可以利用和开发成为课程文化资源。组织部分学生选题，确定研究方式，如考察与访谈、实验探究等方式。

1. 考察与访谈

组织学生进入鳄鱼公园，考察其生活环境，了解鳄鱼的种类、形态特征、生活习性等，拍摄部分照片；还可以通过查阅资料，得到全世界鳄鱼的种类、数量、分布状况等；也可以与公园管理处联系，采访有关专家，介绍以上内容；还可以通过向游客发出和回收问卷调查表，了解鳄鱼给人类生活带来的乐趣情况，如鳄鱼营养价值与经济价值探讨等。最后由学生分工协作，整理出活动报告。

2. 实验探究

学生以小组为单位，以鳄鱼为实验材料可以开展多项探究活动。如通过钓鳄鱼活动来探究鳄鱼的神经反射情况，通过解剖小鳄鱼来了解鳄鱼的身体结构、生理特征；通过鳄鱼卵的孵化来了解鳄鱼的生殖与发育特点；还有鳄鱼细胞中蛋白质、糖类、脂肪、水分、无机盐含量的测定活动等等。活动完成后要求写出探究活动报告。

通过以上活动，可以培养学生科学探究精神，掌握科学探究的一般方法。还可以培养学生思维方法、探究能力、合作精神等。显然，这是很好的教学案例。中学生物学课程文化资源的利用与开发的研究，还有很多项目可以继续深入开展。

学生的活动报告也可以成为课程文化资源。如在表达和交流的空间上进行选择，如在宣传窗口或科技活动室展示，或选定时间召开专题报告会议，也可以作为课堂知识内容来加以展示，还可以在各班巡回展览，使学生的成果得到推广。这种展示活动对学生学习方式有何影响？可以进一步研究。

其次，在表达和交流的效果上可以深入研究，如学生反响怎样？学生学到了多少？不同的表达方式的教学效果会怎样？有怎样的差异？学生表达和老师表达的教学效果将会怎样？有怎样的差异？等问题亦可展开探讨。

示例7.5

《大石镇常见药用植物手册》和《关帝岗主要植物名录》

《大石镇常见药用植物手册》一书首先对中草药的概念、性质和作用进行了详细的阐述。然后讲述怎样认药，书中收载了大石镇常见的中草药约118种。书中对每种药用植物的形态、药用部分、性味归经、功效和应用、用量和用法等进行了详细的记述。叙述了14种常见病、多发病，收集了31个经过实践证明具有一定疗效的处方。最后介绍了药膳的基本知识和四季药膳，为有志于医学方面研究的学生提供了宝贵的知识财富。同时附有大石镇常见药用植物的图片，以便学生对照图文，识别药物。

《关帝岗主要植物名录》收集了大石镇关帝岗及其周边地区的常见植物共75种。根据用途分为三类：园林、观赏植物31种，药用植物32种，抗污染植物12种。每种植物都注明科名，完整的拉丁学名，生长特征和用途简介，还收集了一些植物俗名及图片。可供同学们在关帝岗、校园及附近地区观察识别植物，充分利用现有资源与生物课程有效整合，也可为生物园建设、校园环境美化等类型的项目提供参考资料。

（广州市番禺区石北中学　李晓娟）

上述案例是利用与开发社区生物课程文化资源的典型案例。教师对教学活动的设计，比较注重反映本地区社会、经济、科技的发展需求，选择和重构的呈现内容注重多样性、生动性、系统性，反映地方特色，贴近学生生活实际，真正能够体现提高学生的学习兴趣和运用学科知识解决实际问题的能力。更多与此相类似案例的开发与利用，可以有效地推进学生科技活动、综合实践活动的开展，有利于培养学生科学探究活动的能力。有条件的学校，通过不断充实和完善，教师可以将这些资料集中和整理，编写成校本教材，向学校提出申请，开设富有本校特色的校本课程。

（四）家庭课程文化资源的利用与开发

学生家庭文化资源往往也可以成为课程文化资源。家庭课程文化资源的利用与开发，应当注意适度，不要造成学生和家长过重的负担。

有的学生家长能够指导或参与学生的学习活动。家庭中往往还有生物学方面的书刊，可供学生开展探究活动使用的材料用具；有的家庭栽种植物、饲养动物，家庭成员经常会谈及作物栽培、禽畜饲养、病虫害防治、生活与健康、电视新闻、社会热点问题、为人处世等话题，学生耳濡目染，会积累不少感性知识，同时这也给学生运用生物学知识参与家庭事务的讨论提供机会，丰富家庭文化生活。

示例 7.6

真核细胞的三维结构模型制作活动

中学生具有较强的抽象思维能力、综合实践能力、一定的实验操作能力、一定的表演能力。同时他们对制作类实验课、汇报课、表演课非常感兴趣，学生通过思考、上网查资料等，充分认识理解各个细胞器的结构与功能，通过制作模型把他们表现出来。这样，整合了学生的知识体系，丰富了知识内容，培养了学生思维表达、表演等各方面能力。本节内容是对整个细胞内容的总结与概括。通过利用家庭课程文化资源，让学生亲自动手制作细胞三维结构模型，使学生全面思考细胞的基本结构与功能特点，加深学生对细胞结构与功能的理解；面对细胞这样肉眼看不见的微观世界，教材力图让学生从枯燥的文字中摆脱出来，通过动手和思考使学生建构细胞模型，全面掌握细胞的基本知识，同时教材力求体现结构与功能的统一性。在真核细胞模型的制作时，要注意提醒学生，能够体现细胞的结构与功能特点，既科学准确，又美观简洁；如果以小组开展活动，要注意密切配合，明确分工；选择材料时，要尽量取材方便、廉价。需要选择适当时间，开展汇报总结和表达交流。评价展示时，需要同学们汇报介绍模型特点，各同学间、各小组间能够提问互评，体现多元评价、互动评价。

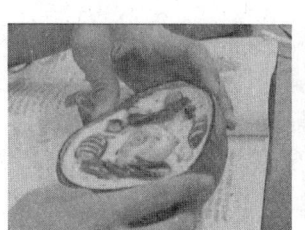 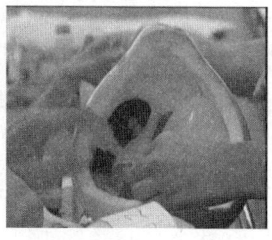 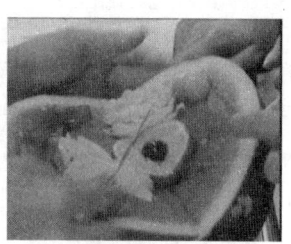

用椰子壳制作细胞模型　　用柚子皮制作细胞模型　　用西瓜制作细胞模型

实践出真知，对于生物学这样一门实践性很强的学科，学生的亲自动手，就显得尤为重要。除了充分利用学校课程文化资源外，在一定限度内，利用家庭课程文化资源，让学生动手做实验，也是一条重要的途径。此外，在有条件的情况下，还应提倡学生积极参与其家庭植物栽种、动物饲养，提高实践与操作水平。

（五）其他课程文化资源的利用与开发

其他课程文化资源主要包括媒体资源、无形的课程文化资源、信息技术方面的课程文化资源等。媒体资源包括报纸、杂志、广播、电视、互联网等；无形的课程文化资源是指非物质化的课程文化资源，主要是学生的生活经验以及他们所了解的生物科学信息；信息技术方面的课程文化资源主要包括网络资源和多媒体课件两个方面。

示例 7.7

利用媒体资源，开展收集和分析生物圈资料的科学探究活动

收集和分析资料是科学探究常用的方法之一，学生开展科学探究活动，需要对图片、文字和数据资料进行分析、处理。激发学生学习生物学的兴趣和方法相当重要，因而要求教师把各种能力和学习方法的教授安排在教学设计中，让学生学会学习。在课堂教学过程中应该多安排动手、表演、讨论、演说等形式的活动，让学生自主地参与到学习中去，使他们既能学习生物圈的有关知识，又从中得到"收集和分析资料"的技能训练。

本课以资料的收集和分析这一常用的探究方法作为学习主线，把各知识点归集到这条线上。课前布置同学分组任选一种方法：到图书馆去查阅报纸杂志、到网上搜索资料、对"生物圈"一课中各内容的资料进行收集。课堂上，让学生根据各自收集的资料，以4人为一小组，对老师提出的有关生物圈的问题进行讨论，然后小

组推荐成员把小组的意见和资料向全班进行展示,其他成员补充。提问的时候,尽量照顾到各个小组,使他们都有发言的机会,这样,每一位同学的意见都能通过小组的发言,参与到课堂上进行交流。最后共同总结收集资料的方法。

随着科学技术的发展,多种电教媒体越来越广泛地运用于教学活动。本节课主要使用以下几种媒体:①计算机课件的使用,提高教学的效率,节约了板书的时间;展示了丰富真实的图片,增强了课堂教学内容的形象性。②互联网的使用,让学生走上讲台,给其他同学演示上网查阅资料的方法,加深了他们的印象,教给了学生正确的上网技能;③实物投影,让同学能展示自己收集到的有关资料,如报纸杂志、图片、科普书、上网查找的打印资料等。

(广州番禺中学　李楚明)

由于社会经济的持续快速发展,计算机、平板电脑、智能手机、打印机、互联网等现代化装备进入家庭,已经成为许多学生生活的一部分。在本案例中,教师安排了有条件的学生利用互联网查阅资料,旨在教会学生正确地利用这些现代化教学资源,转化成为学生学习的好助手。让教学的现代化与学生生活的现代化相联系,这也是教育工作者的职责所在。

(六)学生作为课程文化资源的利用与开发

学生本身也是重要的课程文化资源。重视学生的已有经验,在现有体验上建构新知。这样,教师可以从中发掘到大量的教学资源,如教师收集学生的优秀作业、作品,用于丰富教师的教学资源;将综合实践活动与课堂教学中的实验探究内容有机结合,解决实验材料难于准备,实验器材、人员不足等教学问题。

基于"学生"的资源更能引起学生的学习兴趣,更有利于形成良好的学习风气。教师在教学中的引导和组织才能,能够得到更大限度的发挥,真正体现出教师"教"的主导地位和学生"学"的主体地位。可见,开展学生参与课程文化资源的利用与开发研究,不但对学生的学习发展有利,也对教师的专业发展有利。

示例 7.8

感受生物课之乐

有一门学科,它充满奥秘而又贴近生活,充满趣味而又实验性强,可领略生命世界的精彩而又能体验科学探究的乐趣,它就是生物学。探究活动过程的评价既有个人自评，又有同学互评，还有老师的评价，这些评价无形中促使我们重视所有的探究活动，我们在各种的实践中领略到了生命的奥秘，并且寻找到一份感悟。

一、探索生命奥秘——观察血液的流动

这天，生物课要进行一个题为"观察小鱼尾鳍内血液的流动"的实验。大家都感到十分有兴趣。血液是怎样在我们的体内流动的呢？而我更是整个上午都在盼望着这节课的到来。盼呀盼，总算等到了下午，我和小瑶编成一组。实验开始了，我们按捺不住兴奋万分的心情。我们拿出显微镜，对好光，装好镜头，等这一切都妥当地做好以后，我到鱼缸捉小鱼。平时，我吃鱼、钓鱼、喂鱼都尝试过，就是没捉过鱼，我怀着一颗好奇心，伸手去捉。原来捉鱼并没有想象中那么简单，那些"淘气"的小鱼游得很快，又滑溜溜的，捉住却又溜走了。我费尽九牛二虎之力，终于捉住了一条小鱼，但它还在我手中不断地挣扎，我赶紧拿一条小手巾把它包起来，小鱼被我"驯服"了，我不禁沾沾自喜。我迫不及待地把小鱼的尾鳍放在显微镜下，"哇！太神奇了！"我兴奋地欢呼起来，在镜头下，我看到了一条条红色的小河，有的在慢慢流淌，有的又在飞快地奔流，我高高地举起手，让老师来"欣赏"我们的实验结果。当老师称赞我们说："做得很好，仔细寻找三种血管进行对比！"我们两个高兴地笑了起来，不约而同地举起V字手势，脸上流露出自豪的表情。通过仔细观察，我们看到了三种不同的血管：动脉，毛细血管和静脉。并且动脉内血流速很快，而静脉内血流速慢，毛细血管内血流速最慢。

更有趣的是，我们知道人体内的血管总长11万公里，竟然可以绕地球两圈半！生物竟然这么奇妙！我在探索到生命奥秘之余，也收获了无限的趣味与快乐。

二、领悟合作的意义——收集绿藻

我们生物小组有探究实验需要用绿藻这种材料，所以我们相约到星海公园去寻找绿藻。

我们来到了公园里的一个小池塘，这里杂草丛生，离我们2米远的水面上漂浮着大团大团的绿藻，绿藻上面还冒着泡泡，不过大家都不约而同地认为这满池的绿藻太恶心了。脸上充满了厌恶的表情。我们没有一个人主动地去打捞这些绿藻。大家都你推我让，面面相觑。一个女生对男生说："你来吧，你是堂堂男子汉呀！"那个男生对女生说："为什么?! 你比我高，手长一点，还是你来吧！"这时我自告奋勇地打破了沉默，"我来吧！"大家都用佩服的目光看着我。我拿起小竹子，在池水中打捞，我不断地摆动着双手，想要把绿藻给捞上来，可是绿藻滑溜溜的，挂在竹子上又掉下去，我的动作越大，绿藻就被推

得越远。我顿时就像泄了气的皮球。

也许因为我勇敢的举动鼓舞了大家，组员们不再缩手缩脚了，纷纷主动加入到打捞工作中。但是，由于我刚才把绿藻给弄到远处去了，所以现在要把绿藻捞起来，有了更大的难度。在我感到自责时，大家安慰道："没关系，我们再一起想想办法吧！"这时，大家都在苦思冥想，出谋划策。最后，我和小瑶去找更长的树枝，两个男生忙着找绳子系着桶。等一切都准备好以后，男生提着绳子把桶放进水中，我和小瑶便用树枝一左一右，努力地把绿藻拨进桶里。最后，绿藻在我们的齐心协力下被捞上来了，安静地躺在了桶中，我们高兴地一起击掌庆贺。

这次的工作让我领悟到合作的真正意义和力量！要是没有大家的齐心协力，也许这次的任务就不会顺利地完成。合作，是多么重要，无论是在生物课的实践中，还是在人生的道路上。

三、培养领导能力——担任生物科代表

不说不知道，我还是班上的生物科代表呢！担当着这个特殊的角色，我的责任很重，要带领同学们进行各种各样的有关生物课的活动。

记得一次，生物课上要用到鼠妇，我便按照老师的话布置同学们课前先去捉鼠妇。原本以为，只要把老师的要求传达下去就可以了，没想到，第二天，一大堆同学来找我，纷纷问我："生物科代表，我们小组昨天在公园找了半天，连鼠妇的影子都看不见！怎么办呀？""生物科代表，我们也是，我们的组员各自在家里翻缸倒罐都找不到呢！"……面对着同学们的疑问，我也不知道该怎样回答他们，因为我自己找不到。我只好答道："呃，对不起，我也找不到呢！"这时，同学们的脸上充满了失望与沮丧，说："连生物科代表都找不到，那该怎么办呀？"回到家后，我看着课程表在想，怎么办呢？过两天就要上生物课了！不可能让同学们的探究实验落空吧！每当我想起同学们急切的心情，我就感到坐立不安。我身为生物科代表，更应该有责任指导同学们去开展活动，要是连我自己也没有这个意识，那大家就会不重视实验了！我想了一整夜，终于让我想起了，学校的旁边有一处地方乱石成堆，据老师说那样的环境，应该很适合鼠妇的生活。

第二天上午放学时，我带上各个组的组长一起到操场寻找鼠妇。我翻开那些断砖，果然让我猜中了！这里简直就是鼠妇的天地呀！我大叫一声："大家快捉呀！愣着干吗呢？"大家便围在断砖旁开始捉了。没过多久，大家都带着各自的收获兴高采烈地回到了教室。

生物课带给我的快乐远远不止这三则小故事，老师对探究活动过程的评价促使我们重视所有的探究活动。这样就提供了一个平台让我们像缴获到战利品般收获满满。当我看着同学们兴奋不已的表情，我心里顿时甜滋滋的，心想，嘿嘿，我这科代表当得蛮成功的嘛！

科代表的工作让我学会了组织、学会了管理、学会了负责,同时那些工作也是很快乐的。

从实践中领悟合作,从合作中懂得如何齐心协力,互相鼓励,促进了大家的合作精神与团结意识。相信随着生物课的开展,我将会不断地探索到更多的生命奥秘,领悟到更多的人生道理,也得到更多的快乐。

(广州市番禺区市桥星海中学 初一(1)班 程子澄 指导老师:赵雪梅)

三、利用与开发的课题研究方向

中学生物课程文化资源的利用与开发途径是多方面的,内容是十分丰富的。表7.2 提供了中学生物课程文化资源利用与开发的课题研究方向。

表7.2 生物学课程文化资源利用与开发课题研究方向举例

分类	课题研究方向举例
教材类课程文化资源利用与开发研究	1. 不同版本生物学教材的比较研究; 2. 基于人教版生物学教材的学科体系的研究; 3. 中学生物学课堂教学模式与课型研究; 4. 中学生物学课堂发展性教学评价体系的研究; 5. 在实施课程标准过程中,教师教学行为与学生学习行为特征的研究; 6. 中学相关学科教材间相互关系与渗透的研究; 7. 中学生物课堂教学效能的研究; 8. 初、高中生物学教学衔接的研究; 9. 学习理论在生物学教学中应用的实践研究;
学校课程文化资源利用与开发研究	10. 生物教学仪器与生物实验教学研究; 11. "电子书包"进课堂促进中学生物学教学的应用研究; 12. 计算机辅助生物学教学课件与软件的开发与应用研究; 13. 生物园、校园生物资源的合理利用与开发的研究; 14. 利用互联网、图书馆(或资料室),培养学生资料分析能力的研究; 15. 校园文化资源对学生学习生物学行为影响的研究;

续上表

分类	课题研究方向举例
社区课程文化资源利用与开发研究	16. 开展社会实践及劳动与技术教育相结合的生物学科性综合实践活动的理论与实践研究； 17. 中学生物教学与环境科技活动相结合的理论与实践研究； 18. 社区课程文化资源（人力与物力、自然与社会、历史与现实等文化资源）促进生物学教学的研究； 19. 关于社区中的生物学的调查研究； 20. 社区文化生活影响学生学习行为的研究；
家庭课程文化资源利用与开发研究	21. 家庭课程资源促进生物学教学的研究； 22. 利用家庭课程资源，培养学生自主、探究性学习的研究； 23. 家庭文化资源对学生学习生物学行为影响的研究； 24. 探讨生物学与生活（健康）的主题活动；
其他课程文化资源利用与开发研究	25. 中学生物学教学中多种课程资源的选择与整合的研究； 26. 地方特色文化资源转化成生物学课程文化资源的研究； 27. 课程文化资源的丰富性与中学生生物科学素养关系的研究； 28. 中学生学习生物学的心理研究； 29. 生物学课程文化资源利用与开发中，达成中学生三维教学目标的研究； 30. 生物学课程文化资源利用与开发中，师生双向交流与对话的研究； 31. 生物校本课程的理论与实践研究； 32. 学生主动参与生物学课程文化资源建设的研究； 33. 学生本身作为生物学课程文化资源的实践研究。

中学生物教师不能停留在主观意愿与命题论证上，而是要付诸于行动，注重研究过程，提高工作效率，积极探索出一条行之有效的基本途径和方法来。我们提倡经常性地开展案例研究。教学案例鼓励多样性，包括教学理论、策略、方法、内容、类型、反思等。可以是新教材上的内容，也可以是教材之外由教师独立开发的内容；可以是写教师本人的经历，也可以是对别的教师教学行为的叙议；可以是课堂实录、教学叙事，也可以是教学设计、学案、教学课件和软件等。教学案例的撰写务必讲求客观，一方面要注意选材组材的真实性，另一方面要注意对教学的阐释与评价，要实事求是、恰如其分。反对不顾教学实际的理想化的"假性案例"。

中学生物学课程文化资源利用与开发的研究，需要建立教学素材资源库。它主要收集师生以下几个方面开发的或者归类整合的教育信息化资源：一类是教材内容、教辅资料、校本课程等；另一类是教学设计、教学课件、研学案、教学反思和课堂实录等；还有一类是教学模式研究、课型模式研究以及教学专题研究等。这些资源要转换成信息技术素材，为搭建资源库云平台服务。要不断充实资源库内容，更新课程资源，达到资源共建共享。

四、问题与展望

生物课程文化资源的内容是广泛的，它包括教材、教师、学生、家长以及学校、家庭和社区中所有有利于实现课程目标，促进生物教师专业成长和学生个性发展的各种资源，如图书资料、音像资料、风俗习惯、文史掌故、名胜古迹、自然风光等等。新形势下，生物课程资源的科学利用与开发迫在眉睫，教师正自觉或不自觉地加入到课程资源的利用与开发的行列中来。我们已有许多老师和学生，在这方面开展了积极的、有意义的工作，取得了令人欣慰的成绩，本书提供的案例就是典型代表。

同时，我们也应该认识到，该项研究工作是长期性的。目前收集到的许多研究成果只是暂时性的，甚至是粗糙的，还有进一步深入研究的广阔空间。

首先，怎样处理好生物课程文化资源的利用与开发的关系问题。到底是"利用与开发"还是"开发与利用"？我们认为是"利用与开发"。在教学中需要，而我们身边又有的，利用就是了；但是怎样利用？哪种方式最好？我们需要探讨，需要研究。所以在利用的同时，还需要进行第二次开发，以提高利用的效率，所以是"利用与开发"。也有人提出边利用边开发。

其次，生物课程文化资源的利用与开发怎样体现区域性特色问题。每个区域都具有其深厚的地方历史文化底蕴，人文资源极为丰富；区域还具有优越的地理优势，自然资源十分丰富。但是，并不是所有的生物资源都可以成为课程文化资源。只有那些与学生生活息息相关，而又与生物课程紧密联系的生物资源，才富有生命力。因此，在进行生物课程文化资源的利用与开发过程中，对资源的遴选、提炼和提升，是十分必要的。

再次，区域性课程文化资源的利用与开发怎样体现其价值问题。并不是利用与开发了区域性课程文化资源，就什么都好了。而是要看如何利用？有什么效果？区域性课程文化资源的利用与开发的目的，是要在一定的教育教学理论的指导下，促进课程的实施，促进教师教学行为的转变和学生学习方式的转变。如果这些方面兼顾到了，其价值自然将得到很好的体现。

此外，区域性课程文化资源的利用与开发，还将受到教师教学条件和技术手段的影响。比如开展"电子书包进课堂"教学，显然会受到师生对媒体和网络的使用能力的限制。

虽然开展生物学区域性课程文化资源利用与开发研究，将面临上述诸多问题，甚至有些问题暂时还没有显露出来，可能在以后研究过程中还将出现新的问题。但是，我们不能因为存在这些问题，就缩手缩脚，停滞不前。我们应该想办法解决这些问题，使这项研究工作长期深入地开展下去。

实施课程标准，必须依托丰富的课程文化资源。仅靠个人力量去发掘课程资源是十分有限的，应当依靠全体教师的力量。加强区县一级的教研活动，如实验课、观摩课、经验交流等活动，使教师的教研成果得到及时分享。整合全区课程文化资源，用课题驱动的方式引领各校协调开发生物课程资源，实现资源的有序开发与共享。

可以点、线、面结合，构建本区、本学校的资源网，动员和鼓励所有教师参与到利用和开发课程文化资源的活动中来，并将资源集中起来，形成一个资源共享平台。如利用区域创建智慧城市为契机，搭建云资源库教学交流平台，加快区域教育信息化建设，为生物教师提供丰富实用的教学资源。

随着各校多媒体平台、网络教室等的不断建立，CAI 课件、音像、图片、动画等电子媒体形式的素材资源的需求也日益增加，此类资源所提供的丰富的感官刺激是传统媒体所无法比拟的。依据课标要求，各校老师可结合自身的实际情况，因地制宜地利用和开发中学生物学区域性课程文化资源，建立富有特色的校本资源库。鼓励、发现并汇总各校建立自己的生物学科校本课程，也可以加强校校间合作，建成联合校本课程教材。

第八章

 探究性学生作品制作及选录

本章选录的学生作品，都是番禺区初中学生在开展学科探究活动过程中，根据探究的一般过程、原理和方法创作而成的。有的是独立自主完成的探究性实验报告、探究性资料分析、调查报告，有的是对教材内的实验探究方案进行改进，还有的是采用两种不同探究形式的组合。这些探究性学生作品都是学生自己制作的开放性作品，也就是学生自主选题、自主设计探究方案或修改课本中的探究方案，在实施时又不断进行调整，从而得出结果和结论。他们的探究不一定能代表先进的科学实验，但他们尝试了科学家的工作与方法，体验了科学探究的过程，有他们自己成功的收获与喜悦，这已成为他们中学生活里精彩的一部分。这或许将成为他们终身学习中值得骄傲的深刻经历。

下面对学生的开放性作品的制作过程作一个简单介绍。

（一）班级组织发动与实施

科任教师根据广州市开放性考试的内容要求，一般在每个学年上学期的第4—8周将组织工作布置下去。下面是番禺区一位老师提供的两个案例片段。

示例 8.1

开放性学生作品制作的布置

片段一

师：同学们，开放性考试有调查类、计算机应用类、操作类、文字类四大类型。开学初期，老师已经布置你们自由分组，着手选择作品的类型，做好材料的准备工作等。大家准备得怎样了？

今天我们这节课，是专门让你们针对自己已做的计划，再进行一次讨论和交流，希望得到一个比较完整的工作计划。在分小组讨论后，填写好以下表格（包括制作目的，作品名称、类型、上交时间，组员名单、学号、组内分工情况、组长姓名等）。

开放性作品制作计划表

项目	内容		备注
制作目的			
作品名称			
作品类型			
上交时间			
分工情况	组长	负责的内容	
	成员1	负责的内容	
	成员2	负责的内容	
	成员3	负责的内容	
	成员4	负责的内容	

生：学生们兴致十足地热烈讨论自己所要开展的项目。

【点评】

1. 课时安排：这节课不能安排在开学初，因为那时学生还没有选材，也没有选择分组的合作伙伴，在讨论时不能落实重点，难以达到预期的效果；也不能安排在第六周后，因为这样会导致学生做作品的时间不足，不可能做出好作品。所以这节课最好安排在9月份开学后第二至第三周为宜。

2. 课前分组就座的好处：分组和选材在布置考试作业时将任务安排班干协助老师登记，课前已按自由组合的小组就座，节约了时间，提高了本节课的效率。

3. 老师精心设计考查计划的模式。让学生明白做每件事前，要有一个具体的计划，把将要做的事情、次序转变为文字，既可以提高自己的办事效率，也可以锻炼学生学会有条理地安排工作，减少盲目乱做、丢三落四的现象；这张表格把各小组学生的名字、学号登记好，方便一个老师评价数百学生，节省老师的教学工作量。

4. 学生分组自由讨论既能提高这次考试的积极性，更重要的是让学生通过交流懂得如何与同学相处、合作。

片段二

在很多小组成员进行激烈讨论的同时，也有这样的小组："老师，你可以帮我们选个内容吗？"而且每个班上总有一两个学生在班集体中长期备受冷落，无人愿意跟他们合作，他们茫然的神态与其他组激烈讨论的场面形成鲜明的对比。这时，老师应进行适当的安排。

【点评】

1. 老师的宏观调控非常重要，因为学生对每件事所想的和做出的结果往往是很难预期的。适当的点拨，可以启发学生思路。要引导学生从不同的方面看待问题，注重个人的特色，不要盲目模仿他人。

2. 开放性考试提供了学生可"做"的空间，而不是老师可"教"的内容。如果老师过多地干涉，就会与这个考试的目的相违背，而且学生做出的作品也有可能千篇一律，没有创新可言。所以教师要尊重学生，让学生自主选题、选材。

3. 老师的肯定是最大的鼓舞，这就是开放性考试的魅力所在。老师必须想方设法地去让个别备受歧视的同学尝试成功，体验到被人欣赏的感觉。所以老师将他引荐给几位同学都比较有宽容心的那个组。当然，老师会在相当长的时间内关注这个同学与其他组员之间的交往关系的变化。这种对"孤单"同学的关爱，是教师职责的体现。

（广州市番禺区石碁第二中学　凌紫珊）

（二）开放性作品的制作过程

读了许多学生制作开放性作品后的反思，作者感觉自己完全没有必要花过多笔墨去归纳学生开放性作品的制作过程。这里选取几则作品制作后的反思供读者阅读，你一定能体会和明了开放性作品的制作过程的。

示例 8.2

这是一次有趣的考试

对，这的确是一次有趣的考试。或许你会笑，考试有什么趣味可言？枯燥乏味的书本知识，然后靠死记硬背和生硬的句子来争取分数，这有什么乐趣啊？

但是，请相信，这是我遇到过的一次最有趣的考试。

一、自己选题，让我们惊喜

别怀疑，我们的这次生物考试真的是自选题目的。回想以前，无论语文，还是英语，每次测验还是考试，题目都是已经出好的，所以做卷的时候就减少了我们的积极性。而现在，竟然让我们自己选题，这无疑大大地增加了我们的兴趣，也使我们更加认真了。

在这个学期，我们学习了生物进化的原因，也就是自然选择。听完老师讲的课，做完了"保护色"的小实验后，我们不由地产生了新的想法——既然动物的进化是自然选择的结果，那么植物是不是也是如此呢？植物几乎遍布整个地球，可是它又是怎样适应环境，在这个地球上生存下来的呢？

这一连串的问题引起了我们极大的兴趣。

刚好在这个时候，生物开放性考试也正式开始了。于是我们就为自己的这些疑问，自选了一个题目，并进行了一系列的探究。

二、设计实验，展示我们的能力

在初一、初二这两年时间里，我们学习了很多的科学探究方法，如调查、资料分析、观察法、比较法、对照实验等等。我们的这次实验属于观察实验，所以我们决定采用观察和比较等方法，对比不同环境中植物的外部形态和内部结构的特点，来进行我们的探究。

这个实验需要从多方面来考虑，我们决定首先对所探究的植物进行分类，我们以它们的生存环境来分类，这样就分出了四大类，分别是向阳植物、阴生植物、水生植物和沙漠植物。为了确保实验的准确性，对每一大类的植物我们都选取了两样具体的植物作为样本，这些植物都是我们日常生活中经常见到的，比如说家里鱼缸中的金鱼藻，花园里的仙人掌，学校的大榕树等等。我们用肉眼观察它们的外部形态并拍摄照片。一般植物的外部形态与环境的关联是很大的，比如说仙人掌退化成刺的叶，浮莲上叶表面的绒毛。而内部的结构，我们计划借用学校的显微设备来进行观察，并制作叶片表皮和横切面装片，观察植物内部结构与环境是否有关联。最后我们将显微照片拍摄出来。

这要从多方面展示我们的能力！

三、克服困难，体验成功的乐趣

我们终于设计好了实验计划，接下来就是实施了。实验一开始还挺顺利的，可是到了使用显微镜观察这一步，就开始出现了问题。

我们要做临时装片来观察叶子内部的叶肉组织。切片太厚会看不清楚叶肉组织，为了观察效果好一些，我们切出来的横截面一定是要很薄很薄的。为了解决这个问题，老师帮我们找来了专用的徒手切片器。我们用萝卜条夹住叶片，一遍又一遍地试验，用了将近三个小时，才切出了满意的切片。

要观察叶子的内部结构了。老师推荐我们用视频显微镜，把显微镜中的细胞投影到投影仪上观察、照相。可是我们实验的时候却发现，这种视频显微镜的效果不好，图像很模糊，可以说是失败了。后来，我们用一般的显微镜，观察到的细胞清晰得多。我们把相机对准目镜拍照，这种方法虽然比较笨，但是效果却很好。我们笑得手舞足蹈，却发现自己高兴得太早了——我们还要做叶片的上下表皮装片啊！

一开始的时候，我们以为只要把树叶的上表皮和下表皮撕下来就万事大吉了。可是左撕右撕，怎么也撕不好，不是撕坏了，就是把叶肉细胞一起撕了下来。尤其是小叶子，不管怎样小心，还是很难把那层表皮撕下来。做这件事情有什么诀窍吗？现实告诉我们没有，只能靠我们自己。我们一鼓作气地往下撕，最后总算撕出了一些理想的表皮。表皮细胞的观察就在显微镜下完美地结束了。实验还算顺利，就是手指因为长时间用力，有些酸痛无力了。

实验完成，我们还要撰写论文啊！于是我们睁大朦胧的睡眼，按老师的要求撰写实验论文，生怕漏掉了什么。

当我们编辑完最后一张照片，并写上说明文字的时候，我们每一个人都松了一口气——这个看似简单的实验，其实并没有想象的那么简单啊！

出于对生物学的兴趣，激发我们做了一个又一个的实验，每一次的实验，都让我们学到了更多的知识，积累了更多的经验。在一次又一次的活动中，我们也在迅速地成长着。这一次的实验让我们更加肯定了自己的猜测——植物的形态和它的生存环境有着密切的关系，不同植物的形态各不相同，正是它们适应不同生态环境的结果，使它们能在这个地球上拥有自己的生存空间。

经过这次有趣的考试，让我们明白了，要爱护环境，保护环境，保护这些美丽的多姿多彩的植物，保护与我们一样平等的生命！

我敢说，这是我遇到过的最有趣的考试。在这次考试中，我们受益匪浅。

(广州市番禺区市桥星海中学　梁卓瑶　王思璐
指导老师：柳秋兰)

示例 8.3

偶然的经历印象最深刻

那长达 13 页的实验论文终于完成，我心中充满了说不出的喜悦与激动。一排排整齐的文字，是我们长久实验的结晶。或许是太累了吧，我仿佛看见每字每句都在跳舞，为我们欢呼。沸腾的血液流遍了全身，似乎连心脏也要把这一消息传达给每一个微小的细胞。一次偶然的机遇，使我与搭档成功地完成了那篇长长的论文——《初步探究"胆汁洗洁精"》。

从小，在我的启蒙"老师"——《十万个为什么》的带领之下，我含糊地认识了何谓"生物"，有时还在大人面前耍耍小聪明。小学，在《自然》的引导下，我又粗略地认识了"传粉""风媒""光合作用"等名词,有时会在同学面前说出一大串连我自己也不大理解的术语。

初一,在生物老师精辟而详细的讲解中,我才算是真正认识到"生物学"究竟是什么。此时,却又有点怀才不遇的郁闷之感。

偶然地,一次生物课下课后,生物老师竟问我:你想不想做生物探究实验?我不加思索地答应了,我与其他两个搭档蓄势待发。终于,在生物老师的大胆设想与精心指导下,我们展开了把胆汁制成洗洁精的初步探究,使我们对生物学又有了新的体验。

探究刚开始时,满腔的热情使我们忘记了最初的任务,把实验的重要材料——胆囊当成了玩物,绕了不少弯路。实验才开始,却以为实验完成了,还把实验台弄得一团糟,连实验结果也忘了记录,唯一得到的只是一个印象——胆汁可以当洗洁精罢了。

经过几次失败的教训后,我们才知道,探究实验并不是玩耍,实验前还得做好计划。我们按照探究实验的六大步骤,设计了五组实验:①最佳洗涤效果的胆汁量的测定实验;②新鲜鸡胆汁和洗洁精的比较实验;③检验经冷藏的胆汁清洁效果;④鸡胆汁和鸭胆汁的对比实验;⑤用新鲜的鸡胆汁洗涤玻璃仪器实验。看着列出来的实验计划,我们都不敢相信:这能完成吗?我们用针筒从胆囊里抽取胆汁,然后对浸泡过油的器具进行清洗,按照计划反复进行实验。通过我们分工努力,事实让我们认识到"一切皆有可能"。从中我更意识到一个人的力量是非常有限的,只有通力合作才能成功。

俗话说得好:"万事开头难。"在进行第一组实验时,为了找出最佳洗涤效果的胆汁量,我们费尽九牛二虎之力。用0mL、0.25mL、0.5mL、0.75mL……一系列数据进行尝试。实验时,胆汁只是多加了一点点,就要重新实验,一个数据的理论值也要反复计算几遍。进行了多次实验后,最终研究出了0.25mL量的胆汁有最佳洗涤效果。原来做探究实验,是不允许一点马虎的,必须要认真、细心和准确。做人不也一样吗?从生物实验中也能体会到深刻的道理呢!

汲取了第一组实验的成功经验,我们以极其认真的态度,花了几天课后时间,顺利地完成了剩下的4组实验,并掌握了对照实验原则。实验完成后,生物老师说离比赛还有些时间,不如再增加一组实验:⑥不同材料在去毒性后的去污力测定。听完老师的话后,我们还真为"毒性"两字捏了把冷汗,脑子里想着:谁去试毒啊?幸亏老师解释了,这里讲的"毒性"并不是毒品。我们的心跳才恢复正常。

上网查找到的资料显示,已有报道显示胆汁中的有毒成分——鹅脱氧胆酸(CDCA)能被乙醇和冰醋酸溶解,并且发现柠檬汁和姜汁也能分解胆汁中的毒性。我们选取这4种材料按不同比例与胆汁混合进行实验,并观察其去污力是否受影响。当我们把白醋加入胆汁后,胆汁的颜色发生了改变,使我们百思不得其解,我们各自提出自己的猜想,老师指导我们查找资料。我们对此进行深入研究,还测出它的pH值作参考。"原来生物学这么'有趣',还与化学有关系呢!"

六组实验全部完成,最后的环节是撰写论文,我们不知所措。一来没有经验,二来我们是3个理科精英不擅于写论文。在生物老师的"诱导"下,我们不得不"弃理从文",慢慢地,一字一句地,完成了那篇长达13页的论文。

这次偶然的机遇,让我体验了绝对不是偶然的经历,这是一次与生物科学零距离接触的经历。在课堂上无法学到的知识、无法掌握的技能,深深地刻在我的脑子里,无法忘怀。或许,地球上的生物也是在偶然中诞生的吧!写到这里,我禁不住窃笑。

(广州市番禺区市桥桥城中学　陈国斌　辅导教师:吴淑婷)

(三)开放性学生作品的评价

开放性学生作品评价包括学生作品的小组内(或班级内)互评、年级(或学校)组织评价、学生结业成绩的评定、区县级及地市级的组织评价等。相关内容参见本书第六章第4节,这里不赘述。

近年来番禺区获得广州市一等奖的探究类学生作品较多,有的学生作品参加国家(或省)青少年科技创新大赛获得大奖,有的还申请到国家发明专利。许多计算机作品和手工作品,是以网页的形式表达或将生物学知识蕴含于巧妙的手工制作之中。可惜受到表现形式的限制,这些作品不便于(也没有办法)通过单纯的文字或图片来呈现,本书只得放弃收录这些很好的作品。

我们选择以下几个探究性学生作品(同时也是开放性学生作品)收录到本书之中,便于读者阅读和鉴析(表8.1)。

表8.1　本书收录的探究性学生作品的分类情况

序号	姓名	单位	年级	作品名称	指导教师	学生探究类型
1	黄森彦、欧阳庄、彭祈东、周楚瑜	广州市番禺区市桥星海中学	初二	茶粕浸出液防治蔬菜蜗牛的研究	赵雪梅	自主实验探究
2	袁钲清、谢雨晴、陈慧珊、欧阳瑞文、王馨苧	广州市番禺执信中学	初二(8)班	酒精对虾心率影响的探究	林绮	改进教材的实验探究

续上表

序号	姓名	单位	年级	作品名称	指导教师	学生探究类型
3	陈国斌、孙子扬、曾坤桦	广州市番禺区市桥桥城中学	初二(2)班	初步探究"胆汁洗洁精"	吴淑婷	自主实验探究与应用
4	孙瑞君、吴镇远、王宇	广州市番禺执信中学	初一(12)班	鱼塘蓝藻的高效环保治理新方法的研究	王汀	自主实验探究与应用
5	陈绮琪、梁艳英、何静仪、林嘉茵	广州市番禺区洛浦中学	初二	调查和种植"野草"的研究活动	陈金明	自主调查与实践活动

学生探究性作品之一

茶粕浸出液防治蔬菜蜗牛的研究

一、问题的提出

我家在楼顶的菜园里种了好几种蔬菜,绿油油的,惹人喜爱。可是,从4月份开始,我发现菜叶上出现了大大小小的让人恼火的洞。看来,有贪吃的"馋虫"跟我抢菜吃!可令人奇怪的是,找来找去就是不见"小偷"的影子,莫非那些虫子会"隐身术"?我疑惑着,直到有一天傍晚,我无意中发现,一群黑压压的小点点伏在蔫巴巴的菜叶上——原来罪魁祸首竟是蜗牛!它们正在美美地吃着菜叶。我气极了,把它们一个一个抓走,竟然有好几十个。可是更让人恼火的是,几天后的一个傍晚,菜叶上又爬满了蜗牛,而这时菜叶已经被吃得所剩无几了。怎样对付这些讨厌的蜗牛呢?我向有经验的农民伯伯请教,得知在农业生产中主要采取以下两种方法杀灭蜗牛。一是撒施生石灰:在地头或蔬菜行间撒生石灰带,蜗牛不敢越过生石灰带,若强行从生石灰带爬过,蜗牛沾上生石灰后会失水死亡。二是药物防治:在蜗牛活动期,用嘧达、灭蜗灵、蜗牛敌(又叫多聚乙醛)等灭蜗牛的药物杀灭蜗牛。

但是,这两种方法都有害。撒施生石灰会破坏土质;喷洒农药不但污染环境,还会造成蔬菜农药残留量超标,危害人体健康。

能否采用一种绿色环保的方法来防治蜗牛呢?我们开始思考这个问题。

问过好多人,都没有满意的答案,最后得到广东省微生物研究所的一位叔叔的指点。他告诉我们,有人认为茶粕可以用来防治蜗牛。这种说法可靠吗?怎么使用茶粕呢?于是我们大胆假设:茶粕可以用来防治蜗牛。

二、文献研究收集到的相关资料

1. 菜园蜗牛的生活习性及危害

蜗牛具有惊人的生存能力,对冷、热、饥饿、干旱有很强的忍耐性。喜欢在阴暗潮湿、土壤疏松且多腐殖质的环境中生活,昼伏夜出。温度在 25~28℃ 之间时,蜗牛生长发育和繁殖旺盛。

蜗牛喜钻入疏松的腐殖土中栖息、产卵、调节体内湿度和吸取部分养料,时间可长达 12 小时之久。

蜗牛杂食性和偏食性并存,觅食范围非常广泛,主食各种蔬菜、杂草和瓜果皮、农作物的叶、茎、芽、花和多汁的果实。蜗牛是较常见的危害蔬菜的软体动物,导致蔬菜大幅减产和质量下降。

2. 茶粕在生物防治中的利用情况

茶粕别名茶麸、茶枯,俗称茶籽饼,是野山茶油果实榨油后剩下的渣,其成分如下:茶皂素 12%~18%,残油 <2%,蛋白质 12%~16%,淀粉和糖类 30%~50%,纤维 10%~12%,水分 <12%,杂质 <2%。

茶粕所含的茶皂素是一种溶血性毒素,能杀死红蜘蛛、糠片蚧、矢尖蚧、水中的钉螺等害虫。

那么,它能否用于蔬菜蜗牛的防治呢?老师提示我们,茶粕可以加工成粉末,也可以用水浸泡制成浸出液。为了方便设计探究实验方案和实施操作,经过讨论,大家决定选用茶粕浸出液来做防治蜗牛的实验。

三、实验研究

预实验:探寻合适的茶粕浸出液浓度范围。

进行预实验的目的是要找到合适的茶粕浸出液浓度。该浓度要能杀灭蜗牛,但又要尽量低,以免伤害蔬菜和土壤中的有益动物。经历了一次又一次的实验,我们终于成功地摸索到茶粕稀释液的大致浓度范围。茶粕浸出液的制作分两步,一是先制成原液,然后再用原液配制成稀释液,具体方法如下。

茶粕原液的制备 将茶粕捣成粉末,以 40℃ 温水浸泡茶粕 1 小时,制得茶粕浸出原液。

茶粕

称量茶粕

加入清水

用40℃温水浸泡茶粕1小时

茶粕稀释液的制备 吸取茶粕浸出原液的上清液，用清水分别稀释至50、100、300倍，用清水做空白对照。

吸取茶粕浸出原液的上清液

配制各种浓度的茶粕原液稀释液

这样，我们就得到了实验用的药品。于是，我们便开始进行正式实验。

（一）实验一：茶粕浸出液杀灭菜园蜗牛的实验（方案设计见表1）

表1　不同浓度茶粕浸出液杀灭菜园蜗牛的实验方案设计

编号	干泥土	茶粕原液稀释液	蜗牛	青菜（喂饲蜗牛）
A	200g	茶粕原液50倍稀释液40mL	15只	茶粕原液50倍稀释液浸泡15分钟
B	200g	茶粕原液100倍稀释液40mL	15只	茶粕原液100倍稀释液浸泡15分钟
C	200g	茶粕原液300倍稀释液40mL	15只	茶粕原液300倍稀释液浸泡15分钟
D	200g	对照组清水40mL	15只	清水浸泡15分钟

1. 实验材料

（1）茶粕原液50、100、300倍稀释液。

（2）蜗牛：60只，大小、活性一致。

（3）带盖塑料盒4个。

（4）干泥土。

（5）新鲜青菜：生菜、小唐菜、菜心、大白菜。

2. 实验过程

（1）制备饲养土。分别称量干泥土各200g，放入编号为A、B、C、D的饲养盒中，然后，分别量取各浓度茶粕稀释液40mL加入饲养盒的干泥土中，充分搅拌成湿度适宜的饲养土。

实验用干土

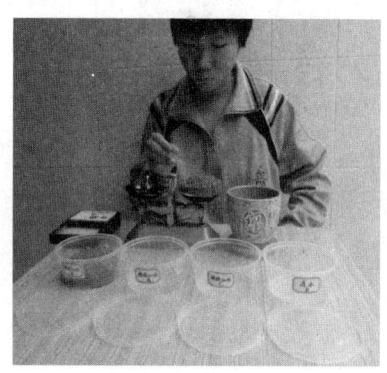

称量干泥土各200g加入饲养盒中

分别加入各种浓度茶粕稀释液40mL　　　　　搅拌均匀

(2) 饲养。将大小、活性一致的蜗牛各15只，分别放入四个饲养盒中，盒里装有不同浓度茶粕稀释液配制的土壤，盖上盖子（盖子上留透气孔）。

实验用蜗牛

饲养盒中放入蜗牛各15只

盖子上留透气孔

(3) 喂食。每天喂给各组蜗牛等量的、在相应浓度茶粕稀释液中浸泡15分钟的同种菜叶作为食物。

第八章　探究性学生作品制作及选录

茶粕稀释液中浸泡15分钟的菜叶

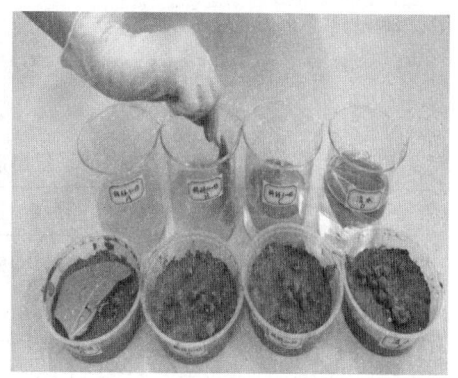

喂食被茶粕稀释液浸泡15分钟后的菜叶

（4）观察记录。每天傍晚6点从饲养盒中将蜗牛取出放入培养皿内，观察记录各组蜗牛的存活数量以及对蔬菜的取食情况。由于蜗牛受碰触时会缩进壳内，所以我们每次将蜗牛从饲养盒中取出放入培养皿后，均静置30分钟以后再确定其活性。

观察各组蜗牛的存活数量

观察各组蜗牛取食情况

3. 结果及分析

（1）茶粕浸出液对菜园蜗牛的杀死率。连续观察记录七天，其间蜗牛存活情况见表2。

表2 不同浓度茶粕浸出液杀灭菜园蜗牛的实验结果

饲养盒编号	茶粕原液稀释液浓度	蜗牛存活数量/只								药后1天死亡率	药后3天死亡率	药后7天死亡率	青菜取食量（占投放食物的百分比）
		开始	药后1天	药后2天	药后3天	药后4天	药后5天	药后6天	药后7天				
A	50倍	15只	9	7	7	7	5	5	4	40%	53.3%	73.3%	约5%
B	100倍	15只	11	11	11	11	10	10	9	26.7%	26.7%	40%	约10%
C	300倍	15只	11	10	10	10	9	9	9	26.7%	33.3%	40%	约20%
D	对照组清水	15只	15	15	15	14	14	14	14	0%	0%	6.7%	约98%

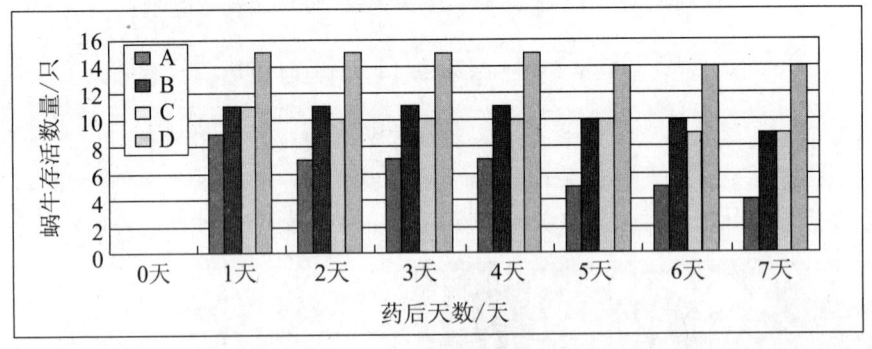

小结：从表2可见，使用50倍、100倍、300倍的茶粕稀释液与培养土混和，并浸泡喂食青菜，对菜园蜗牛的杀死率：

药后1天分别是40%、26.7%、26.7%，对照组为0%。

药后3天分别为53.3%、26.7%、33.3%，对照组为0%。

药后7天分别是73.3%、40%、40%，对照组为6.7%。

可见，防治效果与施药后7天内的连续性时间呈正相关，而且稀释50倍时效果最好，稀释100倍和300倍的效果相近。

（2）蜗牛取食经茶粕浸出液浸泡的青菜叶的情况。每天喂给各组蜗牛等量的、经50倍、100倍、300倍茶粕稀释液浸泡15分钟的菜叶作为食物，发现每天取食情况相同，分别为约5%、约10%、约20%，对照组取食量约98%。

4. 实验结论

50 倍、100 倍、300 倍的茶粕稀释液均能杀灭菜园蜗牛，且浓度越高，杀灭菜园蜗牛的效果越好。

药后第 6 天观察每组蜗牛存活情况照片

药后第 6 天观察每组蜗牛取食情况照片

（二）实验二：茶粕浸出液防止菜园蜗牛取食蔬菜的实验

选用生菜、菜心、上海青、油麦菜四种蔬菜，每种均剪取同样大小的菜叶四片，分别放入 50 倍、100 倍、300 倍的茶粕稀释液和对照用的清水中浸泡 15 分钟，然后取出菜叶放在解剖盘的四个角，在解剖盘的中央放入 10 只蜗牛，观察记录蜗牛是否取食经茶粕浸出液浸泡的蔬菜。

1. 实验材料

（1）50 倍、100 倍、300 倍新配制的茶粕稀释液；

（2）蜗牛：40 只，大小、活性一致；

（3）解剖盘 4 个；

（4）玻璃板（面积大于解剖盘）四块；

（5）新鲜青菜：生菜、菜心、上海青、油麦菜。

2. 实验过程

（1）剪取同样大小的同种蔬菜四片，分别放入50倍、100倍、300倍新配制的3种不同浓度的茶粕稀释液和清水中浸泡15分钟，见下图。

（2）用镊子夹出经茶粕液浸泡的蔬菜，放在解剖盘的四角，摊平，见下图。

（3）将10只蜗牛放置在解剖盘的正中央，然后盖上玻璃板，留呼吸缝隙，见下图。

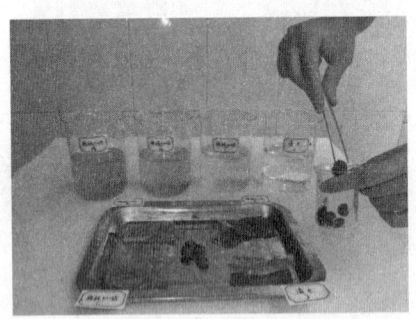
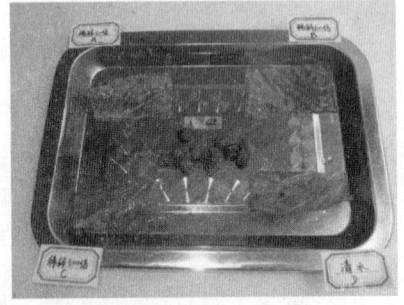

（4）观察记录蜗牛取食经新鲜茶粕液浸泡过的蔬菜的情况，开始的2小时内每30分钟观察记录一次，24小时后观察记录最终结果，24小时全程录像蜗牛的行为。

3. 结果及分析

实验24小时后，蜗牛取食经新鲜茶粕液浸泡的蔬菜的情况见表3。

表3　用新鲜茶粕稀释液浸泡的蔬菜被蜗牛取食的情况

组别	A 茶粕原液稀释液50倍浸泡15分钟	B 茶粕原液稀释液100倍浸泡15分钟	C 茶粕原液稀释液300倍浸泡15分钟	D 对照组清水浸泡15分钟
生菜	没有被吃	没有被吃	吃出几个小洞	全部吃完
菜心	没有被吃	没有被吃	吃出几个小洞	全部吃完
上海青	没有被吃	没有被吃	没有被吃	吃掉一半
油麦菜	没有被吃	没有被吃	吃出几个小洞	全部吃完

4. 得出结论

实验可见，蜗牛对四种青菜叶取食最多的都是清水浸泡的叶，300倍稀释液浸泡的只吃极少量，100倍和50倍稀释液浸泡的则一点不吃。由此可见，用50倍、100倍稀释的茶粕浸出液作为环保农药喷洒蔬菜，能有效防止蜗牛的取食，300倍稀释液的防治效果不明显。

以下为用新鲜茶粕稀释液浸泡的蔬菜在实验开始时和24小时后被取食情况照片。

生菜组：

实验开始时

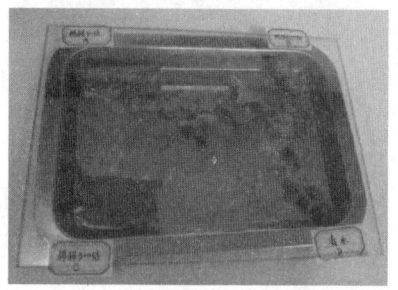

24小时后生菜被取食情况

菜心组：

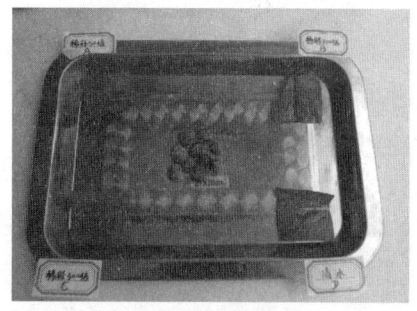

实验开始时

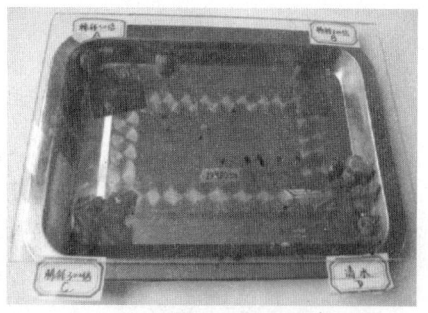

24小时后菜心被取食情况

上海青组：

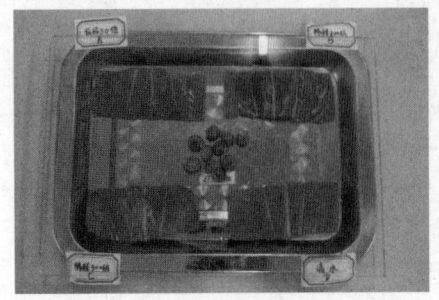 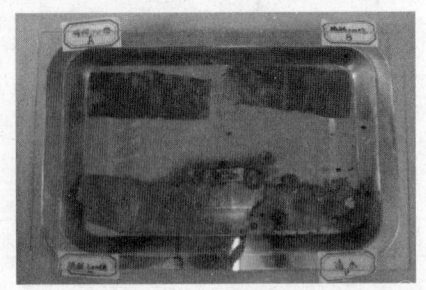

实验开始时　　　　　　　　　　24小时后上海青被取食情况

油麦菜组：

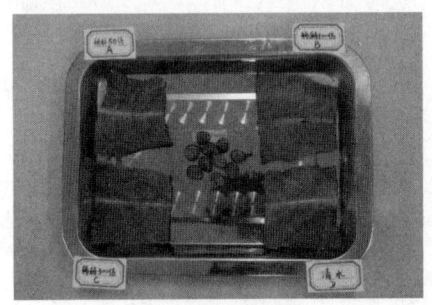 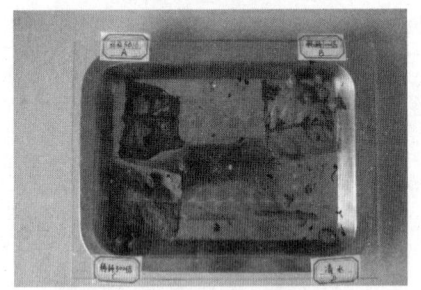

实验开始时　　　　　　　　　　24小时后油麦菜被取食情况

（三）实验三：茶粕浸出液对蚯蚓的毒性实验

我们使用新配制的50倍、100倍、300倍的茶粕稀释液和对照组用的清水，加入干的菜园土壤中，搅拌均匀，混合成饲养土作为蚯蚓的生活环境，用于饲养蚯蚓，每天观察蚯蚓死亡数量，连续观察七天。若蚯蚓在不同浓度茶粕浸出液土壤中都能存活，说明茶粕浸出液对蚯蚓等土壤中的有益动物没有影响。

1. 实验材料

（1）实验一用于蜗牛实验的加入茶粕浸出液的培养土。

（2）蚯蚓：60条，大小、活性一致。

2. 实验过程

（1）准备饲养土：取实验一中用于蜗牛实验的加入茶粕浸出液的培养土。

（2）饲养：将大小、活性一致的蚯蚓各15条，分别放入饲养盒中，盖上盖子（盖子上留有透气孔）。

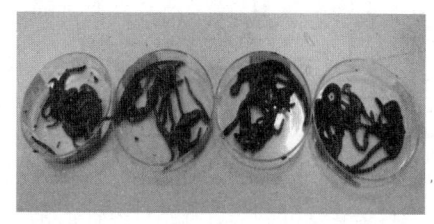

从烧杯中挑选符合实验要求的蚯蚓

将蚯蚓分别放入饲养盒中　　　　　　　盖上盖子（留气孔）

（3）观察：每天观察各组蚯蚓的存活数量，做好记录。

观察蚯蚓的存活数量，并记录

3. 实验结果

从表4可以看出，在使用茶粕原液浸出液的50倍、100倍、300倍稀释液与培养土混合，对蚯蚓的杀死率。

用药后1天分别是：0%，0%，0%，对照组0%。

用药后 3 天分别是：6.7%，0%，0%，对照组 0%。

用药后 7 天分别是：6.7%，0%，0%，对照组 0%。

实验表明，茶粕稀释液对蚯蚓生活的影响不大，且所有稀释的浓度下，其效果都接近。

表 4　茶粕浸出液对蚯蚓的毒性实验结果

饲养盒编号	茶粕稀释液浓度	蚯蚓存活数量/条								药后 1 天死亡率	药后 3 天死亡率	药后 7 天死亡率
		开始	药后 1 天	药后 2 天	药后 3 天	药后 4 天	药后 5 天	药后 6 天	药后 7 天			
A	茶粕原液 50 倍	15 条	15	15	14	14	14	14	14	0%	6.7%	6.7%
B	茶粕原液 100 倍	15 条	15	15	15	15	15	15	15	0%	0%	0%
C	茶粕原液 300 倍	15 条	15	15	15	15	15	15	15	0%	0%	0%
D	对照组清水	15 条	15	15	15	15	15	15	15	0%	0%	0%

4. 得出结论

经过 10 天的观察，100 倍、300 倍的茶粕稀释液对蚯蚓的杀死率都为 0，仅仅是稀释 50 倍茶粕液的培养土中死亡一条，但这可以看作是自然死亡。由此我们得出了茶粕稀释液对蚯蚓没有伤害的结论，并推断茶粕浸出液对土壤中的其他生物没有什么影响。

这时我们想到，为什么平时民间捉蚯蚓时可用茶粕水将蚯蚓从土壤中驱赶出来，但本实验中茶粕水却对蚯蚓无害。面对这个实验结果我们无法解释，也觉得奇怪。经请教广东省微生物研究所的专家，我们得知：是因为民间捉蚯蚓用的茶粕水浓度很高，但本实验中防治蜗牛用的茶粕水浓度低，所以，低浓度的茶粕浸出液对蚯蚓无害。

为何我们要选用蚯蚓进行毒性实验呢？

因为，蚯蚓存在于富含有机质的土壤中，对化学物质的敏感性与真正栖息在土壤中的类似。其生活周期短，繁殖能力强，易于在含各种有机废物的土壤中饲养。环保部《化学品测试方法》推荐使用蚯蚓进行小动物急性毒性实验。

第八章 探究性学生作品制作及选录

药后第 6 天观察蚯蚓存活情况的照片

四、讨论与建议

为寻找一种绿色环保的方法防治危害蔬菜生产的蜗牛，我们进行了几个系列性的探究实验。

由实验一"茶粕浸出液能否杀灭菜园蜗牛"的研究，我们得出结论：50 倍、100 倍、300 倍的茶粕稀释液均能杀灭菜园蜗牛，且浓度越高，效果越好。

由实验二"茶粕浸出液能否防止菜园蜗牛取食蔬菜"的研究，我们得出结论：用 50 倍、100 倍稀释的茶粕稀释液作为环保农药喷洒蔬菜，能有效防止蜗牛的取食，300 倍稀释液的防治效果不明显。

由实验三"茶粕浸出液能否毒害土壤中的蚯蚓"的研究，我们得出结论：浓度低于 50 倍的茶粕稀释液对蚯蚓没有危害。

综合这三个实验，我们得出最后的结论：稀释 50 倍至 100 倍的茶粕液是一种无毒无害的绿色环保农药，用它喷洒蔬菜能有效地驱赶蜗牛，而且对蔬菜本身，对土壤中其他的生物和人类没有任何的毒性和危害。最重要的是，经过十几天以后，茶粕液中的毒性物质会被分解，在土壤中无毒性物质残留。所以，我们在农业生产中可以广泛使用，可以大大提高农作物的产量且没有任何的危害。而且，茶粕稀释液的配制方法简便、成本低廉、效果明显，经大田试验后值得广泛推广。

为什么茶粕液能防治蜗牛危害呢？

茶粕的主要成分为茶皂素，它属于三萜类皂角甙，是一种溶血性毒素。蜗牛被诱食浸泡过茶粕原液的菜叶后，其体内的乙酰胆碱酯酶大量释放，会破坏蜗牛体内的特殊黏液，最后导致其神经麻痹大量脱水而死亡。在实验中，蜗牛不吃泡过茶粕液的菜叶，这是因为蜗牛的触角有嗅觉功能，能够感受到气味，而茶粕中的皂角素有刺激性气味，蜗牛就对泡过茶粕的菜叶敬而远之了。

五、项目创新点与思考

该项目中一系列的探究实验，由于是创新性的，没有可参照的数据。既要能有效防治蜗牛，但又不毒害有益动物、不伤害蔬菜，单单是寻找最适合的茶粕液浓度就用了我们好几个月的时间，每一个实验我们都进行了3次重复实验，确保结果准确、有说服力。而且，由于蜗牛活动缓慢，不是一下子就能看到结果，所以，每个实验我们均连续拍摄录像，用录像记录蜗牛的活动过程，这样既使我们可以查看全部情况，又使实验有更多的证据。我们所拍的实验录像达100多小时，容量400G以上。

1. 创新点

（1）发现茶粕液是一种能有效防治蜗牛危害的绿色环保农药。

（2）找到茶粕液防治蜗牛危害的有效浓度范围是：50倍至100倍的稀释液。

（3）研制出配制茶粕液的方法。

2. 进一步的思考

本项目防治蜗牛的研究主要在实验室进行，尚未在大田实验。今后，应将茶粕液杀灭蜗牛以及茶粕液防止蜗牛取食蔬菜的实验扩大到在田间进行实践，并向农民伯伯宣传推广。

（广州市番禺区市桥星海中学　黄森彦　欧阳庄　彭祈东　周楚瑜

指导老师　赵雪梅）

学生探究性作品之二

酒精对虾心率影响的探究

前言 全球酒精消费概况

虽然全世界45%的男性和66%的女性是终身禁酒的，但全球的酒精消费量仍居高不下。世界卫生组织基于全球各国每年消耗的酒精饮料数据，将其折算为纯酒精，再按照一国16岁以上人口统计人均纯酒精的消费量。据世界卫生组织公布的数据，人均年消费酒精最高的前8个国家分别是：卢森堡（15.6升）、爱尔兰（13.7升）、匈牙利（13.6升）、摩尔多瓦（13.2升）、捷克（13升）、克罗地亚（12.3升）、德国（12升）和英国（10.8升）。在人均国民生产总值（GDP）低于7000美元的低收入国家，酒精消费量与人均GDP相关，GDP越高酒精消费量越高。

世界卫生组织认为，排名靠前的国家绝对不值得骄傲，因为滥用酒精已经成为引起死亡的全球第5大罪魁祸首。据其发表的公报称，全球每年至少有230万人死因与饮酒相关。并在公报中说道，有害使用酒精是导致过早死亡和致残的一个主要因素。此外，有害使用酒精还会造成许多不良社会后果，如交通事故、犯罪、暴力、失业及旷工旷课。这不仅增加了卫生保健费用和社会支出，而且造成国民和国家间健康水平的差异。由此可见，酒精的危害已引起了许多国家甚至全球的重视。

我们根据课本《选择健康的生活方式》的探究部分，设计了酒精对虾的心率影响的实验，并通过实验对酒精的危害进行了探究。

一、提出问题

酒精对虾的心率有影响吗？

二、做出假设

酒精对虾的心率有影响。

三、制订计划

（1）探究材料及用具准备：虾（6只）、酒精（体积分数分别为10%、20%、30%、40%）、烧杯、秒表；

（2）分别配制10%、20%、30%、40%等不同体积分数的酒精；

（3）分别记录30秒内清水中虾的心跳次数，在体积分数为10%、20%、30%、40%的酒精溶液中虾的心跳次数；

（4）重复3组实验。

四、实施计划：

（一）实验用具

已配制好的10%、20%、30%、40%等体积分数的酒精溶液及烧杯

（二）实验过程及其结果

1. 实验过程

（1）将一只虾放入清水中，1分钟后记录其30秒内心跳次数。

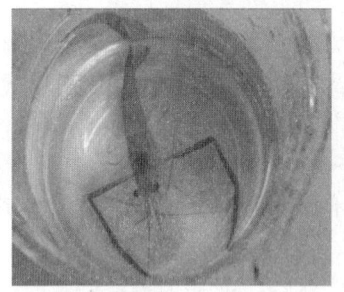
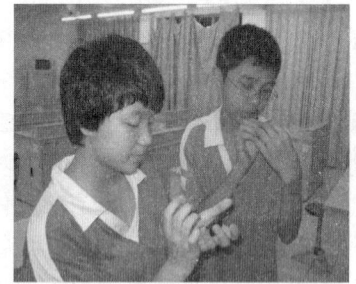

清水中的虾　　　　　　　　　　记录其30秒内的心跳次数

（2）将一只虾放入体积分数为10%酒精溶液中，1分钟后记录其30秒内心跳次数。

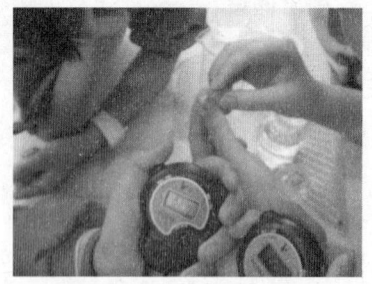

在体积分数为10%酒精中的虾　　　记录其30秒内的心跳次数

（3）将一只虾放入体积分数为20%酒精溶液中，1分钟后记录其30秒内的心跳

次数。

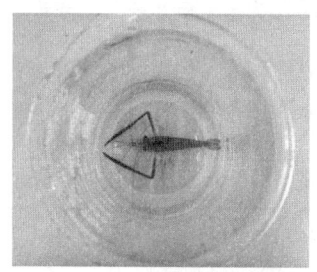
在体积分数为20%酒精中的虾

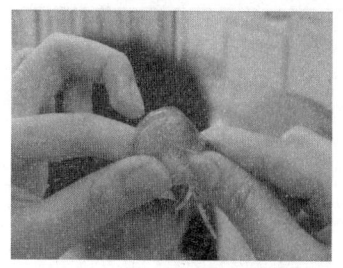
记录其30秒内的心跳次数

（4）将一只虾放入体积分数为30%酒精溶液中，1分钟后记录其30秒内的心跳次数。

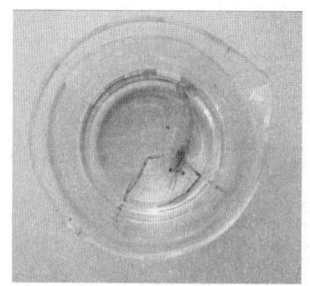
在体积分数为30%酒精中的虾

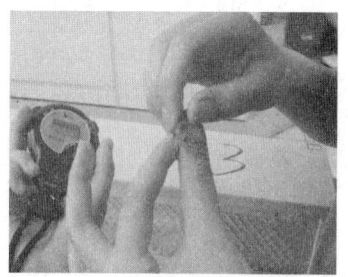
记录其30秒内的心跳次数

（5）将一只虾放入体积分数为40%酒精溶液中，1分钟后记录其30秒内的心跳次数。

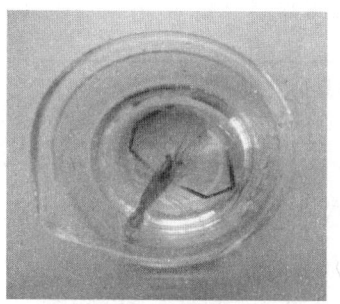
在体积分数为40%酒精中的虾

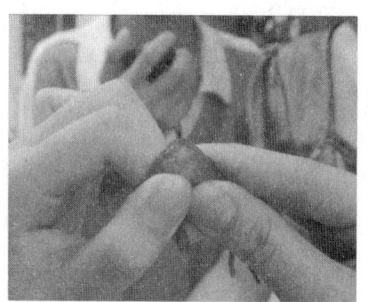
记录其30秒内的心跳次数

2. 实验结果

溶液 心率	清水	10%酒精	20%酒精	30%酒精	40%酒精
第一组	38	33	25	18	11
第二组	35	30	28	16	10
第三组	37	31	25	15	9
平均值	37	31	26	16	10

实验观察说明：

（1）虾在清水、10%和20%的酒精中表现得相对安静，在实验结束后均存活；

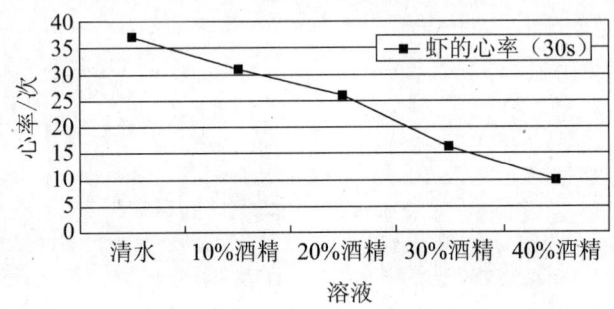

（2）当将虾放入30%的酒精中10秒后，虾产生了较强烈的挣扎、跳跃，记录心率后2分钟死亡；

（3）当将虾放入40%的酒精中，虾立刻产生了强烈的挣扎、跳跃；在观察其心率时，发现虾的心率一度加快，随后变得很缓慢，记录心率后30秒死亡。

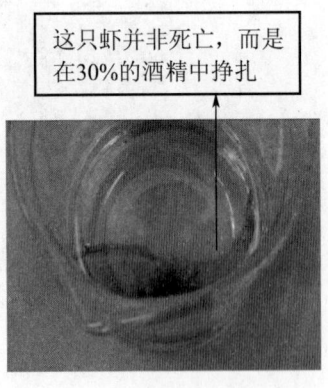

这只虾并非死亡，而是在30%的酒精中挣扎

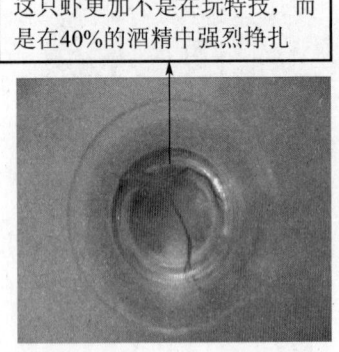

这只虾更加不是在玩特技，而是在40%的酒精中强烈挣扎

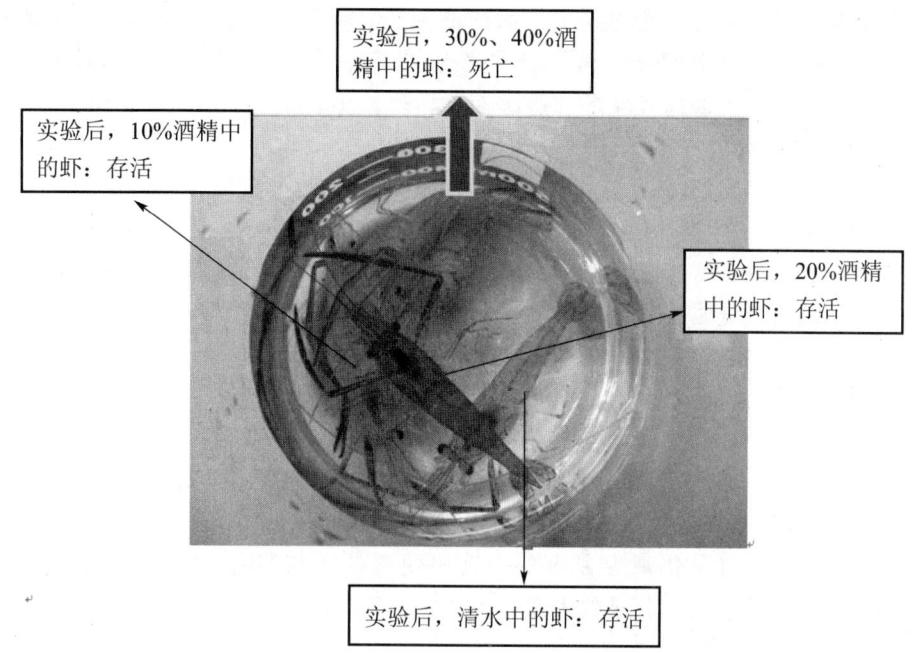

五、得出结论

实验结果表明,酒精对虾的心率有影响,随着酒精浓度增高,虾的心率减慢,并加快了其死亡的速度。

六、对酒精危害的认识

酒精是一种中枢神经系统抑制剂,其危险随饮酒量增加而增加。一项来自俄罗斯的调查(Lancet 2009)发现,43 082 例死亡与过量饮酒或吸烟有关。随着饮酒量的增加,这些死亡者与非酒精原因死亡者相比,更容易死于事故或暴力、酒精中毒、急性缺血性心脏病、上呼吸消化道癌症、肝癌。

1. 酒精对心血管疾病患者的危害

饮酒后会使人体血循环加快,血管扩张,诱发高血压病人出现脑出血和脑卒中风。而对于冠心病的患者,不适当的饮酒也可导致心绞痛和心肌梗死的发作,如处理不及时可使病人丧失生命。

2. 酒精对哮喘患者的危害

酒精除可引起过敏性疾病外,还可诱发哮喘发作。通常在饮酒后约 30 分钟内出现酒精过敏症状,如面、颈部皮肤潮红、眼结膜充血、心率加快,有时有皮疹,并导致急性呼吸道症状,如胸闷,喘息发作或严重哮喘发作。

3. 酒精对肝脏的危害

过量饮酒可加重肝脏负担（摄入的酒精主要依赖肝脏进行氧化分解），使肝细胞受损变性，最终导致肝硬化，医学上称之为"酒精肝"。长期酗酒者还影响脂肪代谢，可引起脂肪肝。酒精可使肝细胞变性、坏死、纤维组织增生而致肝硬化。

4. 酒精对肾脏的危害

吸收后的酒精90%在肝脏代谢、分解，10%由肾脏和肺排出。酒精对肾脏的损害虽不如其对肝、胰腺、心脏、神经肌肉等脏器的损害突出，但可通过上述各脏器的损害而导致肾脏损害，甚至可导致肾功能衰竭。如酒精性胰腺炎，尤其是急性坏死性酒精性胰腺炎是临床常见的危重症，随着病情进展可导致多脏器功能不全综合征伴急性肾功能衰竭，死亡率很高。

5. 饮酒与癌症

过量饮酒与一些癌症的发生有密切的关系。现代医学研究表明，过量饮酒比非过量饮酒者口腔、咽喉部癌症的发生率高出两倍以上，甲状腺癌发生率增加30%～150%，皮肤癌发生率增加20%～70%。妇女发生乳腺癌的机会增加20%～60%。在食管癌患者中，过量饮酒者占60%，而不饮酒者仅占2%。乙型肝炎患者本来发生肝癌的危险性就较大，如果饮酒或过量饮酒，则肝癌发生率将大大增加。

6. 饮酒与骨质疏松症

长期过量地饮用啤酒和蒸馏酒（白酒），是导致骨质疏松症的原因之一。各种酒含有的酒精浓度不同，而酒精的化学成分是乙醇，乙醇进入人体后，可以和其他无机物或某些有机物发生化学反应，产生一些新的物质。这些新物质会导致骨质疏松症的发生。其发生机制是乙醇具有抑制成骨细胞功能的不良作用，抑制骨生长因子。长期过量饮酒，会使人体血液中保持一定浓度乙醇，从而对骨骼的生长、发育产生影响，加快骨量的丢失。所以长期过量饮酒不仅是骨质疏松症发生的诱因，对骨质疏松症病人而言又是令病情加重的因素，因而不提倡过量饮酒。

从上述酒精的种种危害中，我们发现酒精对人体的危害并非对心率影响这么简单，可以说是对全身各重要器官均产生严重的危害，它还影响骨骼的生长和发育。由此可见，青少年饮酒将影响其正常的生长和发育。有研究结果表明，酒精相关疾病往往更多地影响年轻人群，在15～29岁人群中比例最高。为此，呼吁大家远离酒精，选择健康的生活方式，做热爱健康的新人。

（广州市番禺执信中学初二（8）班　袁钲清　谢雨晴　陈慧珊　欧阳瑞文　王馨荣
指导老师　林　绮）

学生探究性作品之三

初步探究胆汁洗洁精

摘要 洗洁精虽然清洗力强,但对人体却有着一定的危害。而胆汁有分解油脂的能力。于是,我们开始了"把胆汁制成洗洁精"的探究实验。根据需要,我们设计了五组实验,实验结果发现极少许的胆汁(0.25mL)便足以清洗一件带油的器具。在胆汁与洗洁精的对比实验中,我们的实验结果证明:等量胆汁去油效力比洗洁精要好,而且胆汁的去油力不受胆汁的种类和长时间的冷藏的影响,对玻璃仪器的洗涤效果很好。所以我们对胆汁洗洁精的研制充满信心。

关键词 探究 胆汁 洗洁精

从过去到现在,洗洁精一直坐着清洗界大哥的位子。洗洁精是化学合成物,主要成分是烷基磺酸钠、脂肪醇乙醚硫酸钠、泡沫剂、增溶剂、香精、水、色素等,能降低水表面的张力,使油污和水变成混浊液。通过搓洗,油污随水液彻底洗去。洗洁精含有很多表面活性剂,虽然它的清洗力强,但对人体却仍然存在着一定的危害。而胆汁却有分解油脂的能力。于是,在生物老师的精心指导下,我们开始了把胆汁制成洗洁精的初步探究。

通过上网和翻阅书籍查找资料,发现胆汁的特性:主要成分为胆汁酸和胆汁色素,此外尚含有甘油三酯、脂肪酸、胆固醇、卵磷脂等脂质和黏蛋白、无机盐等。酶类则有碱性磷酸酶等,但不含消化酶。胆汁中对消化起作用的是胆汁酸[1]。胆汁对人体的作用主要有以下几点:

1. 人体中的"肥皂"——胆汁中的胆汁酸

胆汁酸是一种甾类化合物,能和人体中的金属离子相结合。它能像肥皂那样既溶解有机化合物,又可以溶解无机化合物,且能产生比肥皂更多的泡沫。由于人体中的肠、胰等器官都需要有一个清洁的环境,胆汁中的胆汁酸就起到人体中肥皂的作用,使人体器官有一个清洁的环境。

2. 油脂的消化液

胆汁是人体内消化油脂的有效物质,如果一个人患有肝病,便会导致胆汁中胆汁酸缺乏,使人无法消化脂肪。由于小肠不能直接吸收脂肪,当油脂进入小肠时,就会刺激胆囊使其内胆汁大量排入小肠,使胆汁和油脂混合在一起。由于小肠不断地运动,胆汁能把大滴油脂变为小滴。此时,胆汁中的胆汁酸就会把它们包围起来,防止它们重新组成大油滴,然后进入小肠中的胰液和肠液中的脂肪酶再把脂肪小滴消化为对人体有用的物质，以便于小肠吸收这些物质。

3. 天然的解毒剂

如果人体通过口服或其他途径使有毒的物质进入体内，有毒物经过肝脏时，胆汁中的胆汁酸、胆红素就会与这些有毒物结合，成为无毒物随粪便或尿液一同排出体外，从而起到解毒的作用。另外，胆汁中的黏蛋白对各种病毒、细菌的代谢物也具有解毒作用[2]。

了解到胆汁的这些特点和功能，使我们对这个实验更有信心了，因为胆汁的主要成分是胆盐而不是消化酶，就不用考虑胆汁生效的环境条件。实验有了理论依据，我们开始设计实验来验证。

我们按照探究的六大步骤（提出问题、做出假设、制订计划、实施计划、得出结果、得出结论、分析和表达）进行探究实验，设计了以下五组实验，分别是：①最佳洗涤效果的胆汁量的测定实验；②新鲜鸡胆汁和洗洁精的比较实验；③检验经冷藏的胆汁洗洁效果；④鸡胆汁和鸭胆汁的对比实验；⑤用新鲜的鸡胆汁洗涤玻璃仪器实验。

但很快我们就遇到了难题：通过上网查找资料发现，不论哪一种动物的胆汁都含有具有的毒性。我们有点失落，实验还值得继续吗？我们查找很多有关胆汁的资料，发现胆汁的毒性机理与其中的鹅去氧胆酸、胆盐和氢氰化物有关，而胆汁能分解脂肪的有效物质主要是胆汁酸。有报道显示，已有学者成功地通过实验从鱼胆汁中提取鹅去氧胆酸。我们相信只要通过深入的研究和实验定能从胆汁中提取出分解脂肪的有效成分——胆汁酸。所以我们决定继续进行实验。

我们按照探究的六大步骤进行设计和实施实验

实验的具体实施如下：

一、提出问题

胆汁是否能替代洗洁精？

二、做出假设

胆汁能替代洗洁精。

三、制订计划

此次探究实验主要是初步探究把胆汁制成洗洁精的可行性，以及与洗洁精的去污力进行比较。

（1）到市场鸡、鸭的摊档，要一些鸡胆或鸭胆，取回来后洗净备用；

（2）用大烧杯盛半杯花生油，然后放入6把调羹浸泡；

（3）设计实验：

A. 最佳洗涤效果的胆汁用量的测定实验：取新鲜鸡胆汁进行实验，用针筒量取胆汁，用吸油纸检验去油效果。

编号	1	2	3	4	5	6
胆汁量/mL	0	0.25	0.5	0.75	1	1.25
处理时间/s	30	30	30	30	30	30

B. 新鲜鸡胆汁和洗洁精的比较实验：选取清洁效果最好的量值（X），再做与某牌子洗洁精的洗涤效果对比实验：

编号	1	2	3
新鲜鸡胆汁/mL	0	X	0
洗洁精/mL	X	0	0
处理时间/s	30	30	30

C. 检验经冷藏的胆汁洗洁效果：

编号	1	2
新鲜鸡胆汁/mL	0	X
经冷藏的鸡胆汁/mL	X	0
处理时间/s	30	30

D. 鸡胆汁和鸭胆汁的对比实验：

编号	1	2
新鲜的胆汁/mL	X	0
新鲜的鸭胆汁/mL	0	X
处理时间/s	30	30

E. 新鲜的胆汁洗涤玻璃仪器实验：

编号	1	2
新鲜的鸡胆汁/mL	X	0
新鲜的鸭胆汁/mL	0	X
处理时间/s	30	30

四、实施实验计划及得出结果

1. 取材

到市场杀鸡、鸭的摊档,要一些鸡胆或鸭胆,取回来后洗净备用(见图1)。

我们发现在市场上,鸡、鸭胆是不用钱买的,因为内脏都是被丢弃不要的,所以如果研制成功的话,胆汁洗洁精的成本会很低。

2. 处理

用大烧杯盛半杯花生油,然后放入6条调羹浸泡。将调羹编号以便分组实验(见图2)。

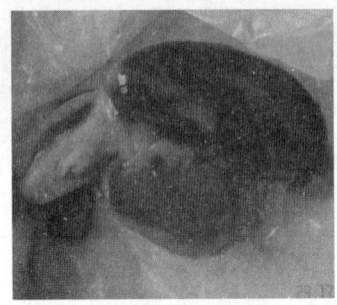 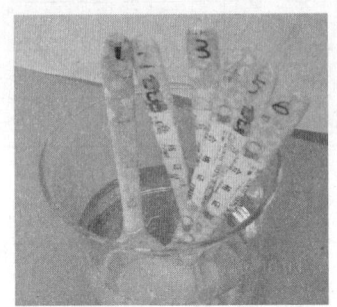

图1　备用的鸡胆　　　　　图2　花生油浸泡的调羹

3. 分组实验

(1)胆汁实验用量的测定

①用针筒(见图3)抽取和量取新鲜鸡胆汁;

②按实验设计A,取定量新鲜鸡胆汁分别洗涤同款的小调羹6次(刷洗时间为30s见图4);

③然后用吸油纸检验去油效果(见图5、图6);

④重复步骤①②③三次。

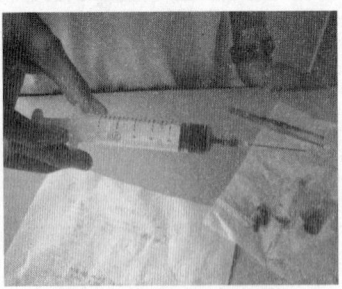 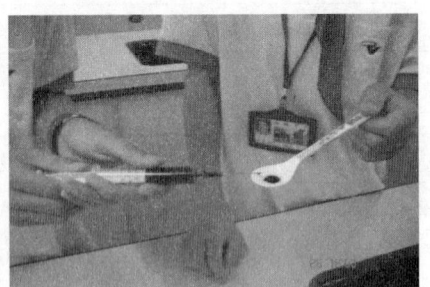

图3　装有鸡胆汁的针筒　　　图4　取一定量新鲜鸡胆汁洗涤调羹

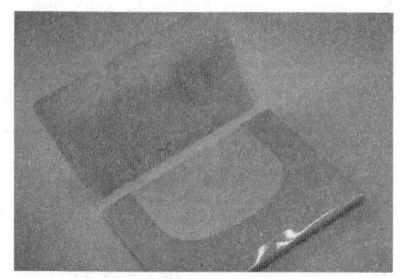
图5 检验去油效果的吸油纸

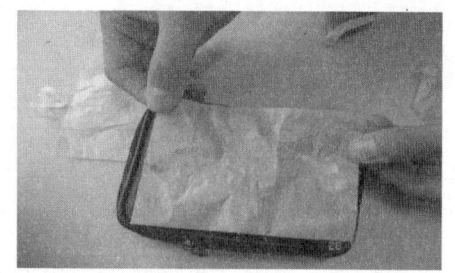
图6 用吸油纸检验去油效果

实验结果如表1所示。

表1 最佳洗涤效果胆汁量的测定实验结果

编码	1	2	3	4	5	6
鸡胆汁量/mL	0	0.25	0.5	0.75	1	1.25
处理时间/s	30	30	30	30	30	30
现象	有油渍、有油味	清爽、没有油渍、无油味	清爽、没有油渍、无油味	清爽、没有油渍、无油味	清爽、没有油渍、无油味	清爽、没有油渍、无油味

通过实验，我们发现只需0.25mL的新鲜鸡胆汁经30s就可以洗净一把小调羹，去油效果非常理想，而且经洗涤的调羹表面清爽，闻起来也无油味。所以在以下的实验中，我们选用0.25mL的实验量进行实验。

（2）新鲜鸡胆汁与洗洁精的洗涤效果的比较实验

①用两支针筒分别量取等量的新鲜鸡胆汁和洗洁精，如图7所示；

②按实验设计B，取等量的两种物质去分别洗涤同款的小调羹（刷洗时间为30s）；

③然后用吸油纸检验去油效果；

④重复步骤①②③三次。

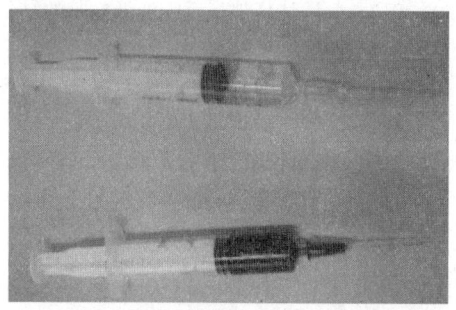

图7 用针筒量取胆汁和洗洁精
（上方的是洗洁精，下方的是胆汁）

实验结果如表2所示。

表2 新鲜鸡胆汁与洗洁精的比较实验结果

编号	1	2	3
新鲜鸡胆汁/mL	0	0.25	0
洗洁精/mL	0.25	0	0
处理时间/s	30	30	30
现象	还有少许油渍、有洗洁精香味	清爽、没有油渍、无油味、有轻微胆汁味	有油渍

实验结果显示,用0.25mL的洗洁精洗涤小调羹后,调羹表面还有少许的油残留,如图8所示,而且留下浓浓的洗洁精味,我们经过反复的冲洗仍有气味。而用0.25mL的新鲜鸡胆汁洗涤同款的小调羹,洗涤后调羹表面清爽、没有油渍、无油味,但有轻微胆汁味,反复冲洗后胆汁味基本消失了。

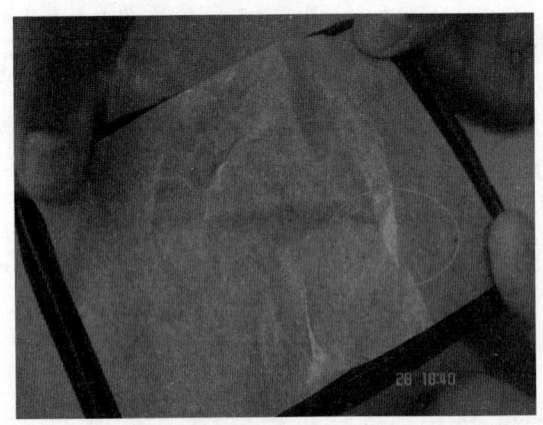

图8 0.25mL洗洁精洗涤后吸油纸检验的结果
（圆圈显示吸油纸上的油渍）

(3) 新鲜鸡胆汁与经冷藏的鸡胆汁洗涤效果的比较实验
①我们将完整的鸡胆存放在冰箱一周时间,取出待恢复常温再进行实验;
②用两支针筒分别抽取和量取等量的新鲜鸡胆汁和经冷藏的鸡胆汁;
③按实验设计C,取等量的两种胆汁分别洗涤同款的小调羹（刷洗时间为30s）;
④然后用吸油纸检验去油效果;
⑤重复步骤①②③④三次。

实验结果如表3所示。

表3 新鲜鸡胆汁与经冷藏的鸡胆汁的比较实验结果

编号	1	2
新鲜鸡胆汁/mL	0	0.25
经冷藏的鸡胆汁/mL	0.25	0
处理时间/s	30	30
现象	清爽、没有油	清爽、没有油、有轻微胆汁味

经冷藏一周的胆汁看来没有变质。通过实验,我们发现经一周冷藏的胆汁的去油力与新鲜胆汁相比较无明显的差异,洗涤后小调羹表面同样清爽。奇怪的是,新鲜的鸡胆汁洗涤过的小调羹会有轻微的胆汁味,经过反复的冲洗才能去味,而冷藏过的胆汁洗涤的小调羹反而没有胆汁味。

(4) 鸡胆汁和鸭胆汁洗涤效果的对比实验

①用两支针筒分别抽取等量的新鲜鸡胆汁和新鲜鸭胆汁;
②按实验设计D,取定量的两种胆汁去分别洗涤同款的小调羹(刷洗时间为30s);
③然后用吸油纸检验去油效果;
④重复步骤①②③三次。

实验结果如表4所示。

表4 鸡胆汁和鸭胆汁洗涤效果的对比实验结果

编号	1	2
新鲜的鸡胆汁/mL	0.25	0
新鲜的鸭胆汁/mL	0	0.25
处理时间/s	30	30
现象	无油渍、无油味、有轻微胆汁味	无油渍、无油味、有轻微胆汁味

实验结果显示:同量的新鲜鸡胆汁和新鲜鸭胆汁洗涤小调羹的效果基本一致,经洗涤后的小调羹表面无油渍、无油味、有轻微胆汁味。

(5) 用新鲜的胆汁洗涤培养皿

①用花生油浸泡培养皿一段时间(20min),以油刚浸过培养皿为好;
②按实验设计E,抽取和量取等量的新鲜鸡胆汁和鸭胆汁;
③取一定量(这里选取0.5mL)洗涤培养皿(刷洗时间为30s);
④然后用吸油纸检验去油效果;

⑤重复步骤①②③④三次。

图9　洗涤前的培养皿

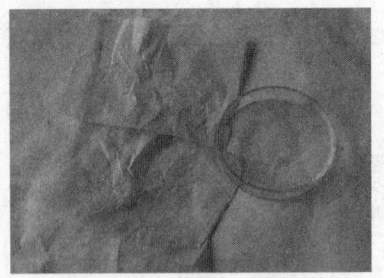
图10　洗涤后的培养皿和检验后的吸油纸

通过实验，我们发现胆汁除了对塑料餐具的洗涤效果较好外，其对玻璃仪器的洗涤效果也相当不错，经洗涤的培养皿表面通透、清爽、无油味。

五、结论和分析

根据理论的指导，通过实验我们可以得出以下结论：

1. 通过设计不同胆汁量洗涤餐具的实验，可以看到只需要极少量的新鲜鸡胆汁就可以把一个调羹洗涤干净，不留油渍和油味，而且很清爽。相信继续探究，定能研制出超浓缩的绿色环保洗洁精呢！

2. 通过新鲜鸡胆汁与洗洁精洗涤效果的比较实验，我们发现用0.25mL的洗洁精洗涤小调羹后，调羹表面还有少许的花生油残留（见图8），而且留下浓浓的洗洁精味，经过反复的冲洗仍有气味。而用0.25mL的新鲜鸡胆汁洗涤同款的小调羹，洗涤后调羹表面清爽、没有油渍、无油味，但有轻微胆汁味，反复冲洗后胆汁味基本消失。由此可知，等量的新鲜鸡胆汁的去油效果远比洗洁精好。而且洗洁精中含有大量对人体有害的化学物质，必须通过多次和长时间的冲洗才能完全去除。我们敢大胆地推测，一旦研制成功，胆汁洗洁精定能取代化学洗洁精的地位。

3. 通过新鲜鸡胆汁与经冷藏的鸡胆汁的比较实验和鸡胆汁与鸭胆汁的对比实验，我们发现，胆汁的去油效力与胆汁的新鲜程度以及种类没有直接关系。如果胆汁洗洁精研制成功，胆汁洗洁精的原料——胆汁就更丰富了。

4. 最后一个实验：用新鲜的鸡胆汁和鸭胆汁分别洗涤培养皿，实验结果表明：两种胆汁对玻璃器皿的去油效力同样是非常强的。

六、胆汁洗洁精的优势

通过实验的探究，我们对胆汁洗洁精的研制更有信心了。胆汁洗洁精与现在人们普遍使用的化学洗洁精相比有多方面的优势：

1. 洗洁精是化学合成物，含有很多表面活性剂，对人体具有一定的危害。而胆汁洗洁精是生物制品，对人体的危害比洗洁精要小。

2. 通过实验，我们可以很明显地看到，胆汁的去油力比洗洁精要好。

3. 胆汁洗洁精的原料——胆汁，来源非常丰富而且成本很低廉。

七、值得探讨的问题

在实践中，我们又遇到了如下的难题：

1. 胆汁的毒性问题

通过查找资料，我们发现胆汁中含有一些对人体有害的物质，但胆汁毒性是否可以完全去除，我们只能寄望于生物学的发展了！

2. 胆汁的保质问题

我们把胆汁储存在冰箱中一周，发现胆汁没有变质而且去油效力没有减弱。但把胆汁室温保存时，发现在第三天已有变质，发出腐臭味，七天后，变质的程度更严重了。洗洁精怎能一两天就变质呢？我们想到了两种保鲜方法：第一种方法用溶于水的胶囊单独真空保存，其原理就像西药的胶囊，这样既可保质又方便使用，但成本会增加（图11所示）；另一种方法是根据曲颈瓶的原理，用曲颈瓶装放胆汁，可能可以避免胆汁的变质（图12所示）。这两个方法是否可行，以后我们将进一步验证。

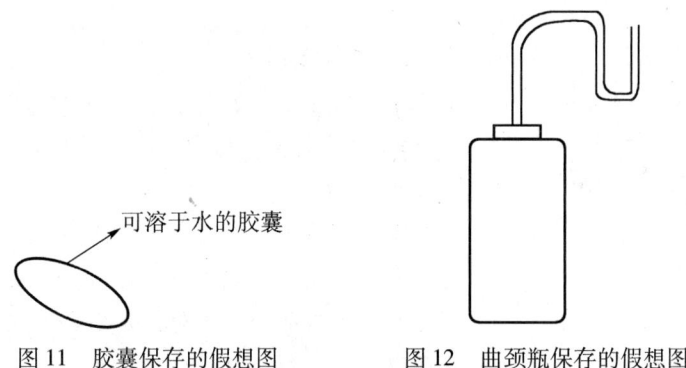

图11 胶囊保存的假想图　　图12 曲颈瓶保存的假想图

我们对胆汁洗洁精的研制充满信心。相信随着深入的研究，我们所遇到的问题都能迎刃而解。

（广州市番禺区市桥桥城中学　陈国斌　孙子扬　曾坤桦

指导教师：吴淑婷）

学生探究性作品之四

鱼塘蓝藻高效环保治理新方法的研究

摘要 本实验通过探究蓝藻的捕集，使之形成团状的絮状物后将其捕集捞出，从而达到治理水华的目的。以蓝藻为材料，探究不同试剂对蓝藻的捕集效果以及蓝藻的应用。结果表明，混合试剂可以高效用于蓝藻的捕集去除，滤液对水生生物影响较小。蓝藻含有丰富的有机物，通过一系列综合处理，能降低水华带来的危害，带来更多利益。

关键词 蓝藻　高效　环保

前言

我们同学家承包了广州番禺海鸥岛500亩的鱼塘，养殖鱼虾。他发现了鱼塘每年都存在蓝藻的治理问题。我们在老师的帮助下组成研究小组，探讨如何高效治理蓝藻带来的危害。

近年来，随着经济的高速发展，大量的工业废水和生活污水排入河流、湖泊和水库，使得排入水体中的营养物质不断增加，导致水体的富营养化日趋严重。据统计，我国目前66%以上的湖泊、水库处于富营养化的水平，其中富营养和超营养的占22%。富营养化已成为我国湖泊目前与今后相当长一段时间内的重大水环境问题。与富营养化相伴随的一个普遍现象就是蓝藻水华。

图1　湖泊中大量繁殖的蓝藻

蓝藻的生物特性：蓝藻，又名蓝细菌，是地球上最早出现的光合自养生物，目前已鉴定的约有2000种。它是一类进化历史悠久、革兰氏阴性、无鞭毛、含叶绿素a、不形成叶绿体、能进行产氧性光合作用的原核生物。受其他藻种的生长制约，水华并不可能在常温条件下大规模暴发。水温25～35℃时，蓝藻的生长速度才会比其他藻类快，故温度是蓝藻大量繁殖并暴发水华的主要因素之一。养殖水体中富营养化，蓝藻比较容易生长繁殖，所以不经常换水的池塘往往更容易暴发水华。而蓝藻的大量繁殖不仅会抑制其他藻类的生长，使水体的透明度下降，其中某些种类（如微囊藻）还会产生毒素，且蓝藻大量繁殖到一定程度后又会导致很多蓝藻和水体中其他动植物死亡、腐烂，造成水体中的溶解氧严重不足，产生恶臭，给生态环境和人类健康带来了严重威胁。

目前水华的防控方法有：定期使用活肥＋活力益水素，可以抑制蓝藻的生长。控制蓝藻疯狂繁殖的常规方法还有，沿池边泼洒杀藻剂，一般为含氯制剂（如三氯异氰脲酸）或硫酸铜、络合铜等重金属盐。此法有一定效果，但缺点是对鱼虾的刺激性大，尤其是铜制剂可抑制虾的正常生长。另外一旦剂量过大，容易造成"转水"。而且蓝藻大量死亡后分解产生的藻毒素，可进一步加剧对虾的危害。一些养殖户在生产中发现，有时通过大量换水（尤其是污水）可以使蓝藻死亡。其实原理很简单，由于蓝藻已经适应了一定的环境，一旦水环境突然改变，引起不适，就会使蓝藻大量死亡造成人为的转水。此法缺点是：首先存在着很大的偶然性，并不是每次换水都有效。其次，水中各项指标的突然变化同样会引起虾的应激反应，造成对虾的免疫力急剧下降并发生不正常脱壳，在脱壳期间极易感染各种病害。再次，所进水源水因没有经过任何处理，含有大量致病菌或重金属元素等有害物质，改变了水体的生态环境。所以此法应禁止使用，而且这种处理蓝藻的方法耗时较长，效率低，且蓝藻易反复大量繁殖。

因此，若能在蓝藻大量繁殖的水域，将其聚集成较大团的絮状物，捕集后捞出，将能更高效地去除蓝藻，大大减少水华带来的危害，同时还可将捕集后的蓝藻加以处理并合理利用，以提升经济价值。

一、实验设计

本实验通过探究蓝藻的捕集，使之形成团状的絮状物后将其捕集捞出，从而达到治理水华的目的。通过设计四个不同的实验项目，综合分析有效的蓝藻捕集方法及捕集后的附加效应，从而为更好地防治蓝藻危害及蓝藻的开发利用提供参考。

本研究的实验设计如图2所示：

二、材料与方法

（一）实验材料

实验所用的蓝藻取自广州番禺海鸥岛鱼塘的表层水华（孙瑞君同学家的养殖场，发现蓝藻问题的场所）。实验所养殖的锦鲤来自广州芳村鱼鸟市场。

药品：葡萄糖、蔗糖、可溶性淀粉、琼脂粉、壳聚糖、柠檬酸钠、聚丙烯酸钠、氯化钠。

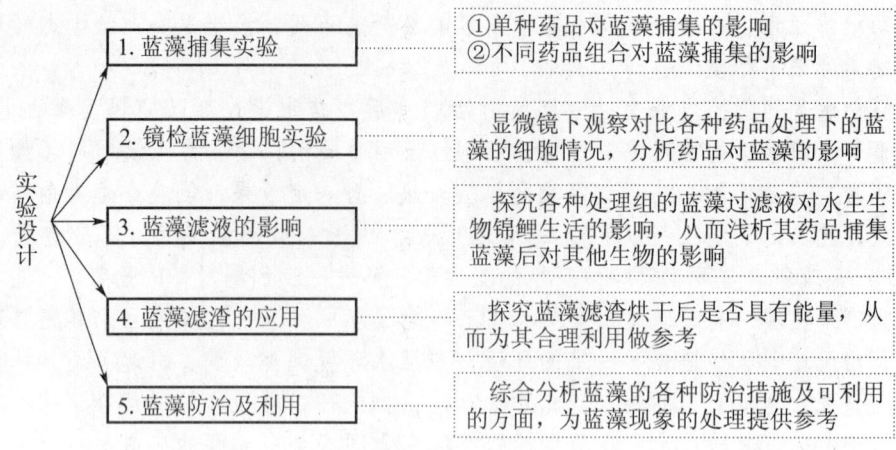

图 2　实验设计

器材：烧杯、玻璃棒、滤纸、电子天平、水槽等。

药品选材说明：通过查找资料及分析蓝藻的生物特性，我们筛选了一些能改变蓝藻的聚集状态，并对环境无害的无机物或有机物。排除酸碱盐可能造成水质pH值变化，导致生物环境改变。有些是生物制剂中常用的絮凝剂，如壳聚糖、聚丙烯酸钠、柠檬酸钠等，其中大部分有机物如葡萄糖、蔗糖、可溶性淀粉、琼脂粉、壳聚糖等不同程度地对水生浮游植物有沉淀或絮凝效果。

（二）实验方法

1. 探究不同药品对蓝藻的捕集效果

（1）单种药品对蓝藻捕集效果的实验。取8个250mL的烧杯并编号，分别往烧杯中加入200mL含有蓝藻的液体。分别称量葡萄糖、蔗糖、可溶性淀粉、琼脂粉、壳聚糖、柠檬酸钠、聚丙烯酸钠、氯化钠各5g，放入不同的含有蓝藻水的烧杯中，用玻璃棒搅拌均匀。静置一段时间后，观察并记录实验现象。每种药品重复处理3次。

图 3　收集鱼塘里大量繁殖的蓝藻水

(2) 不同药品组合对蓝藻捕集效果的实验。取 3 个 250mL 的烧杯并编号，分别往烧杯中加入 200mL 含有蓝藻的液体。称量淀粉 2.5g，琼脂粉 2.5g，将其混匀，加入 1 号含有蓝藻水的烧杯中；称量淀粉 1.67 克、壳聚糖 1.67g、聚丙烯酸钠 1.66g，将其混匀，加入 2 号含有蓝藻水的烧杯中；称量淀粉 1.25g、壳聚糖 1.25g、柠檬酸钠 1.25g、聚丙烯酸钠 1.25g，将其混匀，加入 3 号含有蓝藻水的烧杯中。用玻璃棒将 3 个烧杯中的液体充分搅拌均匀，使药品充分溶解。静置一段时间后，观察并记录实验现象。每种药品重复处理 3 次。

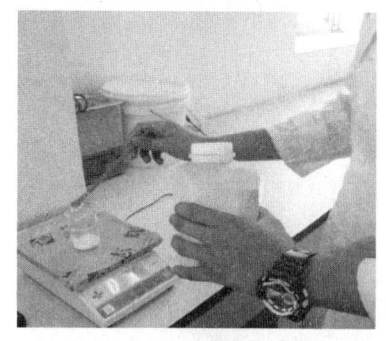

图 4　蓝藻的捕集实验探究

2. 经不同药品处理过的蓝藻细胞对比实验

分别从经不同处理的蓝藻水的样品中取样镜检，观察记录经不同处理的蓝藻细胞的状态。对未经任何处理的蓝藻样品镜检作为空白对照。每种样品取 3 次重复检验。

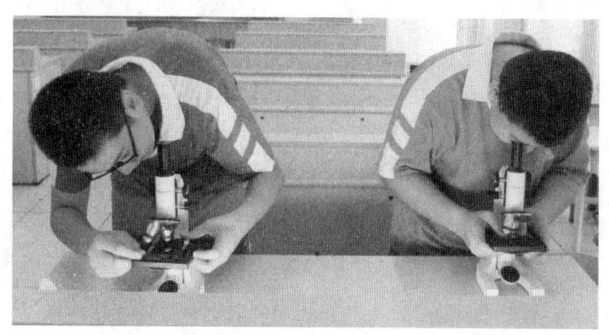

图 5　在显微镜下观察蓝藻细胞的情况

3. 探究经不同处理的蓝藻过滤液对锦鲤生活影响的实验

将上述经过不同处理的蓝藻水过滤，先用纱布过滤 2 次后，再用滤纸过滤 1 次，得各种过滤液待用（图 6）。滤渣保留。

分别往 12 个水槽中装 2L 水，加入各种过滤液各 2mL，再在每个水槽中分别放入 3 条大小及生活状态相近的锦鲤，清水作为空白对照，观察记录各个水槽中锦鲤的生活状态。

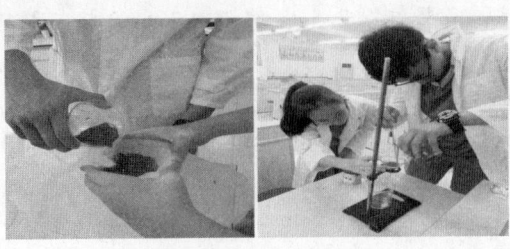
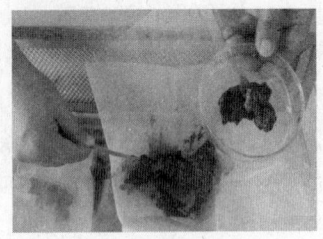

图6 收集蓝藻的过滤液　　　　图7 收集蓝藻

4. 探究蓝藻含有能量的实验

将各个处理组的蓝藻水过滤后，将糊状蓝藻放入烘干箱中烘干。取出烘干后的蓝藻，将其点燃，观察蓝藻的燃烧情况（图7）。

5. 探究蓝藻作为有机肥的实验

将经过滤的蓝藻放在塑料袋中发酵两周，以20∶1的水肥质量比加在绿萝的培养瓶中，同时设置清水对照组，观察记录绿萝的生长情况。

三、结果与分析

（一）不同药品对蓝藻的捕集效果

1. 单种药品对蓝藻的捕集效果

图8 不同药品对蓝藻的捕集效果对比
①葡萄糖处理组；②蔗糖处理组；③可溶性淀粉处理组；④琼脂粉处理组；
⑤壳聚糖处理组；⑥柠檬酸钠处理组；⑦聚丙烯酸钠处理组；⑧氯化钠处理组

经过8种药品的处理，可以看到，除了壳聚糖和聚丙烯酸钠处理的蓝藻水外，其余均出现了沉淀上浮分层现象。分层的明显程度是：蔗糖组＞琼脂粉组＞可溶性淀粉组＞氯化钠组＞葡萄糖组＞柠檬酸钠组。其中，葡萄糖处理下的蓝藻水静置后出现了分层，出现了上浮和下沉的蓝藻，且蓝藻的颜色呈深褐色，肉眼观察到蓝藻已经全部变色死亡。而氯化钠处理组的蓝藻水出现了蓝色，推断是氯化钠杀死了部分蓝藻，致其析出藻蓝素所致。聚丙烯酸钠和壳聚糖的絮凝效果较好，但是絮凝团没有明显上浮或下沉。蔗糖、可溶性淀粉、琼脂、聚丙烯酸钠和壳聚糖加入蓝藻液以后，蓝藻色泽没有改变，说明蓝藻细胞基本没有被破坏。

观察各个处理的蓝藻液体平面，可以看到葡萄糖处理的蓝藻液面已形成结块，颜色呈深褐色，蓝藻全部死亡。蔗糖处理组和氯化钠处理组出现了少量蓝藻块。可溶性淀粉处理组则出现了蓝藻絮状物。经过玻璃棒检验，发现聚丙烯酸钠处理组和柠檬酸钠处理组的蓝藻均有一定的黏稠感，而聚丙烯酸钠黏稠程度较高，由此可见蓝藻间已有一定的黏着性。

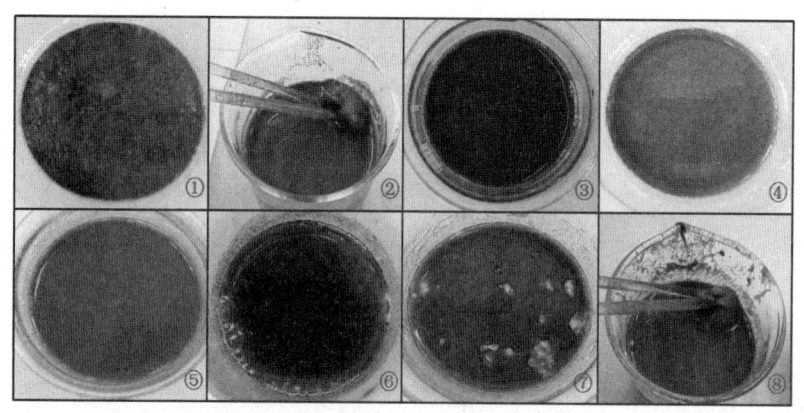

图9　不同药品对蓝藻捕集的液面对比效果
①葡萄糖处理组；②蔗糖处理组；③可溶性淀粉处理组；④琼脂粉处理组；
⑤壳聚糖处理组；⑥柠檬酸钠处理组；⑦聚丙烯酸钠处理组；⑧氯化钠处理组

2. 不同药品组合对蓝藻的捕集效果

图10　不同药品组合对蓝藻的捕集效果对比
①淀粉＋琼脂粉处理组；②淀粉＋壳聚糖＋聚丙烯酸钠处理组；
③淀粉＋壳聚糖＋柠檬酸钠＋聚丙烯酸钠处理组

根据前述实验的筛选，我们选择具有一定捕集效果的单个药品，经不同组合实验后，看能否优于单个药品的捕集效果，我们期望能产生更好的捕集效果。

经过各种药品的组合实验，可以观察到这些药品组合对蓝藻的捕集均有一定的效果。其中，淀粉和琼脂粉的组合处理组效果一般，蓝藻絮状物形成不集中，且有部分蓝藻已死亡，水体受到蓝藻毒素的污染。淀粉、壳聚糖和聚丙烯酸钠混合处理组具有一定的分层效果，蓝藻絮状物较为集中，漂浮在液面上层，下层液体较浑浊。淀粉、壳聚糖、柠檬酸钠、聚丙烯酸钠混合处理组的蓝藻呈紧密的蓝藻絮状物，且下层液体清澈，肉眼看不到有蓝藻残余。由此可见，第三组处理的蓝藻分层效果最佳。

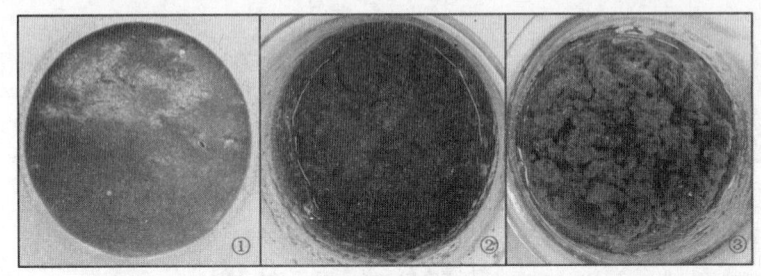

图11　不同药品组合对蓝藻的捕集液面效果对比
①淀粉＋琼脂粉处理组；②淀粉＋壳聚糖＋聚丙烯酸钠处理组；
③淀粉＋壳聚糖＋柠檬酸钠＋聚丙烯酸钠处理组

通过各处理组的蓝藻液面对比，可以看出第1组的蓝藻已经结块，呈深褐色，蓝藻全部死亡；第2组的蓝藻形成较多絮状物，漂浮在液面上；第3组的蓝藻形成一团团的蓝藻絮状物，用玻璃棒搅拌可以轻易黏连在玻璃棒上且有较强的黏着性。

综合看来，淀粉、壳聚糖、柠檬酸钠、聚丙烯酸钠混合物处理组对蓝藻絮状物形成效果最佳，可用来高效捕集蓝藻。

(二) 不同药品处理后蓝藻细胞的聚集效果

1. 单种药品对蓝藻细胞的聚集效果

由图12可以看出，未经任何处理的蓝藻细胞散开单个排列，细胞之间黏着性较低。而经过不同处理的蓝藻细胞均出现了一定的聚集效果，细胞本身的完整性存在不同。其中聚集效果：可溶性淀粉组＞聚丙烯酸钠组＞柠檬酸钠组＞琼脂粉组＞壳聚糖组＞葡萄糖组＞氯化钠组＞蔗糖组。经过显微镜镜检，可以看出可溶性淀粉处理的蓝藻活细胞数较多，其次是蔗糖组，而琼脂粉组、壳聚糖组、柠檬酸钠组、氯化钠组的细胞部分死亡。综合分析，认为可溶性淀粉对蓝藻的聚集效果较好。

第八章　探究性学生作品制作及选录

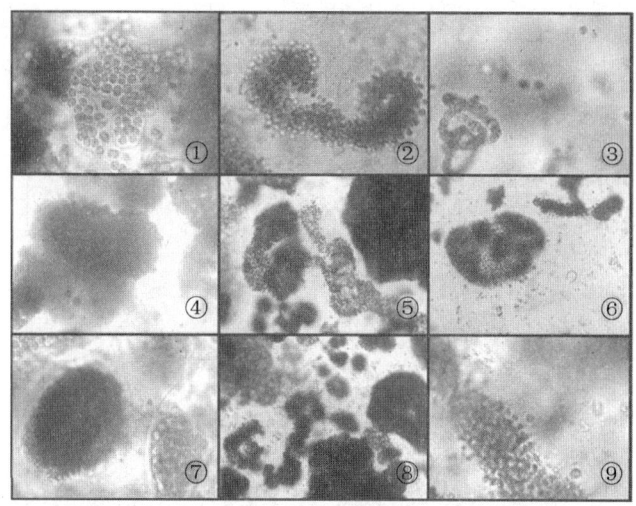

图 12　单种药品对蓝藻细胞的聚集效果对比
①空白处理组；②葡萄糖处理组；③蔗糖处理组；④可溶性淀粉处理组；⑤琼脂粉处理组；
⑥壳聚糖处理组；⑦柠檬酸钠处理组；⑧聚丙烯酸钠处理组；⑨氯化钠处理组

2. 不同药品组合对蓝藻细胞的聚集效果

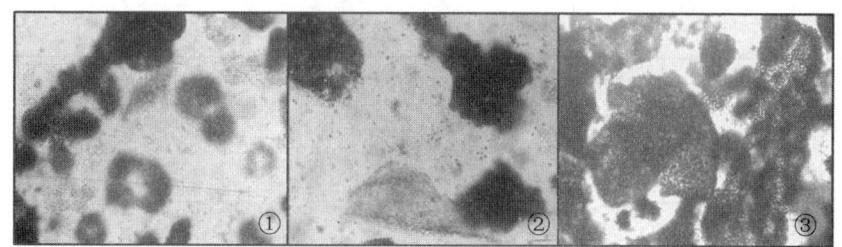

图 13　不同药品组合对蓝藻细胞的聚集效果对比
①淀粉＋琼脂粉处理组；②淀粉＋壳聚糖＋聚丙烯酸钠处理组；
③淀粉＋壳聚糖＋柠檬酸钠＋聚丙烯酸钠处理组

由图 13 可以看出，各种处理组的蓝藻细胞均出现一定的聚集效果，聚集效果为：淀粉＋壳聚糖＋柠檬酸钠＋聚丙烯酸钠处理组＞淀粉＋壳聚糖＋聚丙烯酸钠处理组＞淀粉＋琼脂粉处理组。淀粉、壳聚糖、柠檬酸钠、聚丙烯酸钠混合物的作用能提高蓝藻细胞之间的黏着性，促进蓝藻细胞的聚集。淀粉和琼脂的作用效果叠加后不理想。柠檬酸钠在淀粉和壳聚糖、聚丙烯酸钠的黏着过程中起到分离水的作用。

（三）经不同处理的蓝藻过滤液对锦鲤生活的影响

1. 单种药品处理的蓝藻过滤液对锦鲤生活的影响

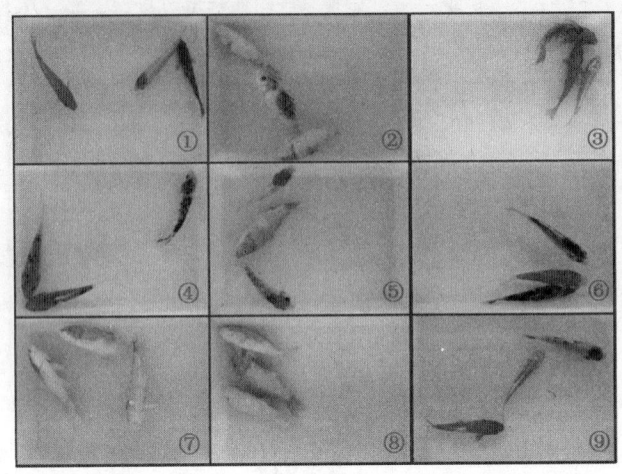

图14　单种药品处理的蓝藻过滤液对锦鲤生活的影响试验
①清水处理组；②葡萄糖处理组；③蔗糖处理组；④可溶性淀粉处理组；⑤琼脂粉处理组；
⑥壳聚糖处理组；⑦柠檬酸钠处理组；⑧聚丙烯酸钠处理组；⑨氯化钠处理组

表1　单种药品处理的蓝藻过滤液对锦鲤存活的影响统计

组别	初始锦鲤数量/条	存活锦鲤数量/条	存活率/%
①清水组	3	3	100
②葡萄糖组	3	0	0
③蔗糖组	3	3	100
④可溶性淀粉组	3	3	100
⑤琼脂粉组	3	2	66.7
⑥壳聚糖组	3	3	100
⑦柠檬酸钠组	3	0	0
⑧聚丙烯酸钠组	3	0	0
⑨氯化钠组	3	3	100

由表1可以看出，各种处理组的过滤液对锦鲤的生活影响不一。其中，葡萄糖组、柠檬酸钠组、聚丙烯酸钠组的过滤液中锦鲤全部死亡。葡萄糖易溶于水，影响到水溶液中的溶解氧的含量，对鱼类的鳃呼吸造成危害从而导致鱼死亡。柠檬酸钠、

聚丙烯酸钠虽然无毒性，但是会使蓝藻细胞破裂，导致蓝藻细胞死亡并产生藻毒素。

2. 不同药品组合处理的蓝藻过滤液对锦鲤生活的影响

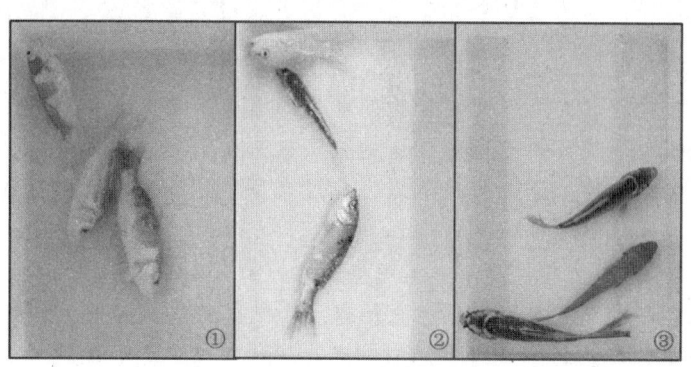

图15　不同药品组合处理的蓝藻过滤液对锦鲤生活的影响试验
①淀粉＋琼脂粉处理组；②淀粉＋壳聚糖＋聚丙烯酸钠处理组；③淀粉
＋壳聚糖＋柠檬酸钠＋聚丙烯酸钠处理组

淀粉＋琼脂粉处理组的滤液虽然没有毒害，但是黏稠度过高，淀粉＋壳聚糖＋聚丙烯酸钠处理组的滤液同样比较黏稠，导致鱼的呼吸受到影响，所以锦鲤较快死亡；淀粉＋壳聚糖＋柠檬酸钠＋聚丙烯酸钠处理组通过柠檬酸钠的调整，提升了蓝藻的絮凝效果，减少了水的黏稠度，过滤后水体不黏稠，对水的含氧量没有大的影响，所以对鱼没有呼吸方面的影响，而且药品没有毒，对水质没有影响。

（四）蓝藻含有一定的能量

将糊状蓝藻烘干后，置于燃烧匙中燃烧，可以看到蓝藻顺利燃烧，证明蓝藻含有丰富的有机物，含有一定的能量。因此可以将蓝藻开发用来作为饲料、生物燃油等开发利用。

图16　蓝藻滤渣的燃烧试验

四、讨论

1. 各种药品对蓝藻的捕集效果的影响

由实验结果可以看出，单种药品中可溶性淀粉对蓝藻的捕集效果较好，且显微镜下观察蓝藻细胞也大部分聚集在一块，活细胞数量较多；多种药品组合中淀粉、壳聚糖、柠檬酸钠、聚丙烯酸钠混合物处理后的蓝藻捕集效果远远超过单个药品处理的效果，显微镜下观察到的蓝藻细胞的聚集效果也最好，这可能与各种药品之间的协同作用有关，导致蓝藻细胞的黏着性有所增强，从而较快速地形成团状的蓝藻絮状物。

2. 经不同处理的蓝藻过滤液对锦鲤生活的影响

通过探究各种过滤液对锦鲤生活的影响，从中发现蓝藻捕集后滤液的生态影响。其中，大部分单种药品对锦鲤的生活影响较小，而柠檬酸钠、聚丙烯酸钠致锦鲤全部死亡，可能与药剂量过大、已死亡蓝藻释放的藻毒素有关。而淀粉、壳聚糖、柠檬酸钠、聚丙烯酸钠混合物处理组的锦鲤存活率达到100%，这可能是跟各个药品本身剂量较少，浓度较低，综合反应后的产物对锦鲤的生活影响不大。因此，初步认定淀粉、壳聚糖、柠檬酸钠、聚丙烯酸钠混合处理组的蓝藻过滤液对水生生物影响较小。

3. 蓝藻的开发应用

经过燃烧试验探究，发现烘干后的蓝藻具有一定的能量，可以将其开发利用作为饲料、有机肥料或生物柴油。

五、展望

（一）蓝藻的开发利用

通过探究发现蓝藻具有很多价值，其中包括以下几个方面。

1. 提取有用物质

可以从蓝藻中提取天然色素如叶绿素、胡萝卜素、藻蓝素、叶黄素等。而目前螺旋藻的藻蓝素和类胡萝卜素作为天然色素广泛应用于食品和化妆品中，已进行商业化生产。

（1）提取藻胆蛋白。从蓝藻中可以提取藻胆蛋白，包括藻红蛋白、藻蓝蛋白、别藻蓝蛋白。它们主要作为天然色素添加剂用于食品、化妆品等工业加工中。藻红蛋白可以发出橙色荧光，可制成荧光试剂用于生物及医学研究。藻蓝蛋白能发出紫色荧光，可作为生物体内荧光示踪物质用于临床医学诊断，由于其可吸收光能，可用于癌症病灶的处理。体外实验证明，藻蓝蛋白有光敏作用，且无毒，无副作用，可作为优质光敏剂用于肿瘤的激光治疗。

（2）提取胞外多糖。蓝藻的胞外多糖有一定生理活性，主要功能有：防止脱水、被其他生物吞噬和抗菌剂毒害；螯合细胞生命活动所需的阳离子如钙离子和铁离子；

其还有絮凝作用,故可作为絮凝剂用于天然湖泊的澄清、灌溉,贮存水中固体悬浮物的去除、土壤贮水容量的提高等。蓝藻的胞外多糖经纯化,进行一定处理,显示具有一定的抗癌活性。

(3) 提取生理活性物质。蓝藻提取物具有抗菌作用,有的蓝藻甚至还有抗病毒的活性。另外,许多蓝藻可以提取酶抑制剂,比如血管紧张素转化酶抑制剂,具有一定的药用价值。

2. 厌氧发酵生产沼气

目前可以将蓝藻和禽畜粪便或污泥等物质作为发酵原料,通过厌氧发酵生产沼气。沼气可用于发电或直接燃烧加以利用,沼渣沼液还田,还可以将沼渣开发成饲料或有机肥料使用。

3. 生产单细胞蛋白

蓝藻经过生物转化处理可以得到大量的酵母蛋白,这将是一个很有潜力的蛋白质资源。酵母蛋白含量高,营养均衡,目前市面上的价格是 6000 元/吨,可以用来替代豆饼等蛋白质产品,用作饲养行业的原料。

(二) 水华的预防

蓝藻在水面上大量繁殖对生态环境及人类生活有许多不良影响。如果等到蓝藻出现后再去捕集处理需要耗费较大的人力和物力,且一旦处理不彻底,蓝藻容易再次大量繁殖而复发水华。因此在蓝藻的处理上应以预防为主,防重于治。

水华的预防方法主要有以下几个方面。

1. 物理防治

在一些鱼塘等水域不流通的地方,需要定期注换新水,以稀释蓝藻的浓度,同时也稀释蓝藻分泌的毒物浓度,促进其他藻类的生长,保持整个生态系统的动态平衡。加深水位,促进鞭毛藻类生长,可抑制蓝藻繁殖。

2. 化学防治

在施肥上可以做选择性施肥。研究表明,当氮磷比接近或等于 20:1 时有效控制固氮蓝藻的暴发性繁殖。因此,施肥上应尽量控制低氮磷比。

3. 生物防治

(1) 放养部分滤食性鱼类。例如,白鲢、花鲢、白鲫等能把蓝藻摄食到体内,这在一定程度上起到延缓、阻碍蓝藻的生长的目的。

(2) 引进食藻原生动物,如纤毛虫、鞭毛虫、变形虫等捕食蓝藻作为食物的生物。

(3) 投放漂浮水生植物,如凤眼莲、茭白等。它们能吸收水体中的氮、磷成分,从而控制氮磷含量,抑制藻类的大量繁殖,同时还可以改善水质。

(4) 引进或培养优良藻类。引进某些对蓝藻有拮抗作用的优良藻类来抑制蓝藻的生长。

预防蓝藻的大量繁殖需要多个方面协同作用，将蓝藻维持在动态平衡中，可以有效地防止水华的产生。

六、感想

通过这段时间对蓝藻的探究，我们深入了解了蓝藻水华的"威力"。小小的蓝藻，聚集起来竟有那么大的危害，能对水生态环境产生巨大的影响，导致水体发臭、水生动植物死亡、水质变坏等问题，产生不可估量的损失。可喜的是，这些问题已经得到科学家和国家有关部门的重视，目前已投入大量的人力物力进行综合治理。

在老师的悉心指导下，我们通过查找书籍、查阅文献、设计实验、实验探究等一步一步地开展研究。在查看文献和做实验的过程中，无形中学到了很多课外的知识，如水华、藻毒素、絮凝等概念。同时，掌握了很多实验操作技能，如药品的配制、显微镜检测、观察记录实验现象等。感悟很深的一点就是我们的知识和实验技能，在进行一个个的实验探究中不断地丰富，对生物学的认识也在不断地深入。

在这个过程中，我们做了很多，也学到了很多，发现还有很多问题有待进一步研究。科学探究就像打开一扇又一扇的门，在解决一个问题后，接着又会有新的问题产生，不断勾起我们的好奇心，去探索，去发现。路漫漫其修远兮，吾将上下而求索，这就是科学探究的无穷魅力。

最后，特别感谢指导老师给我们这样的锻炼机会，感谢她在实验探究期间对我们的悉心指导！

参考文献

[1] 宋益峰，兰林，吴江. 我国典型浅水湖泊蓝藻水华治理技术研究进展 [J]. 中国水运，2010 (8)：154-155.

[2] 丁艳华. 蓝藻综合利用的研究进展 [J]. 江苏：环境科技，2008 (06)：147-149.

[3] 杨海麟，李克郎，张玲，等. 蓝藻资源无害化利用技术的研究 [J]. 生物技术，2008，18 (6)：95-97.

[4] 王扬才，陆开宏. 蓝藻水华的危害及治理动态 [J]. 水产学杂志，2004，17 (1)：90-94.

(广州市番禺执信中学七年级（12）班　孙瑞君　吴镇远　王　宇

指导教师：王　汀)

# 第八章 探究性学生作品制作及选录

❀ **学生探究性作品之五**

调查和种植野草的研究活动

前言

据深圳绿化管理处副主任李其章介绍，人工草皮虽然为城市增色不少，但人工草皮也给国人带来诸多的烦恼。深圳在 1995—1997 年曾大规模种植人工草皮，到 2000 年前有近 2000 万平方米。为维护草坪，深圳每年要耗费 1400 万元，用于维护公共绿地的水一年也要 350 万立方米，这等于两万人一年的生活用水！浪费如此之大！因此许多专家学者都呼吁国人要返璞归真，多种植野草。

我们学校是广州市花园式单位，环境优美，绿树成荫，绿化面积达到百分之六十八。大部分绿地也是人工草坪——台湾草，只有足球场上生长的是野草。在秋冬季节，园丁陈阿姨每天都在为台湾草淋水、施肥、除杂草、喷农药，可台湾草却是很不争气，一片枯黄，了无生气。而对面球场上的野草虽然享受不到这种待遇，每天还要被学生们肆意践踏，可它们却是朝气蓬勃，绿意浓浓。走近它时，脚下昆虫飞舞，低头看时，千姿百态的花果像繁星点点，令人心醉。我们常想：学校为什么不把种植台湾草改为种植野草呢？"野火烧不尽，春风吹又生"，野草的生命力极强，不择土壤，不怕践踏，不用淋水，不用施肥，不用杀虫，管理粗放。如果学校种植野草不但能节约能源，减少投入，节省人力、物力，而且野草上生物种类繁多，还有利于保护生物的多样性，维持生态平衡。同时能为生物教学提供更多的生物资源（我们再也不用到校外采集标本了），让我们领略更多的生命奥秘。

我们认为，学校人口密度大，初中学生活动能力强。人工草坪不耐践踏，难管理，不节约又不环保，而野草比人工草坪更经济，更环保。但野草种类繁多，种植什么野草最适合校园呢？如何种植呢？我们带着这些问题，利用节假日时间走访了学校园丁陈三姑、南浦种草农民，进行访谈，得到了答案；我们还找遍了足球场和校园周围的野草种类，把所有野草按照种类制成了标本，然后通过上网查阅野草图片，学会检索识别野草的名称和特性。在经过多次对足球场中野草的分布进行取点调查，讨论分析分布的成因，请教老师和园丁后，确定包括小盼草、台湾草等九种野草作为实验研究对象。通过单种、混种、植物群落混种等多种组合种植野草的比较实验后，我们认为，本地区的校园内比较适合把小盼草、台湾草、地毯草、铁线草四种竞争实力相当的野草进行群落混种，车前、小飞扬草进行稀疏点播，低洼处种植铁线草，周边种植一种未知名的野草为主的足球场野草种植方案。

关键词 调查 种植 野草 单种 混种

一、研究方法及步骤

（1）查阅资料，了解杂草的特性和种植管理等基本情况。

（2）调查我校校园及校园周围的野草种类并采集制作成标本，识别名称。

（3）调查、记录我校足球场中野草的种类、分布状态、生长趋势，并分析成因，确定那些最耐践踏、生长旺盛、分布最多和最广、密度大、植株较矮小、行走时脚下感觉非常舒适、花期长的野草作为实验对象。

（4）选定实验方法：采用单种、混种、植物群落混种等多种种植方法。

（5）平整学校烂地，铺上一层花泥并移植选定的野草种类。采用单种、单个群落种、混种、多个群落混种，待移植成功后，不淋水、不施肥，每周增加踩踏次数，并认真做好记录。

（6）归纳各种种植方法中的各种野草生长状况，总结出适合校园种植的草种和种植方法。

（7）整理有关资料、数据等，认真撰写论文。

二、研究进度

阶段	周数	时间	内容
第一阶段	第3周	2004年3月	组建研究小组，了解研究内容，提升组员热情
第二阶段	第4—9周	2004年3—4月	上网，到图书室查阅资料，了解杂草和人工草坪有关种植、管理情况
第三阶段	第10—14周	2004年5月	访问学校园丁陈三姑，了解足球场野草及校园台湾草的历史、种植和管理情况；到南浦台湾草种植场访问农民
第四阶段	第15—19周	2004年6—7月	调查足球场中野草种类及校园周围杂草、人工草种类情况
第五阶段	第3—11周	2004年9—11月	采集和制作植物标本，捕捉昆虫及其他小动物、制作动物标本
第六阶段	第12—17周	2004年11月—2005年1月	上网，到图书室查阅杂草图片，学会检索识别植物种类，了解杂草特性
第七阶段	第3—9周	2005年3—5月	多次踩点调查足球场中野草种类的分布并解释其产生这种分布的原因，确定实验对象

续上表

阶段	周数	时间	内容
第八阶段	第9—11周	2005年5—6月	平整学校烂地，分成小块并标号
第九阶段	第12—14周	2005年6月	把选定的实验对象移植到平整好的小块地上，并且按单种、混种、群落混种并标上号
第十阶段	第14—20周	2005年6—7月	移植到成活阶段进行淋水，成活后每天踩踏5次，不淋水、不施肥并做好记录
第十一阶段	第4—15周	2005年9—12月	整理数据、资料，撰写论文

三、野草坪概况

我们校园坐落在珠江河畔，原是一片肥沃的粮田，1998年动土后建成。校园占地面积约有33 729平方米，师生有800多人，绿化面积达68%，除足球场周围生长的是野草外，其他草地种植的都是台湾草，但是每块台湾草草坪都有绿篱围着，出入不便。全校的体育和休闲都集中在长108米，宽78米，总面积为8424平方米的两个篮球场和一个足球场内。

据学校老园丁介绍，足球场原来也是人工草坪，种植的只有一种草叫地毯草。由于践踏频繁，许多地方成了不毛之地，因此学校在2000年和2003年多次进行补种，补种的草种是铁线草。足球场地势平整，排涝好，不积水，学校每年剪草2～4次，不淋水，不施肥，不除杂草，经过八年的风风雨雨和生存竞争，足球场地毯草和铁线草多数死亡，领土被其他野草侵占，成了名副其实的野草地坪。场内野草有55种之多，昆虫、动物有30多种。一年四季常绿，花期长达10个多月，是校园中最吸引学生的场所。

四、调查研究

（一）调查方法

首先我们到足球场采集所有野草种类制作标本，然后请教老师和访问园丁陈三姑、南浦种草农民，上网查阅杂草图片，到图书室寻找资料，学会检索和识别野草的种类名称和特性。之后我们把整个足球场分成200个小区，每次均匀取点10个小区进行调查，分20次进行。按不同的野草种类的分布和密度大小在图纸上标号，密度小的标的字母大而疏，密度大的标的字母小而密，字母的多少按小区内总比例而定。

（二）调查结果与分析

1. 调查结果

我们校园的足球场（摄于2005年11月29日）

表1 调查野草分布及统计结果表

种类	数量	种类	数量
A. 牛筋草	33	F. 车前草	45
B. 地毯草	200	G. 矮生百慕大	30
C. 铁线草	220	H. 小飞扬草	25
D. 小盼草	180	I. 未知名草	20
E. 台湾草	165	J. 其他野草	90

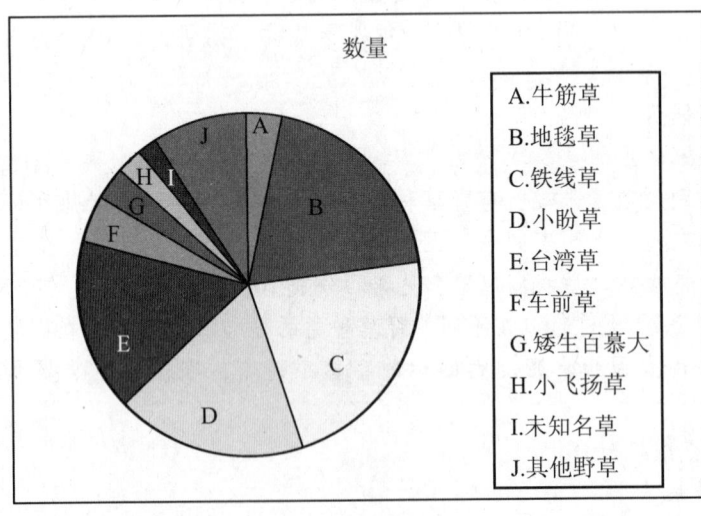

植物特性：

A. 牛筋草

形态特征：种子繁殖。种子卵形，长 $1\sim1.5$mm、宽 $0.5\sim0.6$mm，发芽时要求土壤含水量达到 $10\%\sim40\%$。

生长习性：属禾本科一年生杂草。广布全球温带地区，为世界恶性杂草之一。在广东普遍有分布，是对园林、农业危害最严重的杂草。

B. 地毯草

形态特征：地毯草植株低矮，茎秆短而平，根须较多，具有匍匐茎，纤细的匍匐茎常贴地蔓延，花期近秋季。

生长习性：地毯草通过匍匐茎蔓延生长，生长缓慢，在茎节处生出的根能形成坚实的草皮。其根系浅，耐旱性相对较差，耐磨性差，对土壤要求不严，它适宜在肥力差的沙壤土或湿润土壤中生长。

C. 铁线草

形态特征：种子繁殖。匍匐茎并具有分枝，茎圆或略扁，质硬，光滑，每节的节下均能生根，两侧生芽，直立部分可达 $10\sim20$cm，生长势极强。

生长习性：它既喜湿润，又耐干旱，耐盐碱，生长势又强，是杂草中的强者。

D. 小盼草

形态特征：多年生植物，半常绿；叶绿色、直立，紧密丛生；风铃状花穗。植株高 $30\sim50$cm。

生长习性：土壤适应性强，耐阴。

E. 台湾草

形态特征：粗壮的根状茎，顶端尖且硬。茎秆高 $14\sim18$cm。叶片条状披针形，通常扁平而宽。总状花序，小穗两侧压扁，含 1 小花。

生长习性：喜空气湿润的海洋性气候，要求土壤疏松肥沃、排水良好、中性至微碱性的沙质壤土。生长环境宜光照充足、不耐阴，抗旱、抗寒、耐高温，与杂草竞争力强，耐践踏，是良好的运动场草坪植物。

G. 矮生百慕大

形态特征：为多年生草本植物，是近年人工培育的杂交草种。矮生百慕大叶丛密集，植株低矮，叶色嫩绿而细弱。

生长习性：耐寒、耐旱、病虫害少，生长缓慢，耐频繁的刈割，践踏后易于复苏，绿色观赏期为 280 天。现常作单纯种草坪（即由一种草本植物组成的草坪）植物，或与黑麦草混合栽培。

记录野草分布

采集标本

2. 结果分析

（1）经调查、统计所制作的标本和查阅文献资料得知，我校足球场中的野草种类达到 55 种之多，其中分布数量最多和分布最广的植物依次是地毯草、铁线草、小盼草、台湾草、车前草、牛筋草、矮生百慕大、小飞扬草、未知名草等。

（2）足球场南面两个小球门前生长的只有牛筋草。因为足球场南面与教学楼相通，学生们在这里活动最多，践踏最为严重，说明牛筋草最耐践踏；而在东北方向一片低洼地上，生长的只有铁线草。这里经常积水，这也说明铁线草是最耐涝的。

（3）足球场内原来的主人是地毯草，由于补种了铁线草后，地毯草失去了一部分地盘，之后足球场外的台湾草也相继入侵，还有适应能力和竞争能力相当强的小盼草和车前草从天而降，整个场内形势发生了根本性的变化：东、南、北的三分之一的地盘被台湾草和小盼草单独或联合瓜分，地毯草退入到中间，毫无反抗之力，而铁线草被打得七零八落。这可以说明如果台湾草和小盼草联合种植就能与地毯草、铁线草相抗衡。由于场外种植的是台湾草，台湾草能顺利入驻有它得天独厚的外部环境。但作为较后入驻的小盼草，是最引人注目的：它占据了足球场中的半壁江山，它的群落不但与台湾草、铁线草相互纠缠，还能与其他野草和谐生长。

（4）在调查中我们还发现，足球场中包括台湾草、车前草在内的所有野草的高度都比场外的要矮得多，身躯也比较小，但开花结果多，花期长，密度大，脚踩上去非常舒适。我们认为这是在生存竞争中适者生存，不适者淘汰的结果。

（5）在经过多次对足球场中野草的分布进行取样调查，讨论分析其分布的成因，请教老师和园丁及衡量了草的长势、分布、密度，衡量了植株高度或长度、是否耐践踏，脚下舒适感差异，花期长短等多种因素后，我们确定了地毯草、铁线草、小盼草、台湾草、车前草、牛筋草、矮生百慕大、小飞扬草、未知名草等九种野草作为基本实验对象。

| 制作标本 | 地毯草 |

| 未知名草 | 小盼草 |

五、实验研究

（一）实验方法

1. 平整烂地

我们把学校旁边的一块烂地进行平整，拔除杂草，铺上花泥；然后分成几个小块并标上号，最后在上面铺上一层泥浆。

2. 移植草种

在足球场中把台湾草、小盼草等九种实验对象的草种移植到已编好号的小块中，在单种、混种、群落混种的时候一定要注意间隔距离要相同。

3. 实验管理和记录

移植后，前一个月每天淋水两次，待全部成活后停止淋水，也不施肥，并且每天踩踏 5 次，然后每月增加 2 次频率，记录好各种种植方法的高度、密度和成活率。

4. 种植方法

| D. 小盼草 | C. 铁线草 | E. 台湾草 | B. 地毯草 |
| 单种 | 单种 | 单种 | 单种 |

A. 牛筋草	B. 地毯草
C. 铁线草	D. 小盼草
E. 台湾草	F. 车前草
G. 矮生百慕大	
H. 小飞扬草	I. 未知名草
J. 其他野草	

B. 地毯草
C. 铁线草
D. 小盼草
E. 台湾草

混种　　　　　　　　　群落混种

同学在移植野草

同学在管理野草

（二）实验结果与分析

各种草种植情况记录见表2。

表2　各种草种植情况记录

（单位高度：cm，间隔：cm，成活率%）

月份 情况 种类	1—3月			4—6月			7—9月			10—12月		
	高度	间隔	成活率	高度	间隔	成活率	高度	间隔	成活率	高度	间隔	成活率
小盼草	5	8	78	6	11	60	7	14	45	8	23	28
台湾草	5	8	70	10	13	50	12	25	38	14	28	20
地毯草	5	8	80	8	10	68	9	11	64	9	13	50
铁线草	5	8	80	6	12	70	7	11	68	8	13	55
群落混种	5	8	75	6	6	80	5	4	86	4	3	90
混种	5	8	60	6	5	72	5	3	78	5	2	80

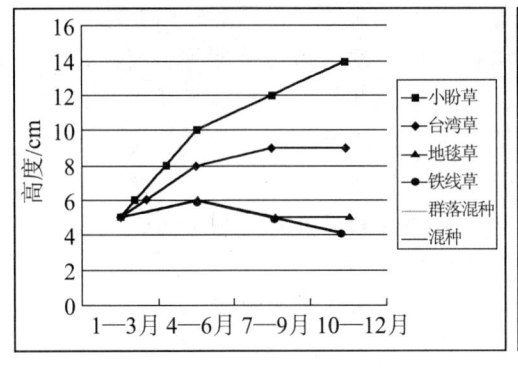
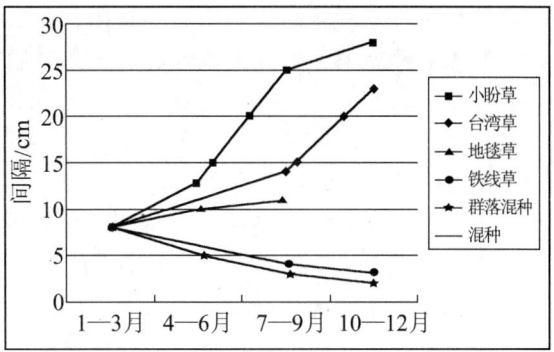
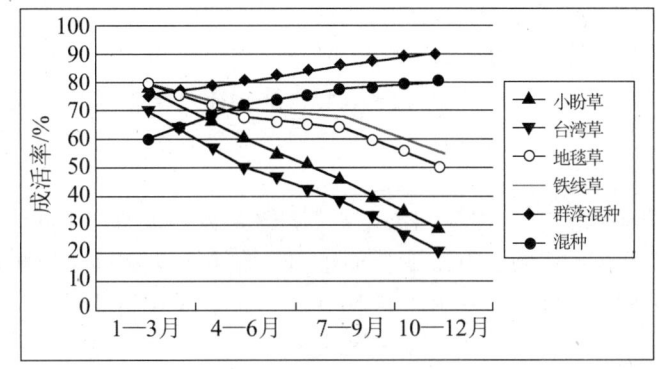

从成活率看，前段时间单项种植比混种的成活率较高，尤其是地毯草、铁线草较易成活。成活后，由于践踏的次数不断增多，土壤的板结程度也不断增加，在缺水缺肥的条件下，大部分台湾草死亡，大部分的地毯草、铁线草、小盼草也奄奄一息，而混种或群落混种都有较高的成活率，特别是群落混种的四种野草成活率达百分之九十。从高度和间隔距离来看，单种的高度长势远比混种好，混种的高度也比群落混种好，而单种的间隔距离则比混种大得多。究其原因是单种的成活率较低和同种物种之间的竞争能力较弱，相对来说混种的生物种类较多，不同种类之间竞争较激烈。它们在不断竞争水、肥、领土和空间的过程中，还要适应不断增多次数的践踏，这种适者生存，不适者淘汰的自然规律情形下，结果导致群落混种的生物欣欣向荣。

六、讨论与建议

（1）学校是青少年学习、生活的场所，人口密集，噪声严重，学生活动多、践踏次数多。

人工草皮娇气，费水，成本大，不适合校园种植。整齐划一的绿化植被本来就不符合学生多姿多彩的个性需求和审美情趣。一到秋冬人工草皮多数枯黄，了无生气，影响了斗志昂扬的学生运动的心情。种植人工草皮还使校园中的植物种类单调，以某种植物为食的单食性昆虫一定减少，动物种类也相对减少，不利于保护生物的多样性，增加学生学习生物知识和采集动植物标本的难度。而野草却恰恰相反，它具备养护成本低，节约水资源，生命力很强，耐践踏的优势。种植和保护野草，能增加生物种类，保护生物的多样性，为学生提供更多的学习生物知识的资源。由于野草的种类较多，不同品种的休眠期相互错开，草皮保持了四季常绿，给学生们提供了一个四季常绿的学习生活环境；野草还有较强吸收噪声和灰尘的能力，在人口密集，噪声大，学生活动多，灰尘多的地方，更能体现它的生态价值。

(2) 但若校园中随便种植野草，可能会杂乱无章，给人荒芜的感觉。那么校园中如何种植野草呢？经过我们调查和种植野草的研究活动充分证明，种植野草要回归自然，顺应自然，把当地较耐践踏，生长旺盛，分布最多、最广、密度大，植株较矮小，脚踩下去有较好舒适感，花期长的野草作为校园的主打草种。在我们本地区的校园内比较适合把小盼草、台湾草、地毯草、铁线草四种种间竞争实力相当的野草进行群落混种，车前草、小飞扬草进行稀疏点播，低洼处种铁线草，周边种植一种未知名的野草为主。

(3) 我国是世界上13个贫水国家之一，严重缺水的城市有100多座。由于我国大部分地区持续干旱，北京、山东等省市已有一百多个县级以上城市被迫实行限量供水。人工草皮虽然有它好的一面，但我们认为它不适合我国国情。我们建议有关部门不能盲目引进人工草皮，政府部门更应该控制人工草坪的建设。已种植了的人工草皮，如果不是有特殊用途或者有特殊意义的场所，我们建议不要再去清除杂草或喷洒农药，只须剪草和尽量开放给人们悠闲游乐。不久，人工草皮就会被适应能力更强的野草取代，还我们一个更环保更有价值的休闲场所。

(4) 如今我国高速公路飞速发展，绿化带越来越长，绿化品种越来越多。如番禺迎宾路两旁的绿化带种植的是人工草皮，非常漂亮，但却浪费了大量的人力、物力和财力。我们认为，不同的地段有不同的气候，应该种植不同的草皮。而当地的野草是最适合当地种植的，所以适当地保护当地的野草就有很好的绿化作用，大可不必舍近求远，废除当地野草而改种人工草皮。

七、收获与体会

在老师的指导下，我们生物兴趣小组开展了专题为《调查和种植"野草"的研究活动》的实验活动。活动的开展过程并不是一帆风顺的。开始调查野草的分布的时候我们不知如何去记录，而且记录的字母较多、较繁，有些同学因此失去信心，甚至有个别同学退出了这个活动；在分析讨论的时候，分歧也较大，争论也非常激烈；在平整烂地和移植野草时，有的同学怕苦怕累，常有抱怨。指导老师针对这种情况，及时做出反馈调控，教育我们要用科学的态度、一丝不苟的精神面对科学探究活动，提醒大家要相互理解，团结协作，敢于面对困难、克服困难，一步一步将实验探究引向深入；另一方面我们也不断反思，相互鼓励，增强信心，发挥集体智慧，讨论并修正了探究方案中的缺陷和不足，最终使我们的活动取得了成功。

通过将近三年的调查和种植实践活动，不但增长了我们的知识，开阔了我们的视野，提高了我们的实践能力，而且还培养了我们严肃认真的科学态度，激发了我们探索生命科学的热情。我们通过本次科学探究活动还充分认识到，科学地利用好现有的生物资源，既环保又节约，是利国利民的大事。

（广州市番禺区洛浦中学　陈绮琪　梁艳英　何静仪　林嘉茵

指导教师：陈金明）

参考文献

[1] 冯润胜. 区域推进"研学后教"课堂教学改革的行动研究. 国家教育部全国教育科学"十二五"规划课题, 课题批准号: 教科规办函〔2012〕22 号, FHBA20477.

[2] 冯润胜. 设问造就的课堂 [J]. 人民教育, 2015 (17).

[3] 王孟富. 生物学"研学问题"教学过程模型的建构 [J]. 中学生物教学, 2017 (7).

[4] 王孟富. 中学生物学"探究性资料分析"课型探讨 [J]. 课程·教材·教法, 2014 (3).

[5] 王孟富. 生物学"探究性实验"课型结构 [J]. 中学生物学, 2003 (5).

[6] 王孟富. 探究性资料分析教学中学习问题的预设 [J]. 教育界, 2017 (22).

[7] 王孟富. 运用纸笔测试评价学生实验探究能力 [J]. 杂文月刊·教师世界, 2017 (3).

[8] 徐明成. 基于"任务驱动"的现代教育技术教学中的"合作—探究"教学法探讨 [J]. 教育与职业, 2004 (12).

[9] 胡小勇, 祝智庭. 教学问题设计研究——有效性与支架 [J]. 中国电化教育, 2005 (10).

[10] 钱月兰. 生物学教学与校外教育资源整合的探索 [J]. 生物学教学, 2005 (1).

[11] 朱慕菊, 等. 走进新课程 [M]. 北京: 北京师范大学出版社, 2002.

[12] 刘恩山, 汪忠. 义务教育生物学课程标准解读 [M]. 北京: 北京师范大学出版社, 2012.

[13] 汪忠, 刘恩山. 生物课程标准解读 [M]. 北京: 北京师范大学出版社, 2002.5.

[14] 胡明, 李少毅, 等. 生物课程标准教师读本 [M]. 武汉: 华中师范大学出版社, 2002.8.

[15] 人民教育出版社课程教材研究所. 义务教育教科书生物学八年级下册 [M]. 2 版. 北京: 人民教育出版社, 2013.9.

[16] 人民教育出版社课程教材研究所. 普通高中课程标准实验教科书·生物·必修 2 [M]. 2 版. 北京: 人民教育出版社, 2007.2.

[17] 邱才训, 等. 生物教学设计导论 [M]. 广州: 新世纪出版社, 2002.

[18] 广州市教育局教学研究室. 中学生物课型与教学模式研究 [M]. 广州: 新世纪出版社, 2002.

[19] 杨计明. 九年义务教育新课程生物教与学 [M]. 北京: 北京师范大学出版社, 2009.

[20] 梁锡坚. 现代中学生物学教学法 [M]. 广州: 广东高等教育出版社, 1991.

[21] 杨小微. 教育研究的原理与方法 [M]. 上海: 华东师范大学出版社, 2002.

[22] 李维. 课堂学习理论 [M]. 贵阳: 贵州人民出版社, 1988.

[23] 王重力, 卢建筠. 生物新课程的评价与资源 [M]. 北京: 高等教育出版社, 2003.

[24] 王斌华. 发展性教师评价制度 [M]. 上海: 华东师范大学出版社, 1998.

[25] 应俊峰. 研究型课程 [M]. 天津: 天津教育出版社, 2001.

[26] 雷实. 教育实验方法论 [M]. 武汉: 华中师范大学出版社, 2002.

[27] 王孝玲. 教育统计学 [M]. 上海: 华东师范大学出版社, 2001.

[28] [美] Ellen Weber. 有效的学生评价 [M]. 国家基础教育课程改革"促进教师发展与学生成

长的评价研究"项目组译. 北京：中国轻工业出版社，2003.

［29］［美］W. James Popham. 促进教学的课堂评价［M］. 国家基础教育课程改革"促进教师发展与学生成长的评价研究"项目组译. 北京：中国轻工业出版社，2003.

［30］［美］Robert L. Linn & Norman E. Gronlund. 教学中的测验与评价［M］. 国家基础教育课程改革"促进教师发展与学生成长的评价研究"项目组译. 北京：中国轻工业出版社，2003.

后记

我的教学心愿

二十几年前,我对探究性教学非常感兴趣。我认为,生物教学的理想目标,除了教会学生基本的生物学科系统知识以外,就是还要教会学生开展科学探究的能力,后者更为重要。若干年后,学生对生物学知识也许已经忘记了不少,但科学探究的方法却不会忘记,而这个方法是真正有益于学生终身学习的。这也成为我的教学心愿。

2001年义务教育课程标准颁布,明确提出倡导探究性学习的教学理念,坚定了自己在这方面开展课题研究的信念。科学探究包括观察、实验、调查和资料分析等,如果一个学生具备了这四种探究能力,那他学习生物学的兴趣就是浓厚的,他的学科知识系统性也不会差到哪里去。

因此,我有了一个大胆的计划,就是经过几年甚至是十几年的努力,要在自己的教学实践中,把培养学生这四种探究能力,作为教育教学和教育科研工作的重点。我的研究策略是各个击破,选择先从探究性实验研究项目开始。通过公开课研讨、案例研讨、课题研究、微报告交流等活动,力图在教学教研活动上有所突破。事实上也真的有所突破。

早在1999年,我申报的关于探究性实验的课题研究项目获得广州市教育局特约教研员科研课题立项。经过几年的努力,取得了显著的研究成果。该研究项目的主题论文"生物学探究性实验课型结构"发表于《中学生物学》2003年第5期。同年,该课题研究成果获得广东省教育厅基础教育教学成果奖二等奖。这大大地激发了我的研究热情。

开展科学探究教学的课题研究,也要考虑探究性课程文化资源的利用与开发问题。丰富多样的区域性课程文化资源,为我们开展课题研究提供了丰富的素材。只有那些与学生生活息息相关,与生物课程紧密联系的生物资源,才富有生命力,开发利用这些资源成为教学的必然选择。因此,对课程资源的遴选、提炼和提升,是十分必要的。本人关于"中学生物学课程文化资源利用与开发"的论文获得中南五省区生物教研年会(韶关)论文评比一等奖,并得到朱正威教授的肯定和赞赏,朱教授还对该论文做了精彩的点评。

2005年,我们开展探究性资料分析的课题研究项目获得广州市教育局科研课题立项,并获得政府资金资助,番禺区教育局给予同等配套资金资助,使得该课题研究更为顺利。2010年课题顺利结题，其核心研究成果"中学生物学探究性资料分析课型探讨"发表于《课程·教材·教法》2014年第3期，并获得中国教育学会、中央电化教育馆等单位联合举办的论文评比一等奖。

教学中还有一个不可回避的问题，就是教学评价问题。特别是学生的开放性作品评价问题更是难度很大。学生作品五花八门，表达形式各异，建立统一的评价指标体系是必然的选择。更有关于科学探究的技能训练，也不可能只教学不评价。于是，番禺区教育局提出将技能训练的内容纳入纸笔测试的范畴，经过几年的实践取得了不错的效果，其主要经验由本人在广东省各市区县教研员理论学习会议（三禺宾馆）上作专题报告，受到领导和与会专家的肯定。开放性学生作品的评价要考虑教育统计学原理的运用。论文"我区实施开放性学生作品的评价实践"发表在《广州教学研究》2005年第2期，并获得广州市中学生物教研会论文评选一等奖。

2013年开始，我们又把工作重点转移到课堂教学中去，确立了怎样培养学生科学探究能力的课题研究项目。虽然这只是一个区级的课题立项项目，实际上研究工作十分艰辛，因为这个项目不是单独的科学探究能力研究，而是将四种探究能力都要并入到一起来同时开展课题研究。结合番禺区"研学后教"区域教学理念的实践，该课题终于在2016年结题。课题研究成果获得番禺区十二五规划课题成果奖二等奖，其中主题论文"生物学研学问题教学过程模型的建构"发表于《中学生物教学》2017年第7期。

本书是对前面所述历程的合成、概括、归纳、总结、梳理与提炼。它不仅凝聚了我个人开展教育科研工作的心血，也凝聚了番禺区参与相关课题研究的老师们的研究心血。书中所选的案例，都是番禺区生物教师或学生的代表之作。每个案例都注明了作者的姓名和工作单位，以感激他们的无私贡献。

本书可以作为中学生物教师教学参考书，也可供师范院校本科生、研究生在教学或实习时阅读与借鉴。

感谢夏献平特级教师、正高级教师在百忙之中为本书作序！感谢王联新正高级教师对本书初稿提出中肯的修改意见！

由于本人水平有限，书中难免存在一些错误，希望读者不吝赐教，批评指正！

王孟富

2017年7月